최우선 어휘, 다의어 323

한 입

 시잉글리쉬
www.seeenglish.com

한 입 VOCA 최우선 어휘, 다의어 323 편

초판 발행: 2024년3월1일

지은이 · 손 창 연
펴낸이 · 손 창 연
내지 일러스트
전민표, 김서은, 정지훈, 수강 학생들-규림, 서연, 지훈, 민찬, 예담, 예원, 하은, 하윤, 수인, 서경 등
표지 디자인 · 박현정
펴낸곳 · **시잉글리쉬**
서울 서초구 양재동 106-6 정오 B/D 402호(우 137-891)
Tel: [02] 573-3581
등록번호 제 22- 2733호
Homepage: **www.seeenglish.com**

ISBN · 979-11-975070-2-1

정 가: 18,000원

〈한입보카 최우선 어휘, 다의어 323 편〉 Preface 머리말

독자들께서는 영어를 학습하면서 단어도 알고 문장구조 등 문법도 알지만 정확한 해석과 의미 파악이 잘 안되는 경우를 많이 경험했을 것입니다. 많은 경우, 단어 뜻을 피상적으로 외워 다른 뜻으로 쓰인 문장에서는 의미 파악이 쉽지 않아 발생한 것입니다. 단어들은 단어와 뜻이 1:1로 만 사용되는 것이 아니라 문맥에 따라 은유(metaphor) 등 여러 비유를 비롯하여 의미의 특수화, 일반화 등을 통해 여러 가지 의미로 활용된다는 것은 영어를 포함한 언어의 중요한 특성입니다. 바로 다의어(polysemy)입니다.

수백년 수령의 무성하게 자란 거목이나 과일이 주렁주렁 열린 과일나무를 본 적이 있을 것입니다. 또 역사와 전통을 자랑하는 유서 깊은 도시를 여행해 본 적이 있을 수도 있습니다. 마찬가지로 수백년 혹은 그 이상 인간과 함께 존재하는 단어들은 단순히 하나의 뜻 만을 가진 것이 아니라 여러 의미가 풍성해집니다. 하나의 단어가 인류와 함께 하면서 그 뜻이 풍성해진 단어들이 많이 있습니다. 이처럼 하나의 단어가 그 뜻이 풍성해진 단어들을 다의어라고 합니다. 다의어와는 다르지만 같은 철자인데 그 어원의 유래, 즉 출신이 다른 동형어(동음이의어 homonym)가 있습니다. 이 책에서는 다의어를 중심으로 동형어까지 함께 다루었으며 편의상 동형어를 포함하여 다의어라고 칭한 경우가 있습니다.

이 책에서 다룬 323개의 다의어는 중고등학교 영어에서 가장 기본이 되면서, 단어 하나가 적게는 2~3개에서 많게는 10가지 이상의 뜻으로 사용되어 수능 영어 등 의미파악에 결정적인 단어들입니다. 이와 같은 여러 가지 뜻이 파생된 다의어의 핵심 뜻을 이해하고 그 핵심 뜻에서 어떻게 여러 다른 뜻이 파생하였는가를 잘 살피면서 이해하도록 쓴 책입니다.

단어 하나 하나를 맹목적으로 암기하는 것은 뇌학대입니다. 맹목적 단어암기는 단기기억에 머물 뿐, 금방 기억 속에서 사라져 버립니다. 단어 하나 하나는 인류의 위대한 예술품이나 발명품과 같은 문화유산입니다. 문화유산인 단어를 '감상하고 이해하고 추론하자'는 컨셉(concept)으로 썼습니다. 단어를 이해하는 것은 그 자체가 사고의 과정으로 언어영역 등 중요한 학습과정이며 잊어버리지 않고 장기기억할 수 있습니다. 오랜 시간 단어를 연구하고 집필하는 동안 필자에게는 이 단어들은 예술품이자 혹은 스승이나 친구로서 감동과 영감을 주고 즐거움을 주기도 하였습니다. 독자 여러분들께서도 단어학습을 지루하고 성가신 것으로만 생각하지 말고 '달콤한 향기 가득한 꽃이나 밤하늘에 총총히 빛나는 별빛, 혹은 항상 보고 또 보고 싶은 편안한 친구같은 존재'로 생각하면서 공부한다면 큰 성과가 있을 것입니다.

이 책에서 소개한 다의어들마다 단어의 핵심 뜻을 표현한 그림들이 있습니다. 이 그림을 보는 것 만으로도 단어에 대한 감을 익힐 수 있습니다. 맹목적으로 외우지 않아도 단어에 대한 여러 가지 뜻이 이해가 되고 오래 오래 기억하는데 큰 역할을 할 것이라고 생각합니다. 이 그림들은 대치동 등에서 저자가 가르친 서연, 하은, 예담, 지훈, 휘민, 민찬, 규림, 하윤, 수인, 예원, 정은, 서경 등 여러 학생들이 이 책 그림 작업에 참여하였습니다. 특히 이들 중에는 서울대 의대와 생명과학부 등 소위 SKY 등에 합격한 학생들도 있습니다. 또 해외에서 여러 사업을 하는 전민표 님, 천안에서 미술학원을 열어 아이들을 가르치는 정지훈 님, 프랑스에서 예술공부 하는 김서은 님 등 전문직업인 및 대학원생도 참여하였습니다. 이들 모두에게 고마움을 전하고 인생의 꿈을 이루기를 기원하고 싶습니다.

아무쪼록 단어암기로 영어학습에 어려움을 겪는 모든 학생들에게 영어단어학습, 나아가 영어학습에 큰 도움이 될 것이라 확신하며 인생에서 항상 행운과 영광이 함께하기를 기원합니다.

청룡의 해, 갑진년 3월 1일
저자 손 창 연

다의어와 동형어 (동음 이의어)

한 단어가 하나의 뜻 만을 가지고 있는 것이 아니다. 단어가 인간의 세상에 나오면 그 단어는 사람들의 뜻에 따라 의미가 추가되고 변화하고 확장하고 축소하여 사용된다. 바로 하나의 단어가 여러가지 뜻을 갖는 단어를 '다의어'라고 한다.

특히 1차 산업사회에서 그 변화된 사회에 맞는 수요에 따라 기존 어휘는 많은 뜻을 추가하였으며, 2차 문학과 철학, 과학 등 학문의 발전에 따른 지식사회에서 단어의 수요는 폭발적으로 증가하였다. 또한 현재 겪고 있는 지식 정보화 사회, SNS활성화, AI의 발달에 따라 그에 맞는 단어 쓰임의 수요에 따라 기존의 단어의 의미에 새로운 의미가 추가되어 다양한 뜻을 가지는 다의어가 발생할 것이다. 따라서 어휘는 문맥에 따라 다의어가 의미하는 바를 잘 파악할 것이 중요하다.

다만 본 책에서는 뿌리가 같은 하나의 어원에서 여러 뜻이 발생한 단어가 다의어(多義語;polysemy)지 만, 뿌리가 다른 두 개 이상의 어원에서 나온 말이지만 우연히 같은 형태인 동형어(동음이의어 同音異義語; homonym)를 포함하여 함께 다루었다.(다의어와 동형어의 차이는 아래 그림참조)

먼저 아래 그림을 보면,

예로 든 손은 (사람의) 손 hand이나 (일)손, 손(보다) 등에서 손은 사람의 신체적 손이 적용의 이동, 비유 등으로 같은 뿌리에서 갈라져 나온 '다의어'이다. 하지만 똑같은 형태인 '배'는 (먹는) 배 pear, (동물) 배 abdomen, (바다의) 배 ship 등과 같이 완전히 다른 뿌리에서 나온 같은 형태라는 뜻의 동형어(동음이의어)이 다.

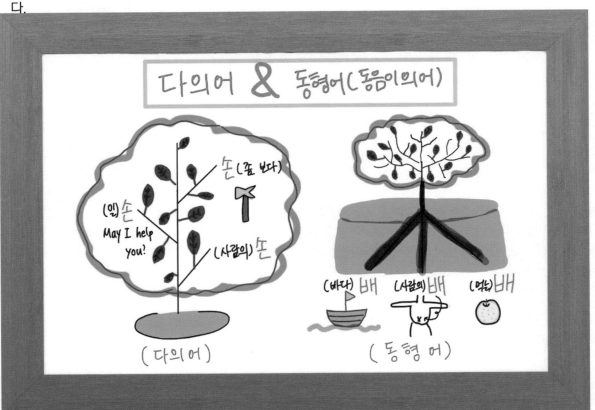

결국, 다의어는 단어의 핵심 뜻이 인류문명의 발전과 함께 추상적 상황을 포함하여 다양한 분야별 구체적 상황에서 비슷한 기능으로 쓰이면서 발전한 것이다.

좀 더 다의어를 이해하기위해 유명한 언어학자 **소쉬르(Saussure,F.de)**의 다의어에 대한 견해를 덧붙인다.
[한국 민족문화대백과사전 참조]

소쉬르는 다의어 발생은 적용의 이동 또는 확대, 오용, 비유, 의미의 특수화, 의미의 일반화 등으로 설명한다.

'적용의 이동'은 기존의 단어가 적용범위를 점차 넓히면서 새로운 사물을 지시하게 되는 경우를 말한다. 예를 들어 신체 부위로서의 구체적 의미를 가진 '손'이 점차 그 적용범위를 넓혀나가 '손가락 · 손바닥 · 덩굴손 · 사람 · 기술 · 교제관계 · 수완 · 손버릇 ' 등의 여러 의미로 확장하여 쓰인다.

'오용'은 본래 단어의 뜻을 잘못된 사용으로 뜻이 추가되어 복수의 의미를 가지게 되는 경우다. '오용'의 예는 '무섭게 으르고 위협한다.'는 의미를 가진 '공갈'이라는 단어가 '거짓말'이라는 의미로 잘못 쓰이다가, 그 사용이 일반화되어 사전에까지 등록되어 원래 뜻의 확장으로 이어졌다.

'비유'는 한 단어가 비유를 통하여 새로운 사물을 지시하게 되는 경우이다. '여우'는 '교활한 사람'의 비유적 표현으로 사용되는 그 예이다.

'의미의 특수화'는 일반사회에서 사용하는 단어를 특정사회에서 특수한 의미로 사용함을 말한다. '표리(表裏)'는 '겉과 속'을 뜻하는 말인데, 궁중에서 '옷의 안감'이라는 특수한 의미로 사용되는 것이다.

'의미의 일반화'는 특수용어가 일반용어화되거나 고유명사가 보통명사화되는 경우인데, 예를 들어 고유지명인 '장안(長安)'이나 '서울'이 보통명사화하여 일반적인 '수도(首都)'를 뜻하게 되었다. 이밖에 '동음이의어 의식의 약화 및 소멸'과정에서나 '금기와 완곡어법'도 다의어가 발생하였다.

영어 실력, 결국 어휘 실력으로 판가름 난다!

외국어로서 영어학습에서 넘어야 할 산은 많습니다. 영어 학습의 목표는 영어 구조 원리(Grammar & Structure)를 이해해야 하고 읽고(Reading) 듣고(Listening) 말하고(Speaking) 쓸 수(Writing) 있어야 합니다. 이것들을 제대로 하기 위해서 빼놓을 수 없는 것이 바로 어휘(Vocabulary)입니다.

건축물은 설계도(Blueprint)에 따라 철근이나 벽돌 등 수많은 건축자재들(building materials)을 써서 건축물이 완성됩니다. 설계도는 문법(Grammar & Structure)이라고 말할 수 있습니다. 철근이나 벽돌 등 건축물에서 사용되는 수많은 건축자재들은 어휘(Vocabulary)에 해당됩니다. 건축자재 없는 건축물이 존재 할 수 없듯이 영어단어 없는 영어는 존재 할 수 없습니다.

결국 영어 실력은 어휘 실력으로 판가름 난다고 말할 수 있습니다.

이렇게 중요한 어휘 학습을 수박 겉 핥기식 단순 암기식으로 공부해서는 어휘를 정복할 수 없습니다. 영어를 가르치면서 가장 안타까운 것 중 하나가 많은 학생들이 맹목적이고 단순 암기식으로 어휘 학습을 하여 얼마 있지 않아 잊어버리기를 반복합니다.

이제부터 영단어 학습은 감이추! 즉 '감상하고, 이해하고, 추론하자!'

이 책은 어휘 학습에서 피상적이고 맹목적인 단순 암기를 지양하고, 단어의 원리를 이해하여 쉽고 재미있게 그리고 오래 기억할 수 있도록 하였습니다. 따라서 오래된 골동품, 멋진 조각품 혹은 웅장한 건축물 등 예술품을 감상하듯, 단어학습을 **감이추** 즉 **'어휘의 역사를 감상하고, 맥락을 이해하고, 의미를 추론하자'**는 개념(concept)으로 집필하였습니다. 실제로 수백 년 혹은 수천 년을 인류와 함께 견디어 온 단어 하나하나는 인류의 위대한 예술품의 하나임에 틀림없습니다.

수능 영어는 철학, 심리, 예술, 문학 등 인문과학, 정치, 경제, 법 등 사회, 생물, 물리, 지구과학, 기술 등 자연과학에 걸쳐 전 분야의 내용이 출제되고 있습니다. 수능 영어는 EBS 지문 연계출제로 일부 지문이 부분적으로 사전에 노출되기는 하지만, 일반적 영어 실력을 평가하기 위하여 사전 노출 없는 지문을 이해할 수 있는가가 주요한 수능시험 출제 의도이기 때문에 보통 학생들에게 노출되지 않는 논문이나 저술들을 활용하고 있습니다. 따라서 이 같은 수능 영어 독해를 위해서는 어휘의 핵심 의미를 이해하고 유추 할 수 있는 영단어 학습이 필요합니다. 이 책은 크게 도움을 줄 것입니다.

중고생은 물론 아직 초등학생이지만 어느정도 영어책을 읽은 초등생들이라면 이 책을 어렵지 않게 공부할 수 있습니다. 또 TOEFL, TEPS, TOEIC 등 전문 영어공인 시험 공부에도 자연스럽게 연결되도록 하였고 초중고대학생 등 원서를 읽는데도 큰 도움이 되도록 집필하였습니다.

영어실력, 결국은 영어단어 !!

〈한 입 VOCA〉 시리즈는, 수험생들의 영어어휘 학습을 도와 확실한 영어 성공의 길로 안내할 것입니다.

22일에 끝내는, <한 입 VOCA 최우선 어휘, 다의어 323> 학습계획

첫째, 각 단어들에 대한 그림을 보면서 뜻을 생각해 봅니다. 그림을 감상하듯 보면서 의미를 이해해 봅니다. 단어마다 맨 위에 씨앗 뜻을 제시였습니다. 씨앗 뜻이 어떻게 여러 뜻으로 파생 되었는가를 생각해 봅니다. [어원이 다른 일부 동형어의 경우, 단어의 기억을 쉽게 하도록 억지(?)를 쓰기도 하였습니다.] 단어의 씨앗 뜻은 각각의 단어 들의 뜻과 품사를 생각하면서 예문들을 공부합니다. 가능하면 문장을 읽으면서 해석을 보지 말고 해석해 보고 마지막으로 확인 차원에서 해석을 보기를 바랍니다. 또한 전부는 아니지만 아래에 단어들의 뜻을 정리해 두었습니다. 꼼꼼하게 읽으면서 단어 뜻이 파생되는 과정을 읽어보고 이해하기 바랍니다.

둘째, 각 day 당 다의어 단어 15개씩 구성되어 있습니다. 각각의 단어 들에 대한 씨앗 뜻을 생각해 보고 확장 되는 뜻들을 가능하면 상세히 생각해 보고 또 써 보도록 합니다. 22일이면 이 책 22 day, 323개 단어를 모두 학습할 수 있습니다. 단어 기초가 약한 학생들은 최소 3회 이상 반복 학습을 권유합니다. 여러가지 뜻이 파생된 어려운 다의어는 5번 이상 반복학습하기를 권유합니다. 그래야 다의어에 대하여 확실하게 이해할 수 있고 자신의 것이 될 수 있습니다.

자신의 수준에 따라 처음부터 예문까지를 학습할 것인가는 스스로 판단해서 학습하길 바랍니다.
△ 어휘 실력이 약한 학생들 – 먼저 단어의 여러 뜻 만을 먼저 학습하고 두 번째 이상 학습할 때 예문을 학습합니다.
△ 어휘 실력이 중급 이상인 학생들 – 단어뿐만 아니라 예문을 통한 학습을 권고합니다. 특히 여러 가지 뜻이 파생한 어려운 다의어 단어들은 문장 속에서 문맥에 따라 반복 학습하기를 권유합니다. 예문 학습은 수능 등 독해력을 크게 증진시켜 줄 것입니다.

셋째, 반드시 각 단원 끝에 있는 TEST로 학습한 내용을 스스로 점검해 보기 바랍니다. 문제는 두 가지 유형입니다. 단어 뜻 쓰는 문제와 문장 해석 유형입니다. 단어 실력이 약한 학생들은 먼저 단어 뜻 쓰는 문제만 먼저 풀고 문장 해석 문제는 단어를 먼저 학습하고 단어에 익숙한 다음에 문장을 학습하고 문제를 푸는 방법도 한 방법입니다. 순서는 다르지만 문장 학습을 꼭 하면서 단어의 쓰임을 익혀야 합니다.(정답은 단어 뜻을 쓰는 A형은 앞에 나와 있는 단어들 본문 내용에서 확인하고, 문장에 대한 해석 문제 B형은 정답편에서 확인하기 바랍니다.)

마지막으로 하나 더 권유하고 자 합니다.
동생 등 가족들이나 친구들에게 단어들의 뜻 파생을 설명하면서 함께 공부하면 오랫동안 단어를 잊지 않고 자신의 것으로 만들 수 있을 것입니다. 혼자 공부한 것과 그것을 설명까지 하는 학습법은 상당히 큰 학습효과의 차이가 있습니다. 또한, 단어들을 학습한 후 그 단원에 해당하는 단어들을 혼자서 생각해 보고 기억을 더듬어서 학습한 단어들을 생각해 보고 빈 종이나 스마트폰 메모장 등에 써보는 습관을 권유합니다. 책을 보지 않은 채 학습한 단원의 단어들의 여러 뜻을 기억을 되살려 보고 그 뜻을 완전하지는 못하더라도 기억하고 또 쓸 수 있다면 큰 발전입니다.

단어 뜻을 기억해 보려는 시도는 거리를 걸으면서도 버스나 지하철을 타고 이동 중에도 가능한 일입니다. 학습은 꼭 책상 앞에서만, 또 책을 보면서만 할 수 있는 것이 아닙니다. 농구나 축구 등 스포츠, 또 피아노 등 곡 연주 등에서 활용되는, 실제로 운동과 연주를 직접 하지 않으면서도 머릿속으로 연습하는 멘탈 프랙티스(mental practice)를 어휘 학습에서도 활용하여 좋은 성과를 얻을 수 있습니다.

현대 영어 단어의 유래

사람들이 집단을 이루면서 의사소통을 위하여 단어들을 만들어 낸다. 그 단어가 상당한 의미가 있을 때 그 단어는 사회화되고 역사화 된다. 또 왕래, 교류, 이주, 침략, 전쟁이나 정복 등을 통하여 집단 간 통합에 따라 언어(단어)가 타 언어를 수용 통합하고 사멸, 변형, 생성, 발전, 번성해 나간다.

이 같은 단어는 한 번에 우주에서 떨어지는 것이 당연히 아니다. 산과 바다, 강의 지형과 바위 등이 파도와 비바람에 무너지고 부서지고, 구르고 닳아서 단단해지듯 단어 하나하나도 수년 수십 년 수백 년 이상의 오랜 시간 동안 인고의 시간을 거쳐 존재 지속하는 것이다. 과거에는 지리적으로 가까운 언어의 영향을 많이 받았다. 최근에는 서적과 인터넷의 발달로 국가와 문화 등 벽을 빠르게 벗어나고 있다.

| 영어의 기원 ~ 5세기 | 고대영어 500년~1070년 | 중세영어 1070년~1600년 | 근현대영어 1600년대~최근 |

– 영어의 기원 (~ 5세기)

영어는 5세기까지는 독일어와 네덜란드어가 발전하는 게르만어에 뿌리를 두고 있다. 또 고대 로마에서 사용되었던 언어인 라틴어로부터 많은 영향을 받는다.
 – · mother(엄마): ← mutter(독일어), mater(라틴어) · father(아빠): ← vater(독일어), pather(라틴어)

– 고대영어 (500~1,100년)

현재의 북유럽인 노르웨이, 스웨덴, 덴마크 등에 살았던 바이킹족의 영국 등을 침략하면서 사용했던 말이다.
 – water, god, be, wind, strong
  · water(물): ← wæter, wæterian(게르만어 어원) ※ 참고: Wasser(물-독일어)
  · god(신): ← god(네덜란드) ※ 참고: Gott(독일어)

프랑스어를 사용하였던 노르만은 1066년 영국정복으로 사업적이고 정치적 혹은 권력과 관련된 프랑스어를 수용하였다.

- air, philosophy, science, peace, time, space, beef, cotton, machine, business
    - air(공기): – air(고대 프랑스어) ┌ aer(라틴어) ← aer(그리스어)
      └ aire(고대 프랑스어) ← ager, agr-(라틴어)
      aria(이탈리아어)
    - philosophy(철학): ┌ philosophie(고대 프랑스어) ← philosophia(라틴어)
      └ philosophia (그리스어) ← philo(그리스어)+sophia(그리스어)
    - science(과학): ← scientia(라틴어) ← scire(라틴어)
    - peace(평화): ← pais(고대 프랑스어) ← pax, pac (라틴어)
    - time(시간): ← tima(게르만어)/tide
    - space(공간): ← espace(고대 프랑스어) ← spatium(라틴어)

- commerce: ← commercium ← com + mercium ← merx, merc – (라틴어)
- history: ← historia ← histor (그리스어)

현대 영어는 윌리엄 셰익스피어 시대에 출현하였다. 셰익스피어 작품에는 셰익스피어 자신에 의해서 만들어지고 나중에 뜻이 발전된 수많은 단어와 구절이 있다. 15세기 인쇄술의 발전으로 철자 등이 표준화되었다. 최초의 영어사전이 1604년에 발행되었다.

특히 현대에는 과학 기술의 발전함에 따라서 과학, 의학, 공학, 컴퓨터 등이 발전하고, 최근에는 인터넷 공간이 일상화되고 게임, 로봇 산업 등이 크게 발전하였다. 의학, 공학, 유전공학, 디자인, AI 등 학문이 세분화되고 전문화되며 언어(단어)는 새로운 물질이나 상황, 그리고 개념을 표현하는 신조어가 많이 생겨난다. cyberspace(사이버공간), robotics(로봇 공학), internet(인터넷), uncontact(비접촉) 등의 단어를 생각해 보면 쉽게 알 수 있다.

현대 영어 단어의 지역 및 민족 별 유래

현대 영어 단어는 라틴어, 앵글로 프랑스어를 포함하는 프랑스어, 게르만어(고대 유럽 사회를 이루었던 고대와 중세 영어, 노르웨이어, 네덜란드어를 아우르는)가 각각 25%에서 30%에 이르러 이 세 가지 언어가 84~85% 이른다. 나머지 그리스어가 5~6%, 아랍어와 기타 밝혀지지 않는 말이 5~6%, 또 강이나 산 등 지역, 음식, 사람 등 고유명사로부터 나온 단어가 3~4% 이른 것으로 알려진다.

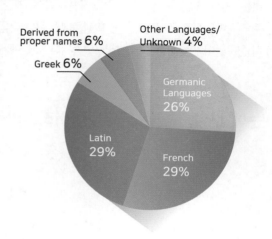

수십 년 영어를 지도하면서 체계적인 단어 학습 지도에 대해 오랫동안 고민해오다 이 책을 쓰게 되었습니다. 그동안 외국어로써 영어 학습에서 가장 중요한 어휘 학습을 상대적으로 소홀히 한 것이 사실입니다. 결코 소홀히 할 수 없는 어휘 학습을 보다 체계적이고 효과적인 학습이 되도록 하였습니다.

이 책을 통해 영어 단어 학습이 무조건 암기하는 것이 아니고, 단어 원리를 이해하는 것이 얼마나 효과적인가를 알 수 있을 것입니다. 맹목적인 단어 암기와 이해를 통한 영어 단어 학습은 많은 차이가 있습니다. 단순 암기(memorizing)는 음식을 씹지도 않고 삼키는 것(swallowing)이라면, 반면에 이해한다는 것(understanding)은 피가 되고 살이 되도록 씹고 소화하는 것(digesting)과 같습니다. 단어를 이해하는 것은 글의 이해 능력과 활용 능력을 동시에 크게 높일 수 있습니다.

제대로 된 영어 어휘 학습은 영어 학습의 본령 중 하나입니다. 단어 하나 하나는 평생 함께하는 인생에서 소중한 좋은 친구, 여행에서 만나는 추억의 멋진 여행지, 혹은 한 여름 밤 하늘에서 처음 본 반짝이는 별빛 같은 존재가 될 수도 있습니다. 학습자들의 영어 학습 과정에서 하나의 이정표나 미래의 꿈을 심는 소중한 씨앗으로 기능할 수 있을 것입니다.

실제로 필자는 중고시절 만난 inspiration(영감)이라는 단어는 깜깜한 밤하늘을 비추는 별빛처럼 다가왔던 기억이 선명합니다. 또 sympathy(공감, 동정) 등의 단어를 공부하면서는 공감한다는 의미를 되새기곤 하였고 단어 philosophy(철학), psychology(심리학)를 통해 철학, 심리학 등에 호기심을 가졌던 적도 있었습니다.

아무쪼록 이 책으로 공부하는 학생들 모두 단어 암기에 대한 거부감을 없애고 어휘 학습, 영어 학습, 나아가 인생 여정에서 밤하늘에 수 놓은 별을 함께 찾는 우정과 추억 가득한 소중한 친구 같은 책이 되길 기원합니다.

마지막으로 이 책이 나올 수 있었던 것은 제 수업을 수강한 학생들 덕분입니다. 가르친다는 것은 더 많은 것을 배울 수 있는 기회였습니다. 특히 학생들이 힘들어하는 단어 학습에 관해 많은 고민을 할 수 있었으며 좋은 아이디어, 나아가 큰 영감을 주기도 하였습니다. 특히 장기 기억을 위해 단어를 그림으로 표현해 주고 교정 등에서 도움을 준 규림, 서연, 예담, 하은, 민찬, 휘민, 지헌, 민재, 찬호, 정은, 용현, 예진, 예원, 예지, 채린, 서경, 지훈, 찬영, 종성, 재익, 서현, 상혁, 상준, 준우, 수아, 진호, 지원, 예영 등 학생들에게 큰 고마움을 전하고 싶습니다. 이 책을 집필하고 편집하는 동안 필자에게는 이 친구들이 별빛처럼 길을 밝혀주었습니다. 그들에게도 이 책이 작은 별 빛이 되기를 기원합니다.

눈에 보이지 않는 코로나바이러스와 싸워 인류가 승리하는 한 가운데에서.

2021년 11월 11일

저자 손 창 연

영어단어 암기? 감이추 '감상하고 이해하고 추론하자!'

이 책은 Prestudy, Chapter 1, Chapter 2, Chapter 3으로 접미사, 접두사, 어근 등 어원별로 구성되어 있습니다.

– Prestudy: 기본 품사 용법과 단어 뜻의 파생과 품사 활용

핵심 품사인 명사와 동사, 그리고 형용사와 부사가 문장에서 어떻게 쓰이는가를 설명하였습니다. 또 단어들이 여러 뜻이 생겨나고 두 가지 이상 품사로 사용되는 원리들을 살펴 보았습니다.

영어에서 단어별 품사 사용법은 영어 문법 중에서 기초이자 가장 중요합니다. 또 단어의 핵심 뜻을 이해하고 여러 가지 뜻으로 파생하는 원리를 이해하는 것이 어휘 학습에서 필요합니다. 나아가 하나의 단어가 한 가지 품사로만 고정하여 쓰이지 않고 두 개 이상 품사로 활용되는 단어들이 많습니다. 몇 개의 단어들의 예를 들어 설명하였습니다.

– Chapter 1: 접미사(suffix)

Chapter 1에서는 명사, 동사, 형용사 등 품사를 결정하는 접미사(suffix)를 학습할 수 있습니다. 많은 경우 단어의 형태만으로도 핵심 품사를 구분할 수 있습니다.

– discuss(토론하다)+ion(명사형 접미사) → discussion(명-토론)

– Chapter 2: 접두사(prefix)

접두사(prefix)는 단어 맨 앞에 시간과 공간상에서 전후, 상하, 안과 밖, 좋은 것과 나쁜 것 등을 나타내는 것들입니다. 접두사는 단어 뜻을 추론할 수 있고 글의 큰 맥락을 이해하는데 단서를 제공할 수도 있습니다.

– fore(먼저-접두사)+sight(보는 것) → foresight(명-선견지명)

– Chapter 3: 어근(root)

어근(root)은 단어의 핵심 뜻을 말하는 뿌리입니다. 어근(root)을 배워 단어 핵심 뜻을 이해하고 오래도록 기억하도록 하였습니다. 어근은 상당히 많습니다. 하지만 단어학습의 효용성 측면에서 중요한 것들을 선별하였습니다. 모든 단어의 어근을 다 알 필요는 없습니다. 어원이 명확하지 않은 것도 있고 오히려 어려울 수도 있기 때문입니다.

– e(out-밖으로)+mit(send 보내다-어근) → emit(동-발산하다)

[참고] 별책: 〈한 입 VOCA 수능 어원편 & 플러스+〉 특징

01. 각 Chapter별 어원 목록을 제시하여 어원별 학습해야 할 단어들을 모아 아는 단어와 모르는 단어를 사전 점검하도록 하였다.

☞ page 21, 23 등 참고

02. 〈한 입 VOCA 수능 어원편〉 Prestudy에서 핵심 품사 사용법과 단어들의 뜻과 품사 파생을 살펴보았다.

☞ 〈한 입 VOCA 수능 어원편〉 page 15~30 참고

03. 각 어원 제시와 어원에 대한 감을 익히도록 하는 학생들이 직접 그린 그림을 제시하였다.

☞ page 15, 17 등 참고

04. 각 Day 끝에 Day 볕 공부한 어휘에 대한 테스트를 위하여 문제를 제공하였다. 또한 책 뒤쪽에 정답과 해석을 제공하였다. ☞ 177 page 참고

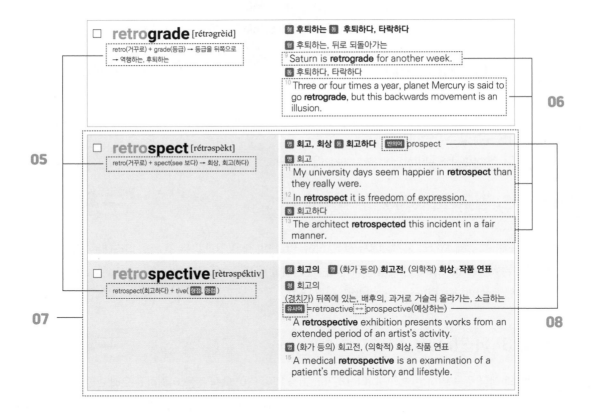

05. 각 단어에 대한 어원을 설명하여 단어를 이해하도록 하였다.

06. 실용적인 최신 문장들을 예문으로 제시하여 외운 단어를 활용하도록 하였다.

07. 파생어를 한 단어에 묶어 설명하면서도 독립시켜 각각 단어별 학습을 강조하였다.

08. 필요한 경우 유사어(synonym)와 반의어(antonym) 등을 실었다.

09. 필요한 단어를 찾아볼 수 있도록 책 맨 뒤에 색인(index)을 제공하였다. ☞ page 183 참고

10. 학생들이 어디서나 편리하게 단어 학습을 할수 있도록 미니 단어장을 제공하였다.

[참고] 별책: 50일+20일에 끝내는, 〈한 입 VOCA 수능 어원편 & 플러스+〉 학습계획

첫째, 단어 학습 전에 어원별로 모아 놓은 단어 모음에서 스스로 아는 단어와 모르는 단어를 점검해 본다. 1회 학습 후에도 다시 되돌아와 3번까지 스스로 반복 점검해 봅니다. 3회 반복하여도 쉽지 않은 어려운 단어들은 별도 노트에 정리하여 끊임없이 반복하여 완전히 자기 것으로 만들기 바랍니다.

둘째, 각 day 당 단어 30개(+,−) 구성되어 있는 매일 day 하나씩 학습하고 Lesson Test를 통해 점검합니다. 20일 계획(주말을 쉬면 5주과정)으로 Lesson 20개를 모두 학습합니다.[별 책 〈한입 VOCA 수능 어원편〉에 50day포함하면 70일] 어원 등 단어 기초가 약한 학생들은 최소 3회 이상 반복 학습을 권유합니다. 그래야 어원을 확실히 자기 것으로 만들 수 있고 단어를 오랫동안 기억할 수 있습니다.

반드시 각 단원 끝에 있는 문제를 풀면서 학습한 내용을 스스로 점검해 보기 바랍니다.문제는 크게 두 가지 유형입니다. 먼저 단어와 뜻 쓰는 문제와 문장 빈칸에 알맞은 단어 찾아 넣기 문제 유형입니다. 단어 실력이 약한 학생들은 먼저 단어와 단어 뜻 문제만 먼저 풀고 문장에 나온 단어 넣기 문제는 단어를 먼저 학습하여 단어에 익숙한 다음에 문장을 학습하고 문제를 푸는 방법도 한 방법입니다.

셋째, 자신의 수준에따라 예문까지를 학습할 것인가는 스스로 판단해서 학습하길 바랍니다.

△ 어휘 실력이 약한 학생들 − 먼저 단어 만을 먼저 학습하고 두 번째 이상 학습할 때 예문을 학습합니다.

△ 어휘 실력이 중급 이상인 학생들 − 단어뿐만 아니라 예문을 통한 학습을 권고합니다. 특히 여러 가지 뜻이 있는 다의어 단어들은 문장 속에서 문맥에 따라 반복 학습하기를 권유합니다. 예문 학습은 독해력을 크게 증진시켜 줄 것입니다.

마지막으로 하나 더 권유하고 자 합니다.

동생 등 가족들이나 친구들에게 어원별 핵심 뜻과 관련 단어들을 예를 들어 설명하면서 함께 공부하면 오랫동안 단어를 잊지 않고 자신의 것으로 만들 수 있을 것입니다.

또한, 어원별로 학습한 후 그 단원 어원을 혼자서 생각해 보고 기억을 더듬어서 학습한 단어들을 생각해 보고 빈 종이나 스마트폰 메모장 등에 써보는 습관을 권유합니다. 책을 보지 않은 채 학습한 단원의 어원을 기억하고 또 어원에 해당하는 몇 개의 단어라도 기억할 수 있고 쓸 수 있다면 큰 발전입니다.

기억을 더듬어 보는 것은 거리를 걸으면서도 버스나 지하철을 타고 이동 중에도 가능한 일입니다. 학습은 꼭 책상 앞에서만, 또 책을 보면서만 할 수 있는 것이 아닙니다. 농구나 축구 등 스포츠, 또 피아노 등 곡 연주 등에서 활용되는, 실제로 운동과 연주를 직접 하지 않으면서도 머릿속으로 연습하는 멘탈 프랙티스(mental practice)를 어휘 학습에서도 활용하여 좋은 성과를 얻을 수 있습니다.

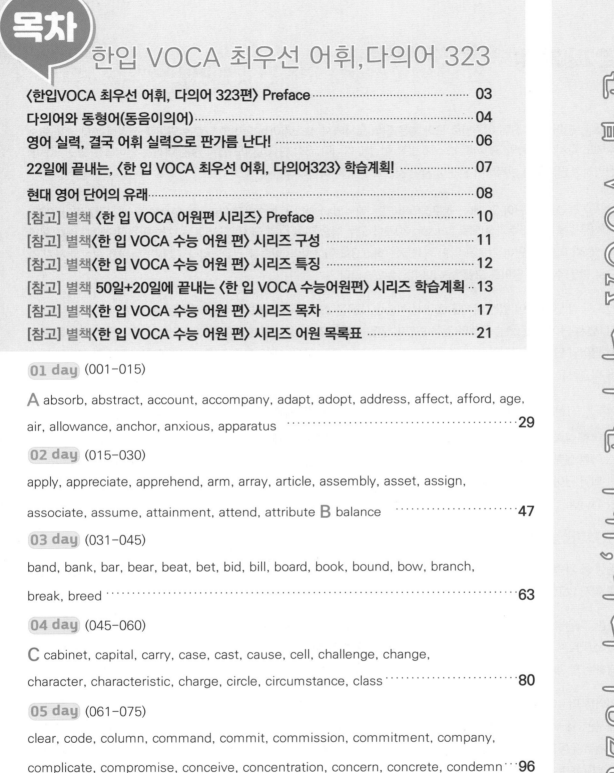

목차

한입 VOCA 최우선 어휘, 다의어 323

01 day (001-015)

A absorb, abstract, account, accompany, adapt, adopt, address, affect, afford, age, air, allowance, anchor, anxious, apparatus ·······29

02 day (015-030)

apply, appreciate, apprehend, arm, array, article, assembly, asset, assign, associate, assume, attainment, attend, attribute B balance ·······47

03 day (031-045)

band, bank, bar, bear, beat, bet, bid, bill, board, book, bound, bow, branch, break, breed ·······63

04 day (045-060)

C cabinet, capital, carry, case, cast, cause, cell, challenge, change, character, characteristic, charge, circle, circumstance, class ·······80

05 day (061-075)

clear, code, column, command, commit, commission, commitment, company, complicate, compromise, conceive, concentration, concern, concrete, condemn ···96

한입 VOCA 최우선 어휘, 다의어 323

한입VOCA 최우선 어휘,다의어323편

Chapter III 주요 어근

[참고] 별 책: 한입 VOCA 수능 어원편 플러스(+)

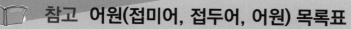

1. 단어 끝에 붙이는 주요 suffix (접미사)

 명사형 접미사 (noun suffix)

명사형 접미사는 크게 사람을 나타내는 것 들과 상태, 특성, 동작, 결과, 수단이나 신분이나 지위 등 추상명사를 만들기 위하여 많이 쓰인다.

명사형 접미사	단어 예	의미
-ar	liar 거짓말 쟁이	보통 '~ 사람'을 나타낸다. 일부 사물 등을 나타낼 수 있다.
-er	admirer 숭배자	
-or	actor 배우	
-ee	examinee 수험자	
-ant	participant 참가자	
-ent	superintendent 감독	
-ist	idealist 이상가	
-ive	representative 대표자	
-ary	beneficiary 수익자	
-hood	neighborhood 이웃	신분, 지위, 상태 등 추상명사
-ship	chairmanship 의장직	
-ic, -ics	physics 물리학	학문 등 추상명사
-logy	sociology 사회학	
-ism	realism 현실주의	주의 등 추상명사
-et	pamphlet 팸플릿, 작은 책자	작은 것
-ette	cigarette 담배	작은, 여성, 집단
-ness	consciousness 의식	특성, 상태, 동작, 결과, 수단 등을 나타내는 추상 명사
-th	growth 성장	
-dom	kingdom 왕국	
-ion(-sion, -tion)	omission 생략, vacation 휴가	
-ment	punishment 벌	
-al	proposal 신청, 제안	
-ry	delivery 인도, 배달	
-ance(-ancy)	elegance (=elegancy) 우아함	
-ence(-ency)	evidence 증거	
-ure	pleasure 기쁨	
-ty, -ety, -ity	liberty 자유, safety 안전 velocity 속도	
-cy	privacy 사생활	
-mony	ceremony 의식	
-age	average 평균	

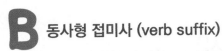

B 동사형 접미사 (verb suffix)

동사형 접미사	단어 예	의미
-fy(-efy, -ify)	liquefy 녹이다, 용해시키다 clarify 분명하게 하다	~ 하게 하다
-ize	criticize 비평하다 apologize 사죄하다	
-en	moisten 축축하게 하다	
-ate	communicate 전달하다	

C 형용사형 접미사(adjective suffix)

형용사형 접미사	단어 예	의미
-able	available 이용할 수 있는	~할 수 있는(능력)
-ible	audible 들리는	
-ful	careful 주의 깊은	~ 가득 찬, ~하기 쉬운
-al	central 중심의, 중앙의	
-ant/-ent	attendant 시중드는 apparent 명백한	
-ary/-ory	necessary 필요한 auditory 청각의	
-ic/-ical	electric, electrical 전기적인	…와 같은, …성질의, …하기 쉬운, …에 관계가 있는
-ish	selfish 이기적인	
-ive	active 활동적인	
-ly/-y	bodily 신체의, dirty 더러운	
-ous	conscientious 양심적인	
-some	handsome 잘생긴	
-ern	western 서쪽의	방향
-ese	Chinese 중국의	국가이름 등을 형용사로 만든다
-less	flawless 흠 없는	~ 없는
-ing	satisfying 만족하게 하는	~ 하게 하는(감정유발)
	existing 현존하는	~한(상태지속)
-ed	satisfied 만족된	~ 되어진(수동)
-en	wooden 나무로 된	~ 로 만든

D 부사형 접미사(adverb suffix)

부사형 접미사	단어 예	의미
-ly	softly 부드럽게	
-way(s)	sideways 옆으로	방식
-wise	otherwise 그렇지 않으면	
-ward(s)	downward(s) 아래 쪽으로	방향

E 두가지 이상 품사로 사용되는 접미사(surffix)

아래 표에서 보는 것처럼 두 가지 이상 품사에서 쓰이는 접미사가 있다. 특히 -ant, -ate, -ary, -ive, -ly는 한 단어가 두 가지 이상의 품사로도 사용되기도 한다.

어미	명사	동사	형용사	부사
-al	trial 시도		equal 같은	
-ant	assistant 조수		assistant 보조의	
-ate	separate 갈라진 것	separate 분리하다	separate 분리된	
-ar	scholar 학자		regular 규칙적인	
-ary	missionary 선교사		missionary 전도(자)의	
-en	children 아이들	moisten 축축하게 하다	golden 황금으로 된	
-ent	superintendent 감독		insistent 주장하는	
-ic	rhetoric 수사학		magnetic 자석의	
-ive	relative 친척		relative 비교상의	
-y	jealousy 질투		greedy 탐욕스러운	
-ly			monthly 매월의	monthly 매월

2. 단어 앞에 붙이는 주요 **접두사(prefix)** – 공간과 시간 등

접두사	뜻	단어 예
pre	~ 앞에(before)	precede 앞서다
pro	~ 앞에(before)	proceed 앞으로 나아가다
fore	~ 앞에(before)	forecast 예측하다
ant(e, t)	~ 이전에(before)	anticipate 예상하다
post	~ 뒤에(behind)	postdate 실제보다 늦추다
re	다시(again), 뒤로(back)	recover 회복하다, 되찾다
after	뒤에	aftercare 치료 후 몸조리
retro	뒤로(back)	retroact 반동하다
over	위로	overcharge 과잉청구하다
super	위에	superior 우수한
up	위로	uphold 지지하다
hyper	위	hyperacid 위산과다의
hypo	아래	hypoacidity 산과소
under	아래	undercover 비밀로 한
su(b, f, g, p, s, r)	아래(under)	subconscious 잠재의식의
in^1, im^1	~ 안에	include 포함하다
inter	~ 사이에(beween)	interact 상호작용하다
e(x)	밖에(out)	elicit 이끌어내다 exaggerate 과장하다
(o)ut	밖에	outbreak 발발, 발병 utter 말하다
extra	밖의, 여분의(out)	extraneous 외래의
trans	통과하여(through)	transatlantic 대서양 건너의
dia	가로질러(across), 사이에(between)	dialogue 대화
per	완전히 통과하여(through)	perceive 인식하다
with	~ 함께(together)	withdraw 철회하다
syn, sym	~ 함께(together)	sympathy 동정, 공감
co(l,m,r)	~ 함께(together)	coexist 공존하다
in^2, il, im^2, ir	~ 없는(not)	inability 무능력
dis	~ 없는(not), 사라진(away)	disable 쓸모없게 만들다
non	~ 가 아닌(not)	nonchalance 무관심, 냉담
a(n)	~ 없는(not)	achromatic 무색의
un	~ 없는(not)	unaware 모르고 있는

접두사	뜻	단어 예
counter, contra	~ 에 받대하여(against)	counteract 대응하다
ant(i)	~ 에 반대하는(against)	antagonize 반감을 사다
tel(e, o)	멀리 떨어진, 전신	telebanking 텔레뱅킹
se	떨어져(away)	section 분할, 구역
a(b)	떨어져(away)	abduct 유괴하다
bene	좋은(good)	benefaction 은혜(를 베풂)
mal(e)	나쁜(bad)	malice 악의
ambi	양쪽의(both),둘레의(around)	ambiance 주변의 모양, 분위기
en	만들다(make)	enable 할 수 있게 만들다
auto	스스로	autobiography 자서전
mis	잘못	misapply 잘못 적용하다
a(b, c, d, p, r, s, t)	~ 쪽으로(to)	adhere 부착하다, 고수하다

	접두사	뜻	단어 예
수와 관련된 접두어	mono	one (1 – 하나)	monach 군주제
	uni		unity 단결, 통일성
	bi	two (2 – 둘)	bifocal 이중 초점의
	due		duo 2인조, 2중주
	tri	three (3 – 셋)	triathlon 3종 경기
	tetra	four (4 – 넷)	tetragon 4각형
	penta	five (5 – 다섯)	pentagon 5각형
	hexa	six (6 – 여섯)	hexagon 6각형
	hepta	seven (7 – 일곱)	heptagon 7각형
	sept		septangle 7각형
	oct	eight (8 – 여덟)	octave 옥타브, 8도음정
	non(a)	nine (9 – 아홉)	nonagon 9변형
	dec(a)	ten (10 – 열)	decade 10년
	hemi	half(½, 반)	hemisphere 반구
	semi		semiarid 반건조의
	demi		demigod 반신반인
	quarter	$\frac{1}{4}$(4분의 1)	quarterfinal 준준결승
	multi	여러 개	multimedia 멀티미디어

3. 많이 사용되는 주요 어근(root)

어근(root)	뜻	단어 예
prim	최초, 최고	primacy 제일, 탁월
home	같은(the same)	homology 상동관계
chron(o)	시간의 지속	chronology 연대기, 연대학
tempor	시간(time)	temporary 일시적인
man(u,i), main	손(hand)	manual 설명서
ped(i)	발(foot)	peddle 행상 다니다
corp(or)	몸(body)	corporal 육체의, 신체의
phys(ic)	물질, 신체	physics 물리학
psych(o)	마음(mind)	psychology 심리학
cor(d,e), cour	마음(heart)	concord 일치, 조화
audi	소리(sound), 듣다(sound)	audience 관객
voc, vow	목소리(voice), 부르다(call)	vocal 목소리의, 보컬
vis(e), vi(d), view, vey	보다(see)	vision 시력, 시야
aster, astro, sider	별(star)	astronomy 천문학
band, bind, bond, bund	묶다	band 밴드
bio	생명(life)	biology 생물학
cede, ceed, cess, ceas	가다(go)	access 접근
cap	우두머리(head)	capital 수도, 대문자, 자본금
car, char	마차(carriage)	carrier 운반하는 사람, 보균자
cred, creed	믿음	credit 신용, 칭찬, 학점
cur	달리다(run), 흐르다(flow)	currency 통용, 화폐
duct, duc(e)	이끌다(lead), 가져오다(bring)	conduce 이끌다
dict	말하다(say)	dictate 지시하다, 구술하다
equa(i), equi	같은, 평등한(the same)	equate 같게 하다
fac(t), fec(t), fic(t), fair	만들다(make)	fact 사실
fy		fortify 강하게 만들다
fer	나르다(carry), 가져오다(bring)	infer 추론하다
flu	흐르다(flow)	fluid 액체
fin(e)	끝(end), 경계(limit)	final 마지막의
form	형태, 구성	formal 모양의, 공식의
litter	글자(letter)	literal 글자 그대로의
gen(e)	출생(birth), 생산하다(produce)	genetic 유전의
grad, gress, gree, gred	걸어 가다(go), step(걸음, 단계)	grade 등급, 성적, 학년
graph	쓰다(write), 그리다(draw)	graph 그래프, 도표
ject	던지다(throw)	inject 주사하다
leg	법률(law)	legal 법률의

어근(root)	뜻	단어 예
lect, leg	모으다(gather), 선택하다(choose)	collect 모으다
nov, new	새로운(new)	nova 신성
log(y)	word(말) → (말이 모여) 학문	virology 바이러스학
long, leng, ling	긴	length 길이
path, pati, pass	겪다(suffer), 느끼다(feel)	pathos 페이소스, 비애감
pend, pens, pond	매달다(hang), 무게를 달다(weigh)	pendulum 추
pel, peal, puls(e)	밀다(push), 몰다(drive)	propel 앞으로 나가게 하다
ple, ply, plic, ploit,	접다(fold), weave(짜다)	complex 복잡한
lateral	옆쪽(side)	bilateral 양측의
press	누르다(press)	depression 우울, 경기침체
rupt	깨다(break)	bankrupt 부도난
clos(e), clude	닫다(shut)	enclose 동봉하다
onym	이름(name), 단어(word)	synonym 동의어
pos(e), pon(e)	놓다(put), 두다(place)	compose 구성하다, 작곡하다
vert, vers	돌아서 향하다(turn)	adversity 역경
tend, tent(e), tens(e)	늘리다(stretch), 당기다(pull)	tension 긴장
terr(i)	두렵게 하다(frighten)	terrible 무서운
	땅(earth)	territory 지역, 영토
vit, viv(e), vig	생명(life), 살다(live)	vitality 생명력
ven(t)	오다(come)	advent 출현
volv, volu, volt	말다, 돌다(roll)	revolve 돌리다, 회전하다
val(u), vail	가치(value), 가치 있는(worth)	valuable 가치 있는
geo	땅(earth, land)	geology 지질학
tract	당기다(draw), 끌다(pull)	attract 끌어 당기다
ward, wa, war, warn	주의하다(watch)	ward 보호, 감시
medi(o), mid	중간(middle)	median 중간(의), 평균(의)
tone, tune	음질, 색조	monotone 단조로운
mov, mo(e), mot	움직이다(move)	motive 동기, 자극
ment, men, mon, min(d)	마음(mind)	mental 마음의
spir	숨쉬다(breathe)	perspire 땀을 흘리다
scrib	쓰다(write)	inscribe 새기다
sens, sent	느낌(feeling)	sensitive 민감한
mit, miss, mess, mise	보내다(send), 가다(go)	mission 임무
spec(t), spic, specul	보다(look)	spectacle 경관, 미관
tain, ten(t), tin	붙들다(hold)	obtain 획득하다
tort, tors	비틀다(twist)	torture 고문하다

memo.

ㅇ어휘 학습! 단어의 품사를 생각하면서 공부하자!

i. 명사

사람, 동물, 식물, 무생물, 추상적 개념 등 세상의 모든 이름을 나타내는 말이다. 문장에서 주어, 목적어, 보어 위치에서 사용된다.

ii. 동사

동작이나 상태를 표현하는 말이다. 문장에서 주어 뒤에 주어의 동사로 사용된다.

iii. 형용사

성질, 크기, 상태, 색깔, 재료 등을 나타내는 말이다. 문장에서 쓰일 때, 명사의 앞이나 뒤, 주어보충어, 목적어 보충어 자리에서 쓰여 명사를 꾸며주는 역할을 한다.

iv. 부사

장소, 시간, 방법, 정도 등을 표현하는 말이다. 문장에서 쓰일 때, 동사, 형용사, 다른 부사, 문장전체를 꾸며 주는 역할을 한다.

001 **absorb** [æbsɔ́ːrb]

씨앗뜻 빨아들이다
- 흡수하다
- 완화시키다
- 병합하다
- 흡수 동화시키다
- 열중하게 하다, 이해하다

흡수하다

완화시키다

병합하다

몰두하다

 예문

동사

–(물 등을) 흡수하다, 빨아들이다
Plant roots absorb a good deal of water in the mountain.
산에서 식물 뿌리가 상당한 물을 흡수한다.

–(빛·소리·충격 따위를) 흡수하다, 완화시키다
The barrier absorbs the main impact of the crash. 장벽은 충돌의 주요 충격을 완화시킨다.

–(작은 나라·도시·기업 따위를) 병합(흡수)하다
The large firm absorbed small firms. 그 대기업이 작은 기업들을 흡수했다.

–(이민·사상 등을) 흡수 동화하다
The country has absorbed millions of immigrants over the years.
그 나라는 수년에 걸쳐 수백만 명의 이민자를 받아들였다.

–(사람·마음을) 열중케 하다, (시간·주의 따위를) 배앗다
Study absorbs most of his time. 공부가 그의 시간의 대부분을 흡수한다. (→ 공부에 열중한다.)

–(의미를 받아들여) 이해하다
She absorbed the concept of physics in silence. 그녀는 조용히 물리학개념을 이해했다.

absorb는 '(물 등을) 흡수하다', (빛이나 충격 등을 흡수하여) 완화시키다', '(기업이나 나라를 흡수하여) 병합시키다', '(학습 등을 흡수하여) 열중하다', 또 '이해하다' 등의 뜻으로도 쓰인다.

써앗뜻 abs(away 떨어져)+tract(pull잡아당기다) → 잡아 당겨 떨어지게하다

002 **abstract** [æbstrǽkt]

─ 추상적인, 관념상의
─ 초록, 요약
─ 추상화
─ 발췌하다
─ 추출하다

abstract

Happiness

추상적인

피카소의
추상화 〈소〉

예문

A. 형용사 [æbstrǽkt]
-추상적인, 관념상의 ⟷ concrete 구체적인
Truth, justice, peace, liberty and beauty are abstract concepts.
진실, 정의, 평화, 자유, 아름다움은 추상적인 개념이다.

B. 명사 [ǽbstrækt]
-초록, 요약
An abstract is a short summary of your research paper. 초록은 귀하의 연구 논문에 대한 간략한 요약이다.

-추상화
An abstract is an abstract work of art. 추상화는 추상적인 예술 작품이다.

C. 동사 [æbstrǽkt]
-발췌하다, 끌어내다, 추출하다
The professor abstracted an academic paper. 그 교수는 학술 논문을 발췌했다.

-(주의 따위를) 딴 데로 돌리게 하다(disengage)
Students abstracted their attention from studying for the exam.
학생들은 시험준비를 위한 공부에서 그들의 관심을 딴 데로 돌렸다.

abstract는 '잡아 당겨 떼어내다'가 어원상 뜻이다. 논문에서 핵심만 떼어내는 것이 '초록', '요약'이고 '발췌(하다)'이다. '추상적' 혹은 '추상화'라는 말도 전체를 말하지 않고 일부 만을 떼어내 생각하는 것이다. 나무 등에서 특정 요소만 떼어내는 것이 '추출(하다)'이다.

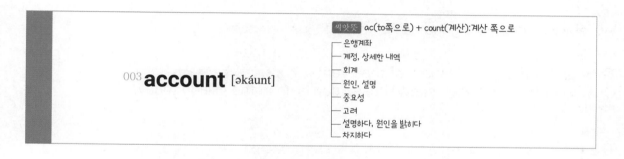

씨앗뜻 ac(to쪽으로) + count(계산):계산 쪽으로

003 **account** [əkáunt]

— 은행계좌
— 계정, 상세한 내역
— 회계
— 원인, 설명
— 중요성
— 고려
— 설명하다, 원인을 밝히다
— 차지하다

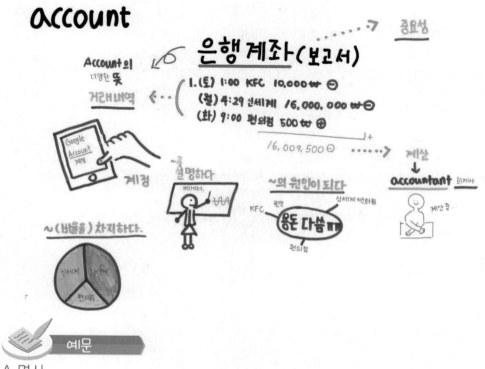

예문

A. 명사

–(고유기록 공간으로) 은행계좌

I withdrew my money and closed my account. 나는 돈을 인출하고 계좌를 해지했다.
An account is a detailed record of all the money that a business or a person receives and spends. 계좌는 기업이나 개인이 받고 지출하는 모든 돈에 대한 자세한 기록이다.

– 계정, 상세한 내역

In your Google Account, you can see and manage your info, activity, security options. Google 계정에서 정보, 활동, 보안 옵션을 보고 관리할 수 있다.

–회계
We always keep very good accounts. 우리는 항상 좋은 회계(수입)를 유지한다.

–원인, 설명
They gave different accounts of the event. 그들은 사건에 대해 다른 설명을 했다.
On account of the heavy snow, buses don't run in the village today.
폭설때문에 오늘 이 마을에서 버스가 운행하지 않는다.

–중요성
The incident is of no account to us. 그 사건은 우리에게 전혀 중요하지 않다.
His opinion is of little account to me. 그의 의견은 나에게 별 의미가 없다.

–고려
The statistics take into account of the match situation. 통계는 경기 상황을 고려한다.

–보고(서)
According to one account, the party was a complete disaster.
한 보고서에 따르면 파티는 완전한 재앙이었다.

B.동사
–설명하다, 원인을 밝히다
Can he account for his actions? 그는 자신의 행동을 설명할 수 있습니까
This graph account for public opinion trends. 이그래프는 여론동향을 설명해준다.

–차지하다
The EU still accounts for nearly three-quarters of all exports.
EU는 여전히 모든 수출의 거의 4 분의 3을 차지한다.

account는 '은행계좌'가 핵심 뜻이다. 다음의 뜻들이 파생된다. 은행계좌에는 입출금 등 '상세한 거래내역' 기록되어 있다. 입출금 등 거래내역을 정리하는 것이 '계산'이고 '회계'입니다. 정리하여 '보고서'를 만들어서 현재 계좌상황을 '설명'도 한다. 또한 현재 잔액의 여러 '근거'와 '이유'를 '설명'하고 '평가'한다. 당연히 은행계좌는 없어지면 자신의 돈이 사라지니 그 자체로 '중요(성)'하다. 인터넷상 여러 고유공간을 '계정'이라고 한다.

동사로 은행계좌는 입출금 상황들을 '설명을 하고 원인을 밝히기'도 합니다. 그 중 입금내역 등을 보면 어디로부터 몇퍼센트가 입금이 되었는지 즉 '비율을 차지하였는지'를 알 수 있다.

004 **accompany** [əkʌ́mpəni]

씨앗뜻 ac(to ~쪽으로)+company(동료) → 동료와 함께하다

ㅏ동반하다, 수반하여 일어나
ㄴ반주하다

동반하다   반주하다

예문

동사

-동반하다, 함께 가다

His friends accompanied him on the trip. 그의 친구들은 그 여행에 그를 동행했다.

Children under 9 must be accompanied by an adult. 9세 미만 어린이는 반드시 성인과 동반해야 한다.

-수반하여 일어나다

Wind accompanied the rain. 비에 바람이 더해졌다.

Depression is almost always accompanied by insomnia. 우울증은 거의 항상 불면증을 수반한다.

-(노래와 함께 동반하여) 반주하다.

I accompanied him on the piano. 나는 그와 함께 피아노를 반주했다.

The piano is the most popular instrument for accompanying in Western music.
피아노는 서양음악의 반주로 가장 많이 사용되는 악기이다.

※ 명사형:accompaniment [əkʌ́mpənimənt] 반주

The accompaniment to a song or tune is the music that is played at the same time as it and forms a background to it.노래나 곡조의 반주는 그것과 동시에 연주되고 배경을 형성하는 음악이다.

accompany는 어원상 '동료와 함께하다'이다. 노래와 함께 하는 것이 '반주하다'이다.

005 **adapt** [ədǽpt]

씨앗뜻 상황에 맞게 하다

─ 적응시키다
─ 각색하다
─ 편곡하다

 예문

동사
-(새 환경에) 적응시키다
Species have adapted to climate changes throughout history. 종은 역사를 통해 기후 변화에 적응했다.

-(영화 등에 맞춰) 각색하다, (음악에 맞게게) 편곡하다
His novel has been adapted into a feature film. 그의 소설은 특집집 영화로 각색되었다.
Many hours were spent at a piano to adapt the melodies. 멜로디를 편곡하는데 많은 시간을 피아노에서 보냈다.

※명사형:adaptation [ædəptéiʃən]
-적응
Adaptation is a major topic in the philosophy of biology. 적응은 생물학 철학의 주요 주제다.

adapt는 '(새 환경에) 적응시키다'가 씨앗 뜻이다. (영화에 맞게) '각색하다', (음악에 맞게) '편곡하다'

006 **adopt** [ədápt]

씨앗뜻 ad(to ~쪽으로)+opt(choose 선택하다) → 받아들이다
- 양자로 삼다
- 채택하다

adopt

양자로 삼다

채택하다

 예문

동사

-(자식으로 받아들이다) 입양하다, 양자로 삼다
You can adopt a child as long as you are 21 or over. 21세 이상이면 자녀를 입양할 수 있다.

-(의견, 정책, 보고서를) 채택하다
Pandemic gave us a chance to adapt and adopt services.
팬데믹은 우리에게 적응하고 서비스를 채택할 기회를 주었다.

※명사형: adoption [ədáptʃən]
-입양, 채용, 공천, 차용
Adoption is a way to give children the security, a sense of belonging and the unconditional love they need. 입양은 아이들에게 필요한 안정감, 소속감, 무조건적인 사랑을 주는 방법이다.

-체택
AI adoption has more than doubled since 2017. AI 채택은 2017년 이후 두 배 이상 증가했다.

-공천
The adoption of the ex-convict candidate was seen as controversial.
전과가 있는 후보 공천은 논란의 여지가 있는 것으로 여겨졌다.

cf) adept [ədépt]: 숙련된, 명인
The counselor is adept at making people feel at ease. 그 상담관은 사람들을 편안하게 만드는 데 능숙하다.

adopt는 '받아드리다'가 씨앗 뜻이다. '양자로 받아드리다', (정책 등) '채택하다'뜻으로 쓰인다.

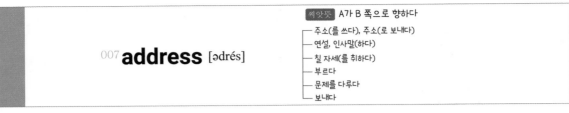

씨앗뜻 A가 B 쪽으로 향하다

007 **address** [ədrés]

- 주소(를 쓰다), 주소(로 보내다)
- 연설, 인사말(하다)
- 칠 자세(를 취하다)
- 부르다
- 문제를 다루다
- 보내다

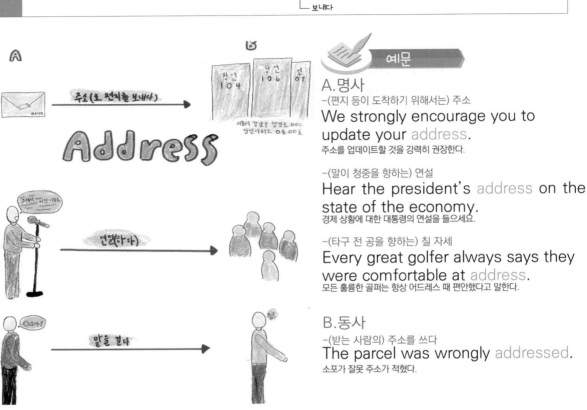

예문

A.명사

-(편지 등이 도착하기 위해서는) 주소
We strongly encourage you to update your address.
주소를 업데이트할 것을 강력히 권장한다.

-(말이 청중을 향하는) 연설
Hear the president's address on the state of the economy.
경제 상황에 대한 대통령의 연설을 들으세요.

-(타구 전 공을 향하는) 칠 자세
Every great golfer always says they were comfortable at address.
모든 훌륭한 골퍼는 항상 어드레스 때 편안했다고 말한다.

B.동사

-(받는 사람의) 주소를 쓰다
The parcel was wrongly addressed.
소포가 잘못 주소가 적혔다.

-(향하여) 부르다
Address the president as Mr. President. 대통령을 Mr. President로 부르세요.

-(문제 등을 향해) 다루다
This article addresses the real problem. 이 기사는 실제 문제를 다룬다.

-(청중을 향해) 연설하다
The speaker addressed the crowd on his legs. 연사는 일어서서 군중에게 연설했다.

-(편지, 문서 등을) 보내다
Kindly address your remarks to Mr Smith. 친절하게 너의 발언을 스미스씨에게 전하세요.

-(공을 칠, 활을 쏠) 자세를 취하다
The golfer addressed the ball. 공을 칠 자세를 취하다.
In what sequence do you address the golf ball? 어떤 순서로 골프공을 칩니까?

008 **affect** [əfékt]

씨앗뜻 A가 B쪽으로 영향을 주다

— 영향을 주다
— 침범하다
— ~한 체 하다

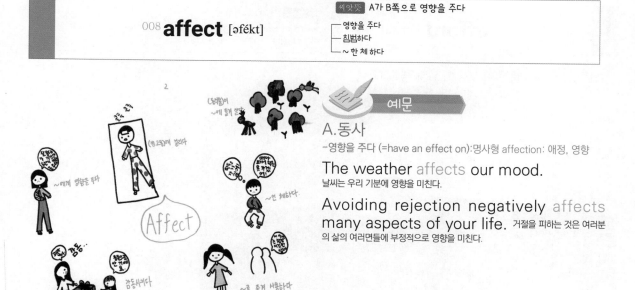

예문

A.동사

–영향을 주다 (=have an effect on):명사형 affection: 애정, 영향

The weather affects our mood.
날씨는 우리 기분에 영향을 미친다.

Avoiding rejection negatively affects many aspects of your life. 거절을 피하는 것은 여러분의 삶의 여러면들에 부정적으로 영향을 미친다.

–(병 등이 영향을 줘) 침범하다, 걸리다
The cancer has affected his stomach. 암이 그의 위에 침범하였다.

–(강한 영향을 줘) ~ 한 채 하다: 명사형: affectation:~인체 함
To all his problems his wife affected indifference.그의 모든 문제에 그의 아내는 무관심한 채 했다.

cf) effect [ifékt]:

–명사– 효과, 영향
Good music has a relaxing effect on angry people. 좋은 음악은 화난 사람들에게 편안하게 하는 효과를 갖는다.

–동사– (변화)를 가져오다
This new software will effect efficiency on the work. 이 새로운 소프트웨어는 업무에 효율을 가져올 것이다.

affect는 '영향을 미치다'가 씨앗 뜻으로 병이 영향을 미쳐서 '(병에) 걸리다'로도 쓰인다.

009 **afford** [əfɔ́ːrd]

씨앗뜻 여유가 있어서 주다
여유가 있다
제공하다

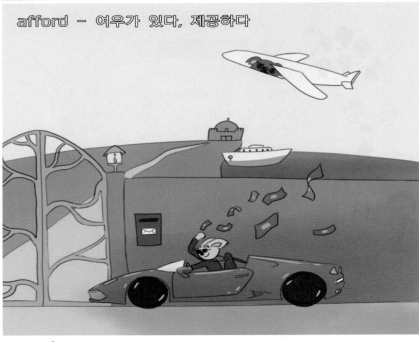

afford - 여유가 있다, 제공하다

예문

동사
-(살, 줄, 소유할, 참을) 여유가 있다
Can you afford your dream house? 당신은 당신의 꿈의 집을 가질 여유가 있습니까?
The old can't afford to heat their homes. 노인들은 집을 난방할 여유가 없다.

-주다, 제공하다
Reading affords pleasure. 독서는 즐거움을 준다.
The transaction afforded him a good profit. 그 거래는 그에게 상당한 이익을 주었다.
This booklet affords useful information about local services.
이 책자는 지역 서비스에 대한 유용한 정보를 제공한다.

afford는 '여유가 있어', '제공하다'

010 **age** [eidʒ]

저맣뜻	나이
	┌ 나이, 연령
	├ 시대
	├ 수명, 일생
	├ 성숙, 성년
	└ 노화하다(시키다)

age - 나이, 연령, 시대, 수명, 성년, 노화하다

stone Age Iron Age Industrial Age Modern Age

 예문

A. 명사

-나이, 연령
How do I count tree rings to estimate its age? 나이를 추정하기 위해 나이테를 어떻게 계산합니까?

-시대
The meaning of golden age is a period of great happiness, prosperity, and achievement. 황금시대의 의미는 큰 행복, 번영 및 성취의 기간이다.

-수명, 일생
The age of a horse is from 25 to 30 years. 말의 수명은 25년에서 30년 사이다.

-성숙, 성년
If something has come of age, it has reached its full successful development. 어떤 것이 성숙해지면 그것은 완전한 성공적인 발달에 도달했다.

B. 동사

-노화하다, 노화시키다
The people ages a lot if they stops their work. 사람들은 그들의 일을 두면 많이 노화한다.
The death of his husband had aged her greatly. 그의 남편의 죽음은 그녀를 크게 늙게 했다.

age는 '나이'가 먹어 '성년'이 되고 '노화하다'하는 과정 즉 한 '시대'를 사는 것을 '수명'이라고 한다.

011 **air** [εər]

> 씨앗뜻 공중에 존재하는 것과 일어나는 일련의 일
>
> ─ 공기, 대기, 공중
> ─ 항공
> ─ 공표, 방송
> ─ 모양태도, 표정, (pl.) 거만한 태도
> ─ 분위기
> ─ 밝히다, 방송하다
> ─ 환기시키다

1. 공기, 대기, 공중
2. 항공
3. 공표, 방송
4. 모양태도, 표정
5. 분위기
6. 밝히다, 방송하다
7. 환기시키다

 예문

A. 명사

-공기, 대기, 공중

Drafts circulate air. 통풍은 공기가 순환시킨다.

The air is the space above the ground. 대기는 땅 위의 공간이다.

Government troops fire their guns in the air. 정부군은 총을 공중에다 발포하였다.

-항공

Will the goods be sent by air? 상품이 항공으로 발송됩니까?

-방송, 공표

Students can hear the air in the classroom. 학생들은 교실에서 방송을 들을 수 있다.

–모양태도, 표정 (pl.) 거만한 태도
They're humble and we never put on airs. 그들은 겸손하고 우리는 결코 잘난체 하지 않는다.
Jennifer regarded him with an air of amusement.
제니퍼는 즐거운 표정으로 그를 바라보았다.

–지배적인 공기, 분위기
Angry silence filled the air. 성난 분위기가 분위기를 지배하였다.
There was an air of excitement at the meeting that night. 그 날밤 모임에서 흥분된 분위기가 있었다.

B.동사
–밝히다, 방송하다
The people can air their views on the war. 사람들은 그 전쟁에 관하여 그들의 의견을 밝힐 수 있다.
PBS will air a documentary called "Democracy In Action".
PBS는 "현실 속의 민주주의"라는 다큐멘터리를 방영할 것이다.

–환기시키다
Her daughter cleaned and air each room. 그녀의 딸이 각 방마다 청소하고 환기 시킨다.
Air a room or building, and fresh air come into it. 방과 건물을 환기시켜라, 그러면 신선한 공기기 들어올 것이다.

air는 '공중'에 있는 것들, 그리고 공중에서 일어나는 일련의 일들로 사용된다. 즉 '공기', '공표', '분위기', '방송'(하다), 밖으로
나타난 '표정' 공기를 '환기시키다' 등으로 쓰인다.

<table>
<tr><td>012 **allowance** [əláuəns]</td><td>씨앗뜻 자유롭게 사용할 수 있는 양, 돈
├ 용돈, 수당
├ 허용 한도, 정량
└ (보통 pl.) 참작, 고려</td></tr>
</table>

명사

-(자유롭게 사용하도록 하는) 용돈, 수당

My son has saved all his allowance. 나의 아들은 모든 그의 용돈을 저축해왔다.

City council decided to stop paying a retirement allowance. 시의회는 12월 퇴직금 지급 중단을 결정했다.

-허용 한도, 정량

The baggage allowance for most flights is 20 kilos. 대부분의 항공편의 수하물 허용량은 20kg다.

The daily allowance for salt in the United Kingdom is 6g. 영국에서 매일 소금 허용치는 6그램이다.

-(보통 pl.) 참작, 고려

His suggestion makes allowance for inflation. 그의 제안은 인플레이션을 참작했다.

'용돈'은 자유롭게 쓰도록 '허용'한 것이다.

013 **anchor** [ǽŋkər]

씨앗뜻 고정하는 것

- 닻
- 의지가 되는 것
- 정박(하다)
- 앵커맨, 고정적으로 프로그램을 진행하다

예문

A. 명사

-닻
The captain of the ship ordered his men to lower the anchor. 선장은 부하들에게 닻을 내리라고 명령했다.

-정박
The vessel is now at anchor off Hunterston.
선박은 이제 Hunterston에서 정박하고 있다.

-의지가 되는 것
Hope was his only anchor. 희망이 그의 마음을 지탱해 주는 유일한 것이었다.

-앵커맨
President grants frequent interviews to main news anchors.
대통령은 주요 앵커들에게 자주 인터뷰를 한다.

B. 동사
-고정하다, 고정시키다
The people's eyes anchored on president candidates on TV.
국민들의 눈길은 텔레비전의 대통령 후보들에게 고정했다.

-정박하다, 정박시키다
A stationary boat anchored near the river. 정지된 보트가 강 가까이네 정박해 있다.

-앵커맨으로 고정적으로 진행하다
Her husband anchored a main news program in MBC. 그녀의 남편은 MBC에서 주요 뉴스프로그램을 진행했다.

'닻'은 '정박'을 위한 것이다. 고정하는 것이니 '의지가 되는 것'이고 뉴스를 고정적으로 진행하는 것이 "앵커맨"이다.

014 **anxious** [ǽŋkʃəs]

씨앗뜻 열망하지만 준비안되어 걱정스러운
- 열망하는
- 걱정스러운

 예문

형용사
–열망하는, 매우 ~하고 싶어하는 (= eager)
We are anxious that you will succeed. 우리는 당신이 성공하시기를 간절히 바란다.
The people are anxious to hear the good news of democracy.
국민들은 민주주의관련 좋은 뉴스를 듣기를 열망한다.

–(열망하는 일에 대해) 걱정스러운, 불안한
Examinees are extremely anxious about their exams.
수험생들은 그들의 시험에 대해 매우 불안해 한다.

※명사:anxiety [æŋzáiəti] 걱정, 불안, 열망
Anxiety is the way the body responds to an overload of stress.
불안은 신체가 과도한 스트레스에 반응하는 방식다.

The little boy showed great anxiety to please his teachers.
그 어린 소년은 선생님을 기쁘게 하기 위해 큰 열망을 보였다.

anxious는 어떤 일에 '열망하는' 마음이지만 준비가 부족하니 '걱정하는' 상황을 말한다.

015 **apparatus** [æpəréitəs]

씨앗뜻 기구

- 장치, 기구
- (몸의) 기관
- (정치 조직의) 기구, 기관

 예문

명사

-장치, 기구

This paper presents the preparation of the experimental apparatus.
이 논문은 실험 장치의 준비를 제시한다.

Laboratory heating apparatuses allow researchers to keep samples at a precise temperature. 실험실 가열 장치를 통해 연구원들이 샘플을 정확한 온도로 유지할 수 있다.

-(몸의) 기관

The sensory apparatus is a system which supplies material conditions for the perceptual capacity of the soul. 감각 기관은 영혼의 지각 능력을 위한 물질적 조건을 제공하는 체계다.

-(정치 조직의) 기구, 기관

By 1938, the Soviet espionage apparatus in Washington had penetrated the State.
1938년에는 워싱턴에 있는 소련의 간첩 조직이 워싱턴 주에 침투했다.

몸이 심장, 폐, 간 등 여러 '기관'으로 구성되어 있는 것처럼 정치 조직도 여러 '기관'으로 이루어져 있다. 일반적인 '기구'나 '장치'로도 사용된다.

A. 앞에서 배웠던 단어들 씨앗 뜻을 생각하면서 우리말로 각각 최대한 자세히 써 보세요.(정답:단어본문 참고)

001. absorb   _____
002. abstract   _____
003. account   _____
004. accompany   _____
005. adapt   _____
006. adopt   _____
007. address   _____
008. affect   _____
009. afford   _____
010. age   _____
011. air   _____
012. allowance   _____
013. anchor   _____
014. anxious   _____
015. apparatus   _____

B. 앞에서 학습한 각 단어들의 예문을 활용한 문장들입니다. 강조된 단어를 유의하면서 각각 해석해 보세요.
(정답 **392 page**)

001. Plant roots absorb a good deal of water in the mountain.

002. The professor abstracted an academic paper.

003. This graph account for public opinion trends.

004. Wind accompanied the rain.

005. Species have adapted to climate changes throughout history.

006. Pandemic gave us a chance to adapt and adopt services.

007. The speaker addressed the crowd on his legs.

008. The weather affects our mood.

009. This booklet affords useful information about local services.

010. The people ages a lot if they stops their work.

011. Her daughter cleaned and air each room.

012. The baggage allowance for most flights is 20 kilos.

013. The vessel is now at anchor off Hunterston.

014. The people are anxious to hear the good news of democracy.

015. This paper presents the preparation of the experimental apparatus.

씨앗뜻 ap(to ~쪽으로)+ply(fold 접다) → ~쪽으로 덧대다

016 **apply** [əplái]
┌ 바르다, 덧대다
├ 적용하다
├ 신청하다, 지원하다
└ 사용하다

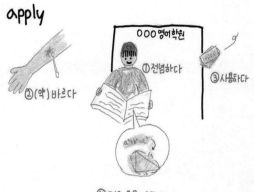

apply

② (약) 바르다
① 전념하다
③ 사용하다
④ 적용·응용·신청하다

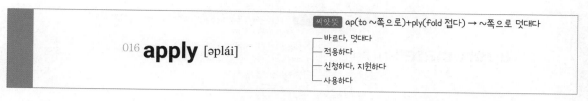
예문

동사

−바르다, 덧대다
The surgeon applied the ointment to the cut. 외과 의사는 상처에 연고를 발랐다.

− 적용하다
The convention does not apply to us.
그 협약은 우리에게 적용되지 않는다.
You can apply this strategy in your life.
당신은 인생에서 이같은 전략을 적용할 수 있다.

−신청하다, 지원하다
Please apply in writing to the address below. 아래 주소로 서면으로 신청해주세요.
I've applied for a new job with IT company. 나는 IT 회사에 새 일자리에 지원했다.

−사용하다
She applied all her income to the mortgage. 그녀는 모든 수입을 대출금에 사용했다.

−전념하다
You should apply yourself to your studies. 당신은 당신의 연구에 자신을 전념해야 한다.

※명사형:
1. application [æplikéiʃən] 적용, 응용, 신청(서), 지원(서)
Applications for the Household Support scheme are now open.
가계 지원 제도 신청이 현재 진행 중이다.

2. appliance [əplàiəns] 기구, 설비, (가정·사무실용의) 전기기구
This electrical appliance is ideal for the kitchen as you can enjoy freshly pressed juices at home. 전기 제품기기는 갓 짜낸 주스를 집에서 즐길 수 있기 때문에 주방용으로 이상적이다.

apply는 '~쪽으로 대다'가 어원상 의미다. 약을 '바르다' 또 추상적으로 '적용하다', '신청하다', '사용하다' 그리고 '전념하다' 등의 뜻이 '~에 덧대다'에서 나온 뜻이다.

017 **appreciate** [əprí:ʃièit]

씨앗뜻 ap(to~쪽으로)+preci(price가격) +ate(동사형 어미)
→ 가치를 매기다

├ 가치를 인식하다, 이해하다, 평가하다
├ 고마워 하다
├ 감상하다, 진가를 알아보다
└ 가치가 오르다

가치를 평가하다, 감상하다

고려청자 진품
가격 310.000.000
이 고려 청자를 물려주신 달아버지게
감사드립니다

고마워하다

 예문

동사

–(가치를 평가하여) 가치를 인식하다, 이해하다, 평가하다
We appreciate the need for immediate action. 우리는 즉각적인 조치가 필요하다 생각한다.
Do you appreciate the full meaning of this letter? 이 편지의 전체 의미를 이해합니까?

–(도움, 친절 등의 가치를 알고) 고마워 하다
I appreciate that you have made a difficult decision. 네가 어려운 결정을 해주셔서 감사하다.

–(문학 등의 가치를 인식하여) 감상하다, 진가를 알아보다
Anyone can appreciate our music. 누구나 우리 음악을 감상할 수 있다.

–가치가 오르다
Your investment should appreciate over time. 네 투자는 시간이 지남에 따라 평가되어야 한다.

※명사:appreciation [əprì:ʃiéiʃən]
–가치평가
Home price appreciation continues to slow. 주택 가치가 계속 둔화되고 있다.
–감사
Notes of appreciation can boost individual and team morale. 감사의 말은 개인과 팀의 사기를 높일 수 있다.

appreciate는 '가치 혹은 가격을 평가하다'가 어원상 핵심 뜻이다. 이는 가치를 '감상하다', '이해하다', (도움 등에 대해 가치를 알고)
'고마워하다' 등의 뜻이 파생된다.

018 **apprehend** [æprihénd]

 씨앗뜻 ap(to ~쪽으로)+prehend(hold 붙잡다) → 붙잡다

┌ 붙잡다, 체포하다
├ 이해하다
└ 걱정하다, 염려하다

예문

동사

–(붙)잡다, 체포하다
The police apprehended the burglars.
경찰은 강도들을 검거했다.

–이해하다
Historians need to apprehend theincidents.
역사가들은 사건들을 이해하는 것이 필요하다.

–걱정하다, 염려하다
The people apprehend politics. 국민들은 정치를 걱정한다.

※명사형: apprehension[æprihénʃən] 염려, 우려, 체포, 이해
Ukrainian soldiers describe relief, joy and apprehension. 우크라이나 군인들은 안도감, 기쁨, 걱정을 표현한다.
Apprehension is growing among members of the All Progressives Congress.
All Progressives Congress 회원들 사이에서 우려가 커지고 있다.

※형용사형:
1. apprehensive[æprɪhensɪv] 염려하는, 이해가 빠른
People are still terribly apprehensive about the future. 사람들은 여전히 미래에 대해 몹시 불안하다.
2. apprehensible[æprihénsəbl] 이해할 수 있는
The ultimate principle of the universe is apprehensible through introspection.
우주의 궁극적 원리는 성찰을 통해 이해할 수 있다.

어원상 '붙잡다', 상황을 머리가 붙잡아서 '이해하다', 또 근심 걱정을 붙잡아 '걱정하다'

019 **arm** [ɑːrm]

씨앗뜻 팔
- 팔
- 무기(arms)
- 무장하다

arm- 팔, 무장하다, 무기

 예문

A. 명사
-팔

Neri left her right arm paralyzed. Neri는 오른팔이 마비되었다.

-무기(arms), 힘

Exports of foreign arms accounted for 33% of their total sales.
해외 무기 수출은 전체 매출의 33%를 차지했다.

The strong arm of the law caught up with two hijackers. 법의 강력한 힘은 두 명의 납치범을 붙잡았다.

B. 동사
-무장하다

North Korea can likely arm missiles with nuclear warheads. 아마도 북한은 핵탄두로 미사일을 무장할 수 있다.

Many people were drawn to their armed resistance against racial discrimination.
많은 사람들은 인종차별에 대항하여 그들의 무장저항에 끌렸다.

'팔' 힘을 써서 '무기'화 하다.

020 **array** [əréi]

씨앗뜻 연속해서 줄을 짓다

├─ 차려 입히다
├─ 정렬(시키다), 열거(하다)
└─ 배열된 것, 일련

📝 **예문**

A.동사

-차려 입히다

They all arrayed themselves in ceremonial robes. 그들은 모두 예복으로 차려 입었다.

-(군대 등을) 배치·정렬시키다, (증거 등을) 열거하다

The general arrayed the soldiers in a line. 장군은 군인들을 한 줄로 정렬시켰다.

The data are arrayed in descending order. 데이터는 내림차순으로 배열된다.

B.명사

-정렬, 배치

The airport shops offer a wide array of merchandise. 공항 상점은 다양한 상품을 제공한다.

The splendid army in battle array is formed by men and angels.
전투대형의 화려한 군대는 남자들과 천사들에 의해 형성된다.

-일련(=배열된 것)

Electronics companies produce an array of products that rely on fiber networks.
전자 회사는 광섬유 네트워크에 의존하는 일련의 제품을 생산한다.

단일한 옷으로 '차려 입히다'. 또 집단을 단일한 것으로 '배치·정렬(시키다)', '열거하다' 뜻으로 쓰인다. 배열된 '일련'의 뜻도 나온다.

021 **article** [á:rtikl]	씨앗뜻 작은 조각
	─ (물품) 한점
	─ (신문 등의) 기사, (법률) 조항
	─ 관사

 예문

명사

-(물품) 한점

Bread is an article of food. 빵은 음식의 하나이다.
An article of clothing was found near the mountain. 산 근처에서 옷 한 점이 발견되었다.

-(신문 등의) 기사

Please read the article. 제발 이 기사를 읽어 보세요.

-(법률) 조항

Article 1 of the Constitution of the Republic of Korea. 대한민국 헌법 제1조
① Korea is The Republic of Democracy. ① 대한민국은 민주공화국이다.
② The sovereignty of the Republic of Korea lies with the people, and all power comes from the people. ② 대한민국의 주권은 국민에게 있고, 모든 권력은 국민으로부터 나온다.

-관사

We call 'the' the definite article and 'a/an' the indefinite article.
우리는 the를 정관사 그리고 a/an을 부정관사를 부른다.

article은 '작은 한 조각'이 씨앗 뜻이다. 그래서 물건 '하나', 신문 등 '기사' 또 법률 한 '조항' 등으로 쓰인다. 영어 단어 중 작은 단위를 말하는 '관사' a(n)와 the를 가리키기도 한다.

022 **assembly** [əsémbli]

씨앗뜻 모이는 것
┌ 집회
├ 의회
└ 조립

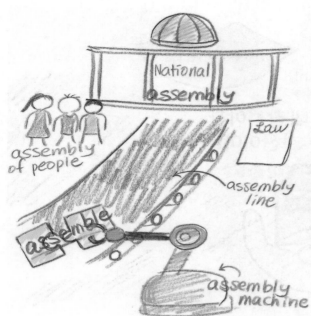

예문

명사

–집회, 모임
Freedom of assembly ensures people can gather and meet.
집회의 자유는 사람들이 모여서 만날 수 있도록 보장한다.

–의회, 회의
Article 1 (Purpose): The purpose of this Act is to contribute to the democratic and efficient operation of the National Assembly. 제1조(목적): 이 조항은 국회의 민주적이고 효율적인 운영에 이바지함을 목적으로 한다.

–(기계 부품의) 조립, 조립품
An assembly line is a manufacturing process in which parts are added.
조립라인은 부품이 추가되는 제조 프로세스다.

※동사형: assemble[əsémbəl]

–모이다
A number of citizens assembled in the Gwanghwamun Plaza.
수 많은 시민들이 광화문 광장에 모였다.

–조립하다
Workers assemble components of a Rivian electric vehicle at the company's manufacturing facility. 노동자들이 회사의 제조 시설에서 Rivian 전기 자동차의 부품을 조립하고 있다.

assembly는 모이는 것, 즉 '집회'가 씨앗 뜻이고 국민들의 의사를 모으는 것이 '국회', '의회'다. 부품을 모아 완제품을 만드는 것이 '조립(품)'이다.

023 **asset** [ǽset]

씨앗뜻 자산
- 자산
- 장점

asset

I can speak English!

내 장점이자
자산이야!

예문

명사

-자산

Assets are reported on a company's balance sheet. 자산은 회사의 대차대조표에 보고된다.
An asset represents an economic resource owned or controlled by a company etc.
자산은 회사 등이 소유하거나 통제하는 경제적 자원을 나타낸다.

-장점[=advantage]
Sociability is a great asset to a salesman. 사교성이란 판매원에게는 큰 자산(이점)이다.
Good looks can be an asset in an acting career. 좋은 외모는 연기 경력에 있어 자산[=이점]이 될 수 있다.

'장점'은 곧 '자산'이다.

 as(to ~쪽으로)+sign(표시) →~ 쪽으로 확인표시하다

024 **assign** [əsáin]

─ 배정·배당·할당하다
─ 임명하다
─ 충당하다, 사용하다
─ 정하다
─ 밝히다
─ 양도하다

assign
할당하다. 지정하다

예문

동사

─배정하다

How much time have you assigned for English study? 영어공부에 얼마나 많은 시간을 할당하고 있습니까?

─할당하다

Detective McSmogg was assigned to the case. 탐정 McSmogg는 그 사건을 할당 받았다.

The manager assigned three computers to our department.
매니저는 세 대의 컴퓨터를 우리 부서에 사용하도록 할당하였다.

─임명하다

President himself assigned him to the Minister of Justice. 대통령은 그를 법무부 장관으로 임명했다.

─(장소·시간을) 정하다

Have you assigned a day for the interviews yet? 인터뷰 날짜는 벌써 정하셨나요?

─(이유·원인 따위를 지정하여) 밝히다

Detectives have been unable to assign a motive for the murder.
수사관들은 살인 동기를 밝히지 못했다.

─(재산 등을) 양도하다

His property was assigned to his daughters. 그의 재산은 그의 딸들에게 양도되었다.

※명사형 assignment [əsáinmənt]

─할당, 담당, 임무

Scheduled assignments are subject to change. 예정된 임무는 변경될 수 있다.

─(자습) 문제, 연구 과제, 숙제(=homework)

The tasks for the reading assignment included "reading, thinking big, being kind and no excuses". 읽기과제는 "읽기, 크게 생각하기, 친절하기, 변명하지 않기"를 포함한다.

assign은 어원상 '어느 쪽으로 정하여 표시하다'가 씨앗 뜻이다. 그 말은 '배정·배당·할당·충당·임명·양도하다'이다 '원인 등을 밝혀 정하다'도 같은 의미다.

씨앗뜻 as(to ~ 쪽으로)+sociate(sharing 공유)
→ 연합시키다, 함께 공유하다

025 **associate**

- 연상하게 하다
- 참가시키다
- 연합된 사람 → 동료, 조합원
- 연합된, 동료의, 연상된

 예문

A.동사 [əsóuʃièit]
-(생각을 공유하여) 연상하게 하다, 관련시키다

People associate the old days with good time. 사람들은 옛날을 좋은 때로 연상한다.

-참가시키다(=join, unite)

We associated him with us in the attempt. 우리는 그 계획에 그를 참가시켰다.

B.명사 [əsóuʃʃiit]
-동료, 친구, 공동 경영자, 조합원, 준회원

Only close friends and associates were invited. 친한 친구와 동료만 초대되었다.

C.형용사 [əsóuʃʃiit]
-연합된, 동료의, 연상된

It's something like associate membership of the club. 그것은 클럽의 준회원과 같은 것이다.

※명사형: association [əsòusiéiʃən]
-관계, 교류, 협회, 조합

Korea signed association agreements with the European Union.
한국은 유럽 연합과 교류 협정서에 서명하였다.

The association is calling on the government to create a provincial task force.
협회는 정부에 지방 태스크 포스를 만들 것을 촉구하고 있다.

026 **assume** [əsjúːm]	씨앗뜻 (생각, 태도, 책임 등을) 받아드리다
	┌ 당연한 것으로 여기다
	├ 가정하다
	└ 떠맡다

assume : (증거없이) 가정하다, 떠맡다

내가 대통령이라고 가정해보자!
내가 국가와 국민의 운명을 떠맡았어

동해 ㅇㅇ

예문

동사
–당연한 것으로 생각하다
We can't assume (that) he's innocent. 우리는 그가 결백하다고 생각할 수 없다.

–(일단 받아들여) 가정하다
Let's assume what he says to be true. 그가 말하는 건 진실이라고 가정하자.

–떠맡다
The new president assumes office at midnight tonight. 새 대통령은 오늘 자정에 취임한다.

※명사형: assumption [əsámpʃən]

–가정
An assumption is something that you assume to be the case, even without proof.
가정은 증거가 없더라도 사실이라고 추정하는 것이다

–수락, 취임, 인수
President said he maintained fidelity with his electoral promises since assumption
of office. 대통령은 취임 이후 자신의 선거 공약을 충실히 지켰다고 말했다.

' 당연한 것으로 받아들이다'는 '가정하다', 또 받아들여 '떠맡다' 뜻으로 쓰인다.

씨앗뜻 힘을 쓰고 노력하여 어느 단계에 도달함

027 **attainment** [ətéinmənt]

— 성취
— (노력하여 얻은) 기능, 재간, 예능
— (보통 pl.) 학식

예문

명사
–성취

Winning the Nobel award was a major attainment. 노벨상을 수상한 것은 큰 성취였다.

–기능, 재능

An attainment is a skill you have learned or something you have achieved.
기능은 당신이 배운 기술이나 성취한 것이다.

–(보통 복수로 사용) 학식

The professor's academic attainments are well known. 그 교수의 과학적 학식은 잘 알려져 있다.

※동사형:attain[ətéin] 도달하다

Attain is a verb that means "to succeed in something or achieve a goal."
Attain은 "무언가를 성공시키거나 목표를 달성하다"를 의미하는 동사다.

노력하여 '성취'하여 '기능'이나 '재능' '학식'을 갖추다.

씨앗뜻 at(to 쪽으로) + tend(stretch 향하다) → 함께 하다

028 **attend** [əténd]

- 참석하다
- 시중들다
- 주의하다

ATTEND
참석하다. ~을 시중들다.

 예문

동사
-참석하다
You can register here to attend the event. 이벤트에 참석하기 위해 여기에 등록할 수 있다.

-시중들다(on)
The nurses attended on the sick day and night. 간호사들은 주야로 환자를 시중들었다.

-주의하다(to)
Architecture attends to the human life condition. 건축은 인간 삶의 조건에 주의한다.

※명사형 attendance[əténdəns]
-출석, 참석
The nurse is in attendance on the patients at night. 밤에 간호사가 환자를 돌봐주고 있다.

※명사형, 형용사형 attendant [əténdənt]
-형용사: 수반하는
In sickness, with its attendant pain, patience is required. 고통이 수반되는 질병에는 인내가 필요하다.

-명사형: 참석자, 시중드는 사람
A flight attendant tends to the needs of passengers on a plane trip.
비행기 승무원은 비행기 여행에서 승객의 요구 사항을 처리하는 경향이 있다.

attend는 어원상 '참가(하다)'이다. 접촉을 뜻하는 전치사 on과 함께 쓰여 '시중들다', ~쪽으로 뜻의 전치사 to와 함께 '주의하다'로 쓰인다.

029 **attribute**

씨앗뜻 속성(으로 돌리다)

─ 속성, 특성
─ 누구의 속성 탓으로 돌리다, ~ 덕택이다

Attribute : (사람의) 특성

A. 명사 [ǽtribjù:t]
-속성, 특질, 특성, 자질
Mercy is an attribute of God. 자비는 신의 속성이다.
Organizational ability is an essential attribute for a good manager.
조직능력은 훌륭한 관리자에게 필수적인 특성이다.
Both candidates possess the attributes the people want in a leader.
두 후보 모두 국민들이 지도자에게 원하는 자질를 가지고 있다.

B. 동사 [ətríbju:t]
-~에게 돌리다, (…의) 탓으로 하다, 의 덕택으로 여기다
He attributed his success to hard work. 그는 그의 성공을 열심히 일했기 때문이라고 생각했다.
You can't attribute everything to COVID. 모든 것을 코로나 탓으로 돌릴 수는 없다.
The boss attributed the firm's success to the efforts of the managing director. 사장은 회사의 성공을 전무이사의 노력 덕택으로 여겼다.

상을 받게 되어 매우
기쁘고요…

역시 그 가수는 속성(품성)이 참 좋아.

상 받은 것을 자신보다는 남들 덕분으로 돌리는 속성 말이야!

이 상을 받게 된건 모두 팬분들의
덕입니다, 감사합니다!

attribute는 명사로 '속성', '특성', 동사로 '~의 속성으로 돌리다' 즉 '~의 덕택으로 여기다'의 뜻으로 쓰인다.

030 **balance** [bǽləns]

씨앗뜻 균형(을)잡다 → 저울

- 저울
- 균형(을) 잡다
- 잔고, 잔액

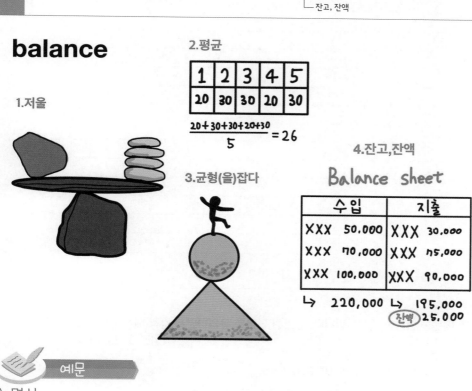

balance

1.저울

2.평균

1	2	3	4	5
20	30	30	20	30

$$\frac{20+30+30+20+30}{5} = 26$$

3.균형(을)잡다

4.잔고,잔액

Balance sheet

수입	지출
XXX 50,000	XXX 30,000
XXX 70,000	XXX 75,000
XXX 100,000	XXX 90,000

↳ 220,000 ↳ 195,000

잔백 25,000

예문

A.명사

-균형, 평형

The toddler toddled along and lost his balance. 그 아이가 아장아장 걷다가 균형을 잃었다.
The ear is also essential to our sense of balance. 귀는 우리의 균형 감각에도 필수적이다.

-천칭, 저울

A spring balance is a type of weighing scale. 스프링 저울은 체중계의 한 유형이다.

-잔고, 잔액

I'd like to check the balance in my account please. 내 계좌의 잔고를 확인하고 싶습니다.

B.동사

-균형을 잡다

Do these scales balance? 이 저울은 균형이 맞습니까?
The skater suddenly lost his balance and fell. 그 스케이터는 갑자기 균형을 잃고 넘어졌다.

balance는 '균형'의 뜻이다. 과거 '천칭'은 좌우 '균형'을 잡아 무게를 쟀다. 수익과 비용을 좌우로 기록하여 현 '잔고'를 확인한다.

A. 앞에서 배웠던 단어들 씨앗 뜻을 생각하면서 우리말로 각각 최대한 자세히 써 보세요.(정답:단어본문 참고)

016. apply   _____
017. appreciate   _____
018. apprehend   _____
019. arm   _____
020. array   _____
021. article   _____
022. assembly   _____
023. asset   _____
024. assign   _____
025. associate   _____
026. assume   _____
027. attainment   _____
028. attend   _____
029. attribute   _____
030. balance   _____

B. 앞에서 학습한 각 단어들의 예문을 활용한 문장들입니다. 강조된 단어를 유의하면서 각각 해석해 보세요.
(정답 **392 page**)

016. You should apply yourself to your studies.

017. I appreciate that you have made a difficult decision.

018. Historians need to apprehend the incidents.

019. Exports of foreign arms accounted for 33% of their total sales.

020. The general arrayed the soldiers in a line.

021. Article 1 of the Constitution of the Republic of Korea.

022. An assembly line is a manufacturing process in which parts are added.

023. An asset represents an economic resource owned or controlled by a company etc.

024. The manager assigned three computers to our department.

025. We associated him with us in the attempt.

026. Let's assume what he says to be true.

027. The professor's academic attainments are well known.

028. You can register here to attend the event.

029. Both candidates possess the attributes the people want in a leader.

030. I'd like to check the balance in my account please.

031 **band** [bænd]

씨앗뜻 하나의 묶음

— 악단, 밴드
— 끈, 밴드, 띠
— 주파수대, 대역
— 단결하다

 예문

A.명사

-악단, 밴드

I have to practice for a band audition. 나는 밴드오디션을 위해 연습해야한다.
Local bands provide music for dancing. 지역 밴드는 춤을 위한 음악을 제공한다.

-그룹, 떼

Bands of robbers have been roaming some neighborhoods.
강도 무리가 일부 지역을 배회하고 있다.

-끈, 밴드, 띠

A man tied his phone to his ankle with a rubber band. 한 남자가 고무줄로 휴대폰을 발목에 묶었다.

-주파수대, 대역

This page explains the world 5G communications frequency bands.
이 페이지는 세계 5G 통신 주파수 대역에 대해 설명한다.

B.동사

-단결하다

They banded themselves into the association. 그들은 단결해서 그 협회를 만들었다.
Local citizens banded together to fight the company. 현지인들이 모여 그 회사와 싸웠다.

---

032 **bank** [bæŋk]

씨앗뜻 둑을 쌓다

└ 둑(을 쌓다)
└ 은행(과 거래하다)

예문

A. 명사

– 둑

A river bank is the land along the edge of a river. 강둑은 강의 가장자리를 따라 있는 땅이다.

–(둑을 쌓아 돈을 넣어 두는 곳) 은행

The Bank of Korea raised the base interest rate by 0.25 percentage points to 1.75 percent.
한국은행은 기준금리를 0.25% 포인트 인상하여 1.75%가 되었다.

B. 동사

– 쌓이다, 둑을 쌓다

The snow banked up in the corner of the garden. 정원 구석에 눈이 쌓여 있었다.
The villagers banked sand up along a river to prevent flooding.
마을 사람들은 홍수를 예방하기 위해 강을 따라 모래를 쌓다.

– 은행계좌를 가지고 있다, 은행과 거래하다

A number of young people bank with Kakao bank. 많은 젊은이들이 카카오뱅크 계좌를 가지고 있다.
The writer banked more than $35,000 in speaking fees. 그 작가는 연설비로 35,000달러 이상을 저축했다.

bank은 '둑'이라는 말이 씨앗 뜻이다. 과거 화폐가 없고 은행이 생기기 전에 쌀이나 소금 등을 쌓고 둑을 만들었다. 이것이 '은행'으로 발전한 것이다.

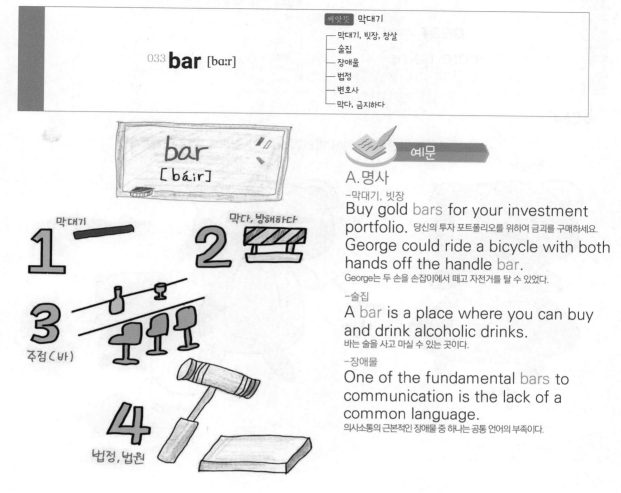

씨앗뜻	막대기
	막대기, 빗장, 창살
	술집
	장애물
	법정
	변호사
	막다, 금지하다

033 **bar** [bɑːr]

예문

A. 명사

–막대기, 빗장

Buy gold bars for your investment portfolio. 당신의 투자 포트폴리오를 위하여 금괴를 구매하세요.
George could ride a bicycle with both hands off the handle bar.
George는 두 손을 손잡이에서 떼고 자전거를 탈 수 있었다.

–술집

A bar is a place where you can buy and drink alcoholic drinks.
바는 술을 사고 마실 수 있는 곳이다.

–장애물

One of the fundamental bars to communication is the lack of a common language.
의사소통의 근본적인 장애물 중 하나는 공통 언어의 부족이다.

–법정

A case at bar is a case presently before the court, or a case under argument.
법정 소송(A case at bar)은 현재 법원에 계류 중인 사건 즉 논쟁 중인 사건이다.

–변호사

Fewer than two-thirds of test takers passed the New York bar exam in July.
7월에 응시자의 2/3 미만이 뉴욕 변호사 시험에 합격했다.

B. 동사

– 막다, 금지하다

Minors are barred from joining the club. 미성년자는 클럽에 가입하는 것이 금지되었다.

'막대기'가 씨앗 뜻이다. 막대기가 길에 놓여 있으면 '장애물'이고 '막다', '금지하다'이다. 막대기로 테이블을 막아 놓은 곳이 '술집'이다. 또 판사석 등을 막대기로 막아 놓은 곳이 '법정'이다. 법정에 나가는 사람들이 '변호사'다.

씨앗뜻 어려운 상황 등을 몸에 지니고 있는 곰

034 **bear** [bεər]
-bore-born

- 곰
- 참다
- 지니다
- 책임지다
- 새끼를 낳다
- 열매를 맺다

bear

곰이 새끼를 임신하여, 몸에 지닌 채 참다가 새끼를 낳아 책임지다.

참다

임신하다

새끼를 낳다

책임지다

 예문

A. 명사
-곰

The climbers saw a half moon bear in the jiri mountain. 등산객들은 지리산에서 반달곰을 보았다.
Little bears can climb up a tree easily but coming down is much harder.
작은 곰들은 나무 위에 쉽게 올라갈 수 있다. 그러나 내려 오는 것은 훨씬 어렵다.

B. 동사
-참다

The soldiers must bear extremely cold weather. 군인들은 극도로 추운 날씨도 참아야한다.

-(몸, 마음에) 지니다

Soldiers bear arms. 병사들은 무기를 가지고 다닌다.
Bear in mind what I said. 내가 말한 것을 명심하시오.

-지탱하다

The beams bear the weight of the roof. 대들보는 지붕의 무게를 지탱한다.

-책임지다

The boss doesn't bear the responsibility for the accident. 사장이 그 사고에 대한 책임을 지지 않는다.

-새끼를 낳다, 열매를 맺다

These apple trees bear sweet apples. 이 사과나무는 달콤한 사과가 열린다.
Twelves pigs were born in the animal farm last night. 12마리 돼지 새끼가 지난밤 동물농장에서 태어났다.

035 **beat** [biːt]

beat-beat/beaten

치다, 때리다
- 치다, 때리다
- (쳐서) 이기다

beat- 치다, 이기다, 때리다

 예문

동사

-치다, 때리다

You feel your heart beating. 당신은 당신의 심장이 쿵쾅거리는 것을 느낀다.

A strong wind beat the window. 강풍이 창문을 때렸다.

A former policeman viciously beat a woman. 전 경찰관이 여자를 악의적으로 구타했다.

-(쳐서) 이기다

We can beat back this virus. 이 바이러스를 물리 칠 수 있다.

Phillies beat Braves, 3-2, in 10th inning. Phillies는 10회에서 Braves를 3-2로 이겼다.

An animal can beat humans at a cognitive task. 동물이 인지적인 일에서 인간을 이길 수 있다.

Argentina beat France on penalty shootout to win epic final.

아르헨티나는 승부차기 끝에 프랑스를 이겨 역사적인 결승전을 이겼다.

상대 팀을 '쳐부숴'서 '이기다'.

036 **bet** [bet]

씨앗뜻 자신감이 있어 내기에 걸다

— 내기를 걸다
— 주장하다, 장담하다
— 내기

bet- 내기

 예문

A.동사

-내기를 걸다

The architect bet 10,000 dollars on the race horse. 그 건축가는 그 경주 말에 10,000달러 걸었다.

-주장하다, 장담하다

Mr. Son always bets that the domocracy will win. 손씨는 항상 민주주의가 승리할 것이라고 주장한다.

B.명사

-내기

My friends have a bet on the soccer game. 그는 축구 게임에 내기를 걸었다.

I lost the bet and had to pay my brother five dollars. 나는 내기를 잃었고 형에게 5달러를 지불해야 했다.

자심감이 있으니 '내기'를 하고 '주장한다'.

037 **bid** [bid]

씨앗뜻 무엇을 얻으려는 노력으로 입찰하다

bade-bidden 인사하다
bid-bid 입찰하다

- (인사 등) 말하다
- 입찰(하다)
- 노력(하다)

 예문

A. 동사
-(인사 등) 말하다(=say)
Yesterday, we bade bade farewell to good friends. 어제 우리는 좋은 친구와 작별 인사를 했다.
-입찰하다
An antique collector bid $500,000 for the portrait. 한 골동품 수집가가 초상화에 50만 달러를 입찰했다.
-노력하다
The candidate bids for popular support. 그 후보는 대중의 지지를 얻으려고 노력한다.

B. 명사
-입찰
Three firms have bid for the contract to build the new city hall.
세 회사가 새 시청을 짓기위한 계약에 입찰했다.

-노력
Their efforts represented a sincere bid for success. 그들의 수고는 성공을 위한 진지한 노력을 의미했다.
The government is in a bid to reduce energy consumption.
정부는 에너지 소비를 줄이기 위해 노력하는 중이다.

We all make bids for power in one way another throughout our entire lives.
우리 모두는 우리의 전인생 동안 계속된 방법으로 권력을 위해 노력한다.

무엇인가 얻으려는 '노력'으로 '인사하'고 '입찰(하다)'.

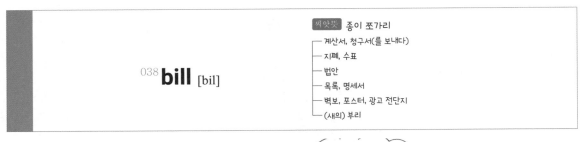

씨앗뜻 종이 쪼가리

038 **bill** [bil]

— 계산서, 청구서(를 보내다)
— 지폐, 수표
— 법안
— 목록, 명세서
— 벽보, 포스터, 광고 전단지
— (새의) 부리

광고전단지

ex) Stick no bill on the wall 법안

ex) May I have a bill, please?

ex) The bill for the car repair came to 1,000 dollars

지폐

영수증

종이조각

계산서

부리

예문

A. 명사
-(종이 쪼가리) 계산서
May I have the bill, please? 계산서 좀 주시겠어요?
-청구서
You have to pay your bill on time. 제 때 청구서 요금을 내야 한다.
-지폐
Shin Saimdang appeared on a bill in the country. 신사임당은 국가의 지폐에 등장했다.
-(의회의) 법안
The majority of the people were for the bill. 국민들의 대다수는 그 법안에 찬성하였다.
-벽보, 포스터, 전단지
Post a bill on the board. 게시판에 포스터를 붙여라.
-(새들 입에 종이 쪼가리처럼 붙어 있는 것) 부리
A bird's beak, or bill, is not just for gathering food.
새의 부리(beak) 즉 부리(bill)는 단지 음식을 모으기 위한 것이 아니다.

B. 동사
-계산서를 보내다, 청구하다
Please bill me for the book. 나에게 그 책 계산서를 보내 주세요.

bill은 '청구서', '계산서', '지폐', '수표', '전단지', '법안', (새의) '부리' 등의 뜻으로 쓰인다. 종이에 써 놓은 '법안'을 비롯하여 모두 '조그마한 종이 조각들'이다. 즉 '종이 쪼가리'에서 생각하면 된다. 새 입에 붙어 있는 '부리'도 작은 종이조각으로 생각하자.

039 **board** [bɔːrd]

씨앗뜻 널빤지처럼 생긴 것: 널, 판자, 게시판, 칠판
ㅡ 식탁, 식사, 하숙하다
ㅡ 회의용 탁자, 회의
ㅡ 이사회, 위원(회)
ㅡ (비행기 등) 타다

Board:
판자, 게시판, 칠판, 회의, 위원(회)등 ‥

 예문

A.동사
-널빤지, 게시판, 칠판, 회의용 탁자, (탁자를 사이에 두고) 회의
The class president stuck up a notice on the board with pins.
학급회장은 게시판에 핀으로 공지 사항을 붙였다.

-식탁, (식탁에서) 식사
There are three boards in the boarding house. 하숙집에 3개의 식탁이 있다.

-(탁자에서 회의하는) 위원(회), 이사회
The board has decided to reject the proposal. 이사회는 제안을 거부하기로 했다.

B.동사
-(비행기 등 널빤지 같은 바닥에) 타다
They boarded the plane for Russia. 그들은 러시아행 비행기를 탔다.

Rosa Parks boarded a bus in Montgomery, Alabama to go home after a long day at work. Rosa Parks는 앨라배마 주 몽고메리의 버스를 타고 긴 노동의 하루를 보낸 후 집으로 돌아오고 있었다.

-(음식을 식탁에 제공하는) 하숙하다
How much do you board a person in Seoul? 서울에서 하숙하는데 비용이 얼마인가요?

board는 '널빤지'가 씨앗 뜻이다. '칠판'이나 '게시판', '식탁', '회의용 탁자' 등이 '널빤지'로 이루어져 있다. 회의용 탁자에서 '이사회', '위원(회)'가 '회의'를 한다. 또 배나 비행기, 지하철 등 바닥이 큰 '널빤지'처럼 생긴 탈 것에 '타 다',또 밥을 '탁자'에서 먹는 모습에서 '하숙하다'의 뜻으로 활용된다.

040 **book** [buk]

씨앗뜻 기록하다

├ 기록하다, 예약하다
└ 책

book

① 기록하다

손창연 논리영어 한입 voca

⇒

② 예약하다.

한입 voca 책 예약할게요.

⇒

③ 책

한 입 VOCA

기록하다, 예약하다 → (기록이 많아지고 쌓여) → 책

 예문

A.동사

–예약하다, 기록하다

I booked a ticket for you. 영화표 하나 예약했어.

I booked the tickets two weeks ago. 나는 2주 전에 티켓 예매했어.

Our travel agent booked us on a flight to Paris. 우리 여행사에서 파리행 비행기를 예약했다.

Who books tickets for a trip without checking the dates first?

날짜를 먼저 확인하지 않고 여행티켓을 예약하는 사람은 누구입니까?

B.명사

–(예약 등을 가록하여 만드는) 책

Bill Gates has made a tradition of releasing lists and reviews of his favorite books.

빌 게이츠는 자신이 좋아하는 책의 목록과 서평을 공개하는 전통을 만들었다.

'예약'하는 것은 '기록'이고 기록이 쌓이면 '책'이 된다.

씨앗뜻 어원이 각각 다른 4가지다

041 **bound** [baund]

- 1. 경계(를 짓다)
- 2. 뜀, 뛰다, 되튀다
- 3. ~ 향하는, ~ 행
- 4. (bind의 p.p) 묶여 있는, ~할 의무가 있는, 반드시 ~해야 하는

bound

경계, 뛰다, 묶여있는

예문

어원1

−명사:경계

The candidate's words and actions pass the bounds of common sense.
그 후보의 말과 행동은 상식의 선을 넘는다.

−동사: 경계를 접하다, 경계를 정하다

Canada bounds on the United States.
캐나다는 미국과 접경하고 있다.

어원2

−명사:뜀, 도약

With one bound the dog was over the fence. 한 번 뛰어서 개는 울타리를 넘었다.

−동사:되튀다(bound −bounded − bounded)

The ball bounded against the wall. 공이 벽에 되 튀었다

어원3

−형용사:~ 향하는, ~ 행의

This plane is bound for Shanghai. 이 비행기는 상하이로 향한다.

어원4

−(bind의 p.p) 묶여 있는, 반드시 ~ 하는

Mr Lee was bound to fail. 이씨는 실패할 수밖에 없었다.
Our lives are bounded by work and family. 우리의 삶은 일, 가족에 묶여 있다.

042 **bow** [bou]

씨앗뜻 활모양으로 구부러진

─ 절(하다)
─ 활
─ 선수(뱃머리, 이물)

 예문

A.동사
–(머리·허리를 숙여) 인사하다
The believers bowed our heads in prayer. 신도들은 머리를 숙여 기도했다.

B.명사
–(머리와 허리를 구부려하는) 인사
The music ended and the girl took a bow. 음악이 끝나고 소녀는 인사를 했다.
–(구부리는) 활
Violins are played with bows. 바이올린은 활로 연주된다.
Choose a long piece of wood for the bow. 활 용도로 긴 나무 조각을 선택하십시오.
–(곡선으로 이루어진) 선수(= stem 뱃머리, 이물) ⇔ 선미 stern
The bow is an essential feature of any modern yacht. 선수는 현대 요트의 필수 기능이다.
The bow is the front of a boat and the stern is the back of a boat.
뱃머리(이물)은 배의 앞쪽이고 선미는 배의 뒤쪽이다.

bow는 '활'모양으로 '구부러지다'가 씨앗 뜻이다. '인사(하다)', 곡선으로 이루어진 '선수(뱃머리)'로도 쓰인다.

씨앗뜻 나누어지는 것

043 **branch** [bræntʃ]

— 나무가지(을 치다)
— 파생하다, 확장하다
— 지국, 지점
— 분야

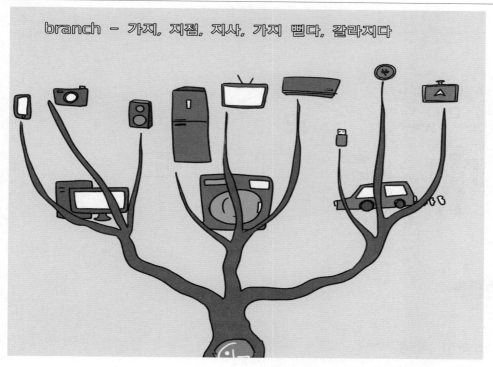

branch – 가지, 지점, 지사, 가지 뻗다, 갈라지다

 예문

A. 명사
–나무가지

A large tree branch fell onto a moving vehicle Tuesday morning.
화요일 오후에 큰 나뭇가지가 움직이는 차량 위에 떨어졌다.

–(회사가 가지를 쳐) 지점, 지국

The bank has thirty branches in Seoul. 이 은행은 서울에 30개의 지점을 가지고 있다.

–파생, 분야

Immunology is a branch of biological science. 면역학은 생물학의 한 분야다.

B. 동사
–가지를 치다, (길·철도·강 등이) 갈라지다, 파생하다

The road to Jeonju branches off from here. 전주로 가는 길은 여기에서 갈라진다.

Apes branched from man's family tree. 유인원은 영장목의 계통수에서 파생하였다.

branch는 '나무가지'가 씨앗 뜻이다. '지점', '파생분야' 뜻도 나온다.

씨앗뜻 깨다

— 깨다, 고장나게하다
— 갱신하다
— 어기다
— (동이) 트다, (동이) 틈
— 분해하다, 말참견하다
— 휴식, 방학, 골절

044 **break** [breik]

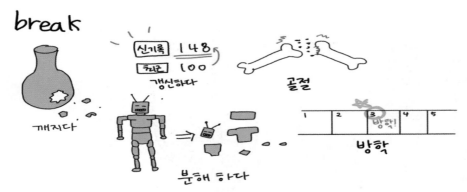

예문

A.동사

–깨다, 깨지다, 고장나게하다

The fall broke his arm. 넘어져 팔이 부러졌다.

Her funny face broke the tension. 그녀의 웃기는 표정은 긴장을 깼다.

The heavy storm breaks an electric circuit in the city. 거센 폭풍우가 도시에서 전기 회로를 고장나게 한다.

–(침묵을) 깨다

Sister was the first to break the silence. 누이가 침묵을 깬 첫번째였다.

–(기록을 깨) 갱신하다

Alex can break the record for most seasons scoring 50 or more goals.
Alex는 50골 이상을 득점하는 대부분의 시즌 기록을 깰 수 있다.

–(법·약속을) 어기다

Don't break the law. 법을 어기지 맙시다.

The children broke their promise and went camping. 그는 약속을 어기고 캠핑을 갔다.

–(동이) 트다

When dawn breaks, the sun starts to appear in the sky early in the morning.
날이 새면 아침 일찍 하늘에 태양이 나타나기 시작한다.

–분해하다
These plum enzymes break down food in the stomach. 이 매실 효소는 위에서 음식을 분해한다.
–말참견하다, 방해하다
You must not break in others' conversation. 다른 사람 얘기하는 데 참견하면 안된다.

B.명사

–휴식
Let's break for fifteen minutes. 15분간 쉬자.
–방학
Summer break is over and kids are going back to school. 여름 방학이 끝나고 아이들이 학교로 돌아간다.
–골절
The x-ray shows a bad break in her right arm. 엑스레이는 그녀의 오른쪽 팔에 심한 골절을 보여준다.
–(동이) 틈
The break of dawn is the time when it begins to grow light after the night.
새벽은 밤 이후에 빛이 나기 시작하는 시간이다.

break는 '깨다'가 씨앗 뜻이다. 기계가 깨지면 '고장나다'이고 기록을 깨면 '갱신하다', 법을 깨면 '어기다' 어둠을 깨는 것이 '동트다', 물질이 세균에 의해 깨지는 것이 '분해하다', 대화에 끼어 들어 대화를 깨는 것이 '말참견하다'이다. 일이나 학습을 깨는 것이 '휴가' 혹은 '방학'이다.

045 **breed** [bri:d]

bred-bred

씨앗뜻 종족, 혈통을 번식하다
- (새끼를) 낳다, 번식하다
- 기르다, 양육하다, 가르치다
- 품종, 종족, 혈통

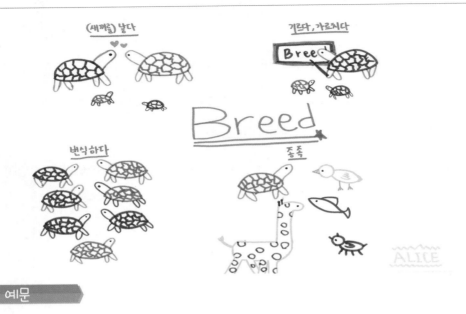

예문

A.동사

-(새끼를) 낳다, 번식하다

Most birds breed in the spring. 대부분의 새는 봄에 번식한다.

Many animals breed in the spring. 많은 동물들이 봄에 번식한다.

-기르다, 양육하다, 가르치다

He lived alone, breeding horses and dogs. 그는 혼자 살면서 말과 개를 사육했다.

Britain still breeds the people to fight for her. 영국은 여전히 국민들에게 조국을 위해 싸우도록 가르치고 있다.

B.명사

-품종, 종족, 혈통

What's your favorite dog breed? 당신이 가장 좋아하는 개 품종은 무엇인가요?

Seven dog breeds are considered Korean. 7종의 개 품종이 한국산으로 간주된다.

When a dog is a hybrid, it is a cross between two different breeds of dogs.

개가 잡종일 때, 그것은 다른 두 개들의 품종의 혼혈이다.

A. 앞에서 배웠던 단어들 씨앗 뜻을 생각하면서 우리말로 각각 최대한 자세히 써 보세요.(정답:단어본문 참고)

031. band _____
032. bank _____
033. bar _____
034. bear _____
035. beat _____
036. bet _____
037. bid _____
038. bill _____
039. board _____
040. book _____
041. bound _____
042. bow _____
043. branch _____
044. break _____
045. breed _____

B. 앞에서 학습한 각 단어들의 예문을 활용한 문장들입니다. 강조된 단어를 유의하면서 각각 해석해 보세요.

(정답 **392 page**)

031. Local citizens banded together to fight the company.
032. The snow banked up in the corner of the garden.
033. Minors are barred from joining the club.
034. Bear in mind what I said.
035. A former policeman viciously beat a woman.
036. Mr. Son always bets that the domocracy will win.
037. Three firms have bid for the contract to build the new city hall.
038. The majority of the people were for the bill.
039. Rosa Parks boarded a bus in Montgomery, Alabama to go home after a long day at work.
040. Our travel agent booked us on a flight to Paris.
041. With one bound the dog was over the fence.
042. The music ended and the girl took a bow.
043. Immunology is a branch of biological science.
044. These plum enzymes break down food in the stomach.
045. Many animals breed in the spring.

046 **cabinet** [kǽbənit]

씨앗뜻 상자

┌ 상자, 캐비닛
└ 내각

명사
-상자, 캐비닛

This office contains five file cabinets. 이 사무실에는 다섯 개의 파일 캐비닛이 있어요.
A cabinet is a piece of furniture that has doors and drawers. 캐비닛은 문과 서랍이 있는 가구다.

-(캐비닛 속에 있는 인사파일에서 임명하는) 내각

The Cabinet meet every Monday. 내각은 매주 월요일에 회의를 한다.
The Cabinet includes the Vice President and the heads of 15 executive departments. 내각에는 부통령과 15개 행정부처의 장을 포함한다.

cabinet은 '캐비닛'이 씨앗 뜻이다. 대통령의 캐비닛에 있는 장관들의 인사파일에서 '내각'이라는 말이 나왔다.

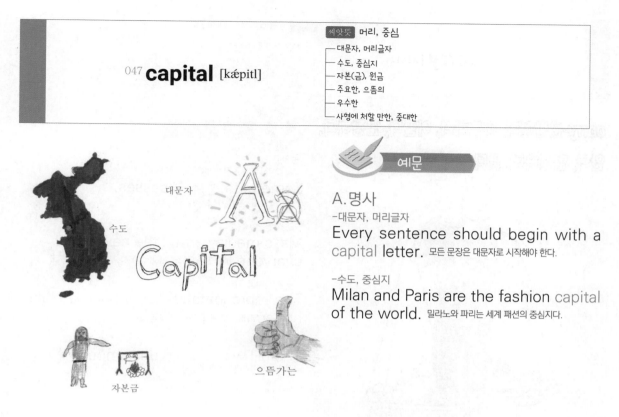

047 **capital** [kǽpitl]

<table><tr><td>씨앗뜻</td><td>머리, 중심</td></tr></table>

- 대문자, 머리글자
- 수도, 중심지
- 자본(금), 원금
- 주요한, 으뜸의
- 우수한
- 사형에 처할 만한, 중대한

예문

A. 명사
-대문자, 머리글자
Every sentence should begin with a capital letter. 모든 문장은 대문자로 시작해야 한다.

-수도, 중심지
Milan and Paris are the fashion capital of the world. 밀라노와 파리는 세계 패션의 중심지다.

-자본(금), 원금
Capital is material wealth owned by an individual or business enterprise.
자본은 개인이나 기업이 소유한 물질적 부이다.

B. 형용사
-주요한, 으뜸의
That's a capital idea! 그것은 훌륭한 아이디어다!

-(머리를 자르는) 사형에 처할 만한, 중대한, 치명적인
Capital punishment is currently authorized in 31 states, by the federal government and the U.S. military. 사형은 현재 연방 정부와 미군에 의해 31개 주에서 승인되었다.

capital은 '머리', '중심'이 씨앗 뜻이다. 국토의 중심이 '수도'다. 또 회사 등을 운영하는 중심이 '자본'에서 시작한다.

048 **carry** [kǽri]

씨앗뜻 ~를 몸에 지닌 채 이동하다

— 운반하다. 이동시키다
— 몸에 지니고 다니다
— 따르다, 수반하다
— 팔다

carry-운반하다, 이동하다, 이끌다, 연장하다, 안다, 임신하다, 팔다, 수반하다

예문

동사
–(사람, 상품 등) 운반하다, 옮기다
Some pets carry diseases.
애완동물 중에는 병을 옮기는 것이 있다.

–(소식 등을) 전하다
Mass media carried the news to everyone. 대중언론은 그 소식을 여러 사람에게 돌아가며 알렸다.

–몸에 지니고 다니다
The representative is carrying a child in her arms. 그 의원은 아기를 안고 있다.

–통과시키다
The bill was carried unanimously.
그 법안은 만장일치로 통과되었다.

–(가게에서 상품을) 팔다
The store carries a great variety of goods such as sports wears.
그 가게는 스포츠용품 같은 다양한 상품을 판다.

–(의무·권한·벌 등을)따르다, 수반하다
Freedom carries responsibility with it. 자유에는 책임이 따른다.
The loan carries 5 percent interest. 그 대출금은 5퍼센트 이자다.

049 **case** [keis]

찐한뜻 상자(속에 있는 여러 경우)

─ 상자
─ 사례, 경우, 입장
─ 사건
─ 환자, 사례
─ 소송, 판례
─ 격

case- 상자, 경우, 사례, 환자, 소송

예문

명사

─상자

The violinist took her violin out of its case. 그 바이올리니스트는 상자에서 바이올린을 꺼냈다.

─사례, 경우, 입장

Circumstances alter cases. 《속담》 사정에 의해 입장도 바뀐다.

─사건, 소송(사건)

The case was decided in favor of the defendant. 그 소송은 피고의 승소로 끝났다.

─판례

A leading case is a case decided by a court in the last resort.
주요 판례는 법원이 최후의 수단으로 결정한 판례다.

─환자, 사례

There are thirty cases of malaria in the town. 그 마을에는 30명의 말라리아 환자가 있다.

─격

The possessive case of a noun is usually formed with the ending –'s.
명사의 소유격은 일반적으로 어미 –'s로 형성된다.

case는 '상자'에서 시작하여 의사의 상자에는 '환자', 경찰의 상자에는 '사건', 판사의 상자에는 '소송사건', '판례'가 있다.

050 **cast** [kæst]

cast-cast

씨앗뜻 던지다

┌ 던지다
├ 출연진(을 정하다)
└ 기브스, 주조

 예문

A. 명사

-배역, 출연진

Where are all the cast members now? 지금 모든 캐스트 멤버는 어디에 있나요?

-기브스

My leg was in a cast for about six weeks. 내 다리는 약 6주 동안 깁스를 했다.

B. 동사

-(물건, 투표, 그물, 낚시 등을) 던지다

The old man cast the fishing line to the middle of the sea.
그 노인은 낚시 줄을 바다 한가운데에 던졌다.

-(시선, 빛, 그림자, 의심 등을) 던지다, 비추다

The bonfire casts a warm glow. 모닥불은 따뜻한 빛을 발한다.

The moon cast a white light into the room. 달이 방안에 하얀 빛을 비추었다.

-(감독이 그물 던지듯) 출연진을 정하다

The director has cast her as an ambitious lawyer in his latest movie.
그 감독은 최근 영화에서 그녀에게 야심 있는 변호사 역을 맡겼다.

-(동상, 동전 등을 만들고 거푸집을 내던져) 주조하다

How are bronze statues cast? 동상은 어떻게 주조되나요?

-(허물을 내던져) 벗다

The snakes cast off its skin. 뱀이 허물을 벗는다.

cast는 '던지다'에서 출발한다. 감독이 그물을 내던지 듯 '출연진(을 정하다)'. '기브스'를 풀고 내 던진다.

051 **cause** [kɔːz]

씨앗뜻 사건 등의 원인

┌─ 원인, 이유(가 된다), 일으키다
└─ 대의명분, 주의, 주장

cause- 원인, 이유, 주의, 주장

Stop Climate CHANGE!

 예문

A.명사

-원인

Sugar is a major cause of tooth decay. 설탕은 충치의 주요 원인이다.

-(주장의 근본 원인이나 목적) 대의명분

The people devoted themselves to the cause for peace and liberty.
국민들은 평화와 자유를 위한 대의명분에 자신을 헌신했다.

B.동사

-일으키다

The bad road caused several accidents. 나쁜 도로로 인해 여러 가지 사고를 일으켰다.
Smoking can cause respiratory diseases. 흡연은 호흡기 질환을 일으킬 수 있다.

cause는 '원인'이 되어 '일으키다'이다. 어떤 원인 때문에 행하는 것이 '대의명분'이다.

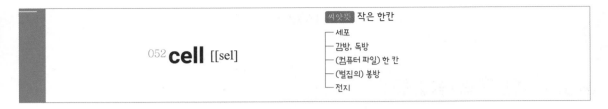

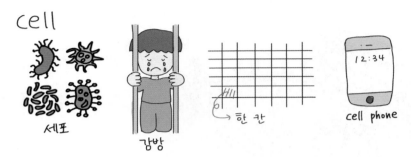

cell

세포

감방

→ 한 칸

cell phone

예문

명사
-세포
The human body is composed of trillions of cells. 인체는 수조 개의 세포로 구성되어 있다.

-감방, 독방
A prison cell is a small room in a prison or police station where a prisoner is held.
A prison cell은 죄수가 수감되어 있는 감옥이나 경찰서의 작은 방이다.

A cell is a small room used by a hermit, monk, nun or anchorit.
독방은 은둔자, 승려, 수녀 또는 은수자가 사용하는 작은 방이다.

-(컴퓨터 파일) 칸
A cell is the intersection where a row and a column meet on a spreadsheet.
셀은 스프레드시트에서 행과 열이 만나는 교차점이다.

-(벌집의) 봉방
A cell refers to any kind of closed space that has been created from wax by bees.
봉방은 꿀벌이 밀랍으로 만든 모든 종류의 닫힌 공간을 의미한다.

-전지
A dry-cell battery is a device made of one or more electrochemical cells.
건전지는 하나 이상의 전기화학 전지로 만들어진 장치다.

cell은 '작은 한칸'이 씨앗 뜻이다. 작은 한칸으로 이루어진 것이 '세포'다. '감방'이나 '봉방' 혹은 '전지' 등도 작은 칸으로 이루어져 있다.

053 **challenge** [tʃǽlindʒ]

씨앗뜻 힘든 일
┌ 도전, 도전장, 과제, 기회
├ 도전하다, 요구하다
└ 의문을 제기하다

 예문

A. 명사
-도전, 도전장
The government faces a legal challenge. 정부는 법적 문제에 직면해 있다.

-과제
There are several photo challenges to complete. 완료해야 하는 몇 가지 사진 과제가 있다.

-기회
This challenge was designed to foster an appreciation for the outdoors.
그 기회는 야외 활동에 대한 인식을 키우기 위해 마련되었다.

B. 동사
– 도전하다
Who will challenge the champion? 누가 챔피언에게 도전할 것인가?

-(설명·칭찬 따위를) 요구하다
The problem challenges explanation. 그 문제는 설명을 요구한다.

-의문을 제기하다
She challenged the authority of the court. 그녀는 그 법정의 권위를 의심했다.

'도전한다'는 것은 자신의 현 상황에 대한 '의문을 제기하며' 새로운 '기회'를 갖는 것이다.

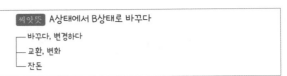

054 **change** [tʃeindʒ]

씨앗뜻 A상태에서 B상태로 바꾸다

— 바꾸다, 변경하다
— 교환, 변화
— 잔돈

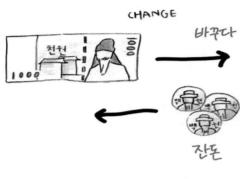

예문

A.동사
–바뀌다. 변경하다
Let's change the subject. 화제를 바꿉시다.
Heat changes water into steam. 열은 물을 수증기로 바꾼다.

B.명사
–변화, 교환
We go through a time of vast social change nowadays. 우리는 요즘 거대한 사회적 변화를 겪고 있다.
Small decisions can bring about big changes in your life and the world.
작은 결정들이 여러분의 인생과 세계에 큰 변화를 가져올 수 있다.

–잔돈
Keep the change. 잔돈은 가지세요.
You gave me the wrong changes. 거스름돈을 잘못 주셨는데요.

1,000원 짜리 지폐를 100원짜리 동전으로 '바꾸'면 '잔돈'이 생긴다.

씨앗뜻 고유한 성질
─ 성격, 인성, 인격
─ 특성, 특징
─ 등장인물
─ 문자

055 **character** [kǽriktər]

1. 성격
2. 특징
3. 문자
4. 인물
5. 등장인물

 예문

명사

─(사람의 고유한 성격) 성격, 인격, 인성

Character is a habit long continued. 성격은 오래 계속된 습관이다. (독일속담)

─(사물 등의 고유한 성질) 성질, 특성

The two questions are of different character. 이 두 문제는 성질이 다르다.

─(소설, 연극, 영화 등에서 고유한 성질을 표현하는 사람들) 등장인물

Nicolas will be on stage in the character of Hamlet. 니콜라스는 햄릿의 등장인물(역할)로 무대에 설 것이다.

─인물

Seoyeon is a character graced by every virtue. 서연이는 온갖 미덕으로 빛나는 인물이다.

─(각각 고유한 특성을 나타내는 기호) 글자, 문자

The second character can be formed similarly. 두 번째 글자도 비슷하게 형성이 돼.

character는 고유한 성질을 말하는 '특징'이라는 뜻으로 사물은 '특성', 사람은 '성격', '인성', '인물'이라는 말이다. 또 소설이나 영화 등에서 성격 혹은 특징 역할하는 '등장인물'이라는 뜻으로 쓰인다. 글자는 모양 등이 각각의 특성을 가지고 있어서 '글자'를 뜻하기도 한다.

씨앗뜻 고유한 특징(을 가지고 있는)

056 **characteristic** [kæriktərístik]
- 특질, 특성
- 특색을 이루는
- 독특한

 예문

A. 명사
−특질, 특성

The violent temper was characteristic of him. 과격한 기질은 그의 특징이었다.
Fortunately a big nose is his family characteristic. 다행히도 큰 코는 그의 가족 특징이다.

B. 형용사
−독특한

Large farms are characteristic of that area. 대형 농장이 그 지역의 독특한 특징이다.
Nehru responded with characteristic generosity. Nehru는 특유의 관대함으로 응답했다.
Windmills are a characteristic feature of the Mallorcan landscape.
풍차는 마요카 풍경의 독특한 특징이다.

단어 characteristic은 '고유한 특성'을 말하는 character에서 파생된 단어로 명사일 때, '특성', 형용사일 때 '독특한'이라는 뜻으로 쓰인다.

057 **charge** [tʃɑːrdʒ]
⇔ discharge

씨앗뜻 차에 사람이나 물건을 싣다
- (잔 등)을 채우다, 충전·장전(하다)
- 책임(을 떠맡다), 요금(을 청구하다)
- 혐의(를 두다), 비난·고소·고발·기소(하다)

예문

A. 동사

-(잔 등)을 채우다, 충전·장전하다

Charge these glasses with water. 이 잔들을 물로 채우시오.

The policeman charged a gun with a shot. 그 경찰관은 총에 탄알을 장전했다.

As the water drops bump into ice crystals, they become charged with energy.
물방울이 얼음결정에 부딪칠 때, 그들은 에너지로 충전된다.

-요금을 청구하다

The local museum charge for admission. 현지 박물관은 입장료를 청구한다.

-혐의를 두다, 비난·고소·고발·기소하다

His sister was charged with murder. 그의 누이가 살인 혐의를 받고 있다.

National Tax Service charged the company. 국세청은 그 회사를 고발했다.

B. 명사

-충전, 장전

Electric charge is the physical property of matter. 전하는 물질의 물리적 특성이다.

There is no charge of chemicals in this fire extinguisher. 이 소화기에 화학물이 충전되어 있지 않다.

-요금, 책임

No charge is made for the service. 서비스 요금은 받지 않는다.

-혐의, 비난, 고발, 고소

The old man is wanted on a charge of robbery. 그 노인은 강도혐의로 수배되었다.

The police brought a charge against the reporter. 경찰은 그 기자에 대해 혐의를 제기한다.

058 **circle** [sə:rkl]

씨앗뜻 원
├ 원
├ 집단, 동아리
└ 돌다

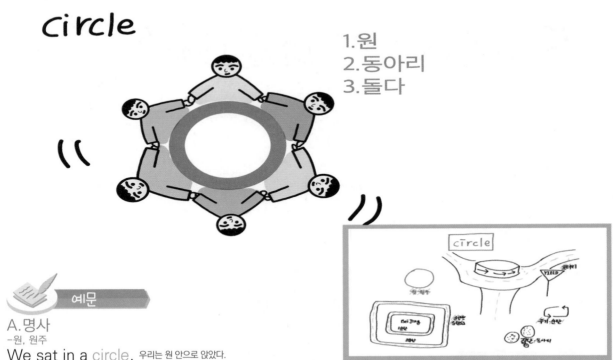

circle

1. 원
2. 동아리
3. 돌다

예문

A. 명사

－원, 원주

We sat in a circle. 우리는 원 안으로 앉았다.
Draw a circle 60 centimetres in circumference. 둘레가 60cm인 원을 그리세요.

－동아리

He has a wide circle of friends from several fields. 그는 여러 분야 출신의 광범위한 친구를 가지고 있다.
He was a member of the inner circle of government officials. 그는 정부 관료들의 내부 집단의 일원이었다.

B. 동사

－돌다, 순환하다, 선회하다

Vultures are circling overhead. 독수리들이 머리 위를 맴돌고 있다.
The plane circled for 30 minutes before receiving permission to land.
비행기는 착륙 허가를 받기 전 30분 동안 선회했다.

circle은 '원'이라는 씨앗 뜻에서 원 안에 있는 '동아리'라는 뜻이 나온다. 또 원 주변을 '돌다' 뜻이 파생한다.

059 circumstance [sɔ́:rkəmstəns]

찍맛끗 circum(around 주변에)+stance(stand 서다)
→ 주변에 서 있는 상황

— 상황, 사건
└ pl) 환경, 주변의 상황, 경제적 상황

circumstance-(경제적) 상황, 사건 환경, 주변사정

예문

명사
-사건, 상황
Circumstance can also result in a change in habit. 사건은 또한 습관의 변화를 가져올 수 있다.
The children in Africa were victims of circumstance. 아프리카의 아이들은 환경의 희생자들이었다.

-pl)환경, 주변의 상황, 경제적 상황
President coped very well under the circumstances. 대통령은 상황에서 매우 잘 대처했다.
They wanted to marry but circumstances didn't permit. 그들은 결혼하고 싶었지만 상황이 허락하지 않았다.

어원상 '사건'이 일어나고 그 사건 '주변의 상황'을 말한다.

060 **class** [klæs]

씨앗뜻 등급

┌ 계급, 등급
├ 학급
├ 수업
└ 분류하다

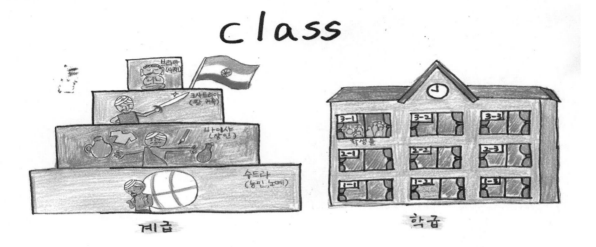

계급   학급

A. 명사
-계급, 등급
The ruling class is corrupt. 지배 계급이 부정하다.
-학급
Class president act as representatives for the whole class. 학급회장이 전체 학생들 대표로 역할한다.
There are 10 classes on 11th glade. 11학년에 10개의 학급이 있다.
-학급 학생들
Class president act as representatives for the whole class. 학급회장이 전체 학생들 대표로 역할한다.
-수업
We have no class today. 우리는 오늘 수업이 없다
A class is a course of teaching in a particular subject. 수업은 특정 주제를 가르치는 과정이다.

B. 동사
-분류하다(=classify)
I class him as an ordinary working person. 나는 그를 평범한 직장인으로 분류한다.

'분류하여' 나누고 구별하는 것이 '계급', '등급'이다. 학생들을 학습 대상이나 수준별로 나누는 것이 '학급'이다. 학급에는 '학생들'이 있고 '수업'을 한다.

A. 앞에서 배웠던 단어들 씨앗 뜻을 생각하면서 우리말로 각각 최대한 자세히 써 보세요.(정답:단어본문 참고)

046. cabinet _____
047. capital _____
048. carry _____
049. case _____
050. cast _____
051. cause _____
052. cell _____
053. challenge _____
054. change _____
055. character _____
056. characteristic _____
057. charge _____
058. circle _____
059. circumstance _____
060. class _____

B. 앞에서 학습한 각 단어들의 예문을 활용한 문장들입니다. 강조된 단어를 유의하면서 각각 해석해 보세요.
(정답 392 page)

046. The Cabinet includes the Vice President and the heads of 15 executive departments.
047. Capital is material wealth owned by an individual or business enterprise.
048. Freedom carries responsibility with it.
049. There are thirty cases of malaria in the town.
050. The moon cast a white light into the room.
051. The people devoted themselves to the cause for peace and liberty.
052. A cell is a small room used by a hermit, monk, nun or anchorit.
053. There are several photo challenges to complete.
054. Small decisions can bring about big changes in your life and the world.
055. Nicolas will be on stage in the character of Hamlet.
056. Nehru responded with characteristic generosity.
057. The old man is wanted on a charge of robbery.
058. The plane circled for 30 minutes before receiving permission to land.
059. They wanted to marry but circumstances didn't permit.
060. There are 10 classes on 11th glade.

061 **clear** [kliər]

씨앗뜻 깨끗이 하다
— 깨끗이 하다, (빚을) 청산하다
— (토지 따위를) 개간하다
— 깨끗한, 분명한

clear – 깨끗이 하다, (빚을) 청산하다, (토지 따위를) 개간하다, 깨끗한, 분명한

 예문

A.동사

–깨끗이 하다
The soldiers clear the pavement of snow in winter. 군인들은 겨울에 길의 눈을 치운다.

–(날씨 등) 맑게 개다
This heavy rain cleared the muddy water of the river. 이번 폭우는 강의 흐린 물을 맑게 하였다.

–(빚을) 청산하다, (문제 등을) 풀다, (암호를) 해독하다
The debtors cleared off a debt. 그 채무자는 빚을 다 갚았다.
The applicants cleared an examination paper. 지원자들은 시험 문제를 모두 풀었다.

–(출항·통관 등) 승인하다, 허가하다
KAL flight 007 has been cleared to take off. 대한 항공 007편은 이륙허가를 받았다.
The project was cleared with the board of directors. 그 계획은 이사회에서 승인을 받았다.

–(토지 따위를 깨끗하게 정리하여) 개간하다, 개척하다
The company is clearing the forest for construction. 회사는 공사를 위해 숲을 개간하고 있다.
The farmers cleared abandoned land for cultivation. 농부들은 경작을 위해 버려진 땅을 개간했다.

B.형용사

–깨끗한, 맑은

It's so clear and sunny. 날씨가 화창하네요.

The sky is as clear as can be. 하늘이 씻은 듯이 맑다.

–분명한

The events are still clear in my mind. 그 사건들은 아직도 나의 마음속에 분명하다.

※명사형:clearing–개간 & clearance–재고정리, 벌채

–clearing [klɪrɪŋ]:개간

Deforestation is the purposeful clearing of forested land.
산림 벌채는 산림 토지를 의도적으로 개간하는 것입니다.

–clearance [klɪrəns]:정리, 벌채

Get 25% Off Select Clearance Items. 일부 정리 품목 25% 할인을 받으세요.

The environment ministry has granted forest clearance to the Border Security Force. 환경부는 국경 보안군에 삼림 벌채를 부여했다.

clear은 장애나 빚, 문제 혹은 암호 등을 없애 '깨끗하게 하는'의 뜻이다. (빚을) '청산하다', (문제를) '풀다', (암호를) '해독하다', (출항이나 통관을) '승인하다', (간척지를 농사를 짓기 위해 돌이나 나무 등을 제거하여) '개간하다', '간척하다' 등의 뜻이 나온다.

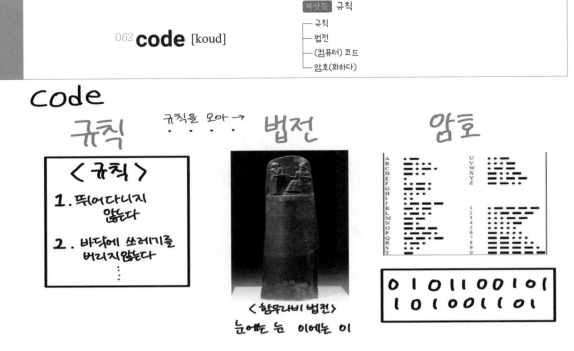

062 **code** [koud]

씨앗뜻 규칙

┌ 규칙
├ 법전
├ (컴퓨터) 코드
└ 암호(화하다)

 예문

A. 명사

-규칙

Clinics will be subject to a new code of conduct. 진료소들은 새로운 행동 강령을 따라야 한다.

-법전

The Code of Hammurabi was a set of 282 laws inscribed in stone.
함무라비 법전은 돌에 새긴 282개의 법전이다.

-암호

What is the code to open the safe? 금고를 열기 위한 암호는 무엇인가요?

-(컴퓨터) 코드

Computer code refers to the set of instructions, or a system of rules.
컴퓨터 코드는 일련의 명령 또는 규칙 시스템을 나타낸다.

B. 동사

-암호화하다

Many areas of the brain code and store information. 뇌의 많은 영역이 정보를 암호화하고 정보를 저장한다.

'규칙'이 모여 법전이 된다. '암호'는 규칙으로 이루어져 있다.

063 **column** [kάləm]	씨앗뜻 기둥
	┌ 기둥
	├ 칼럼
	└ 열, 횡, 단, 세로 줄

Column
기둥, (신문) 칼럼, 열

예문

명사

-기둥

A column of black smoke rose from the chimney. 굴뚝에서 검은 연기 기둥이 피어올랐다.

-(신문에 기둥처럼 생긴) 칼럼

Her column is published on the third Saturday of each month.
그녀의 칼럼은 매주 세 번째 토요일에 발행된다.

-열, 횡, 단, 세로 줄

If you need to sum a column of numbers, let Excel do the math for you.
숫자의 열을 합산해야 하는 경우 Excel에서 계산을 수행하도록 한다.

Microsoft Excel offers several tools you can use when you need to fill a column with the same text or numbers. Microsoft Excel은 동일한 텍스트나 숫자로 열을 채워야 할 때 사용할 수 있는 여러 도구를 제공한다.

collumn은 '기둥'이 핵심 뜻이다. 신문에 세로로 길게 쓴 글을 '칼럼'이라고 한다. '열, 횡, 단' 등은 기둥처럼 '세로 줄'이다.

064 **command** [kəmǽnd]

씨앗뜻 위에서 내려다 보다

- 명령, 지휘(하다)
- 구사(하다)
- 내려다보다, 전망(하다)

 예문

A.동사

-명령하다, 지휘하다

Admiral Yi Sunsin commanded his men to attack. 이순신 장군은 부하에게 공격하라고 명령하였다.

The Royal Navy would command the seas. 영국 해군은 바다를 지휘할 것이다.

-구사하다, 자유로이 사용하다

The soldier commands English well. 그 군인은 영어를 잘 구사한다.

The player commanded his skill in the game. 그 선수는 기술을 잘 구사했다.

-내려다보다

The Namsan tower commands a fine view. 남산타워는 전망이 참 좋다.

B.명사

The colonel gave the command to attack. 대령은 공격 명령을 내렸다.

The general is in command of the expeditionary force. 장군은 원정군의 지휘를 맡고 있다.

-(어떤 분야를 지배할 수 있는) 능력, (언어의) 구사력, 유창함

The president has an excellent command of English. 대통령은 영어를 유창하게 구사한다.

-전망, 조망

The castle's position is with very good command of the city.

그 성의 위치는 그 도시를 볼 수 있는 좋은 조망을 가지고 있다.

위에서 '내려다 보는' 것이 '전망'이다. 위에서 내려다 보며 '명령(하다)', 언어를 내려다 보듯 '구사(하다)' 등의 뜻이 파생된다.

씨앗뜻 com(together 함께)+mit(send 보내다)
→ (~에) 보내서 함께 하게 하다

065 **commit** [kəmít]

— 맡기다, 위임하다
— 범하다
— 약속하다, 공약하다
— 전념하다
— (돈·시간 등) 쓰다
— 입원·수감시키다
— 기억하다
— 적어두다

commit- (~에) 보내서 함께 하게 하다

예문

동사
-맡기다, 위임하다, 회부하다
The police committed the case to a committee. 경찰은 사건을 위원회에 회부하였다.

-(자살 범죄 등) 범하다
The celebrity committed a suicide. 그 유명인사가 자살했다.

-약속하다, 공약하다, 맹세하다
Jaehoo committed himself to settle the real estate issue. 재후는 대한민국에서 부동산 문제를 해결하겠다고 공약했다.

-(에너지 등을 보내) 전념하다
Rugyeong commits herself to the cause of world peace. 루경은 세계평화라는 대의에 전념한다.

GunGoo must commit himself to improving web service. 건구는 웹서비스 개선에 전념해야 한다.

-(돈·시간 등을) 쓰다
The council has committed a good deal of money to housing projects.
협회는 주택사업에 많은 돈을 써 왔다.

-(환자·범인·군대 등을 병원·감옥·전쟁터 등에 보내) 입원·수감·입대시키다
The man was committed to prison. 그 남자는 감옥에 보내졌다.
The general committed a troop to the front. 장군은 그 부대를 전방에 보냈다.

-(머리에 보내) 기억하다
Commit these words to memory. 이 말을 기억해 두어라.
We commit them carefully to memory and share them with people we love or people we want to love us. 우리는 그것들을 주의 깊게 기억하여 우리가 사랑하는 사람들이나 우리를 사랑해 주기를 원하는 사람들에게 들려준다.

-(종이 등에) 적어두다
The novelist committed his ideas to paper. 그 소설가는 자신의 착상을 종이에 적어두었다.

'함께 보내 맡기다'가 핵심 뜻이다. 함께 보내 맡긴다는 뜻을 '약속하다', '전념하다', (시간 등) '쓰다', '입원·수감·입대시키다' 등의 뜻이 나온다. 머리에 맡겨 '기억하다', 노트에 '써 두다' 뜻이 나오고 범죄에 맡겨 '범하다' 뜻도 나온다.

씨앗뜻 보내서 일을 맡김

─ 의뢰, 위탁
─ 임무, 임관
─ (범죄) 자행
─ 위원회
─ 수수료
─ 부탁하다, 의뢰하다
─ 임관시키다

066 **commission** [kəmíʃən]

예문

A. 명사

─의뢰, 명령, 위탁
Just a few days ago, I finished a commission. 며칠 전 나의 위탁 받은 일을 마쳤다.

─임무, 임관
My son accepted a commission as a naval officer. 내 아들은 해군 장교로 임관했다.

─(범죄) 자행
The commission of a crime is the act of committing a crime.
범죄를 저지르는 것은 범죄를 저지르는 행위다.

(임무를 행하는) 위원회
The commission fail to reach consensus. 위원회는 합의에 이르는데 실패 했다.

─수수료
What is the standard commission rate for a car sale? 차 판매에 대한 표준 수수료가 얼마인가요?

B. 동사

─부탁하다, 의뢰하다
The magazine commissioned a story about the world's best beaches to the writer.
이 잡지는 작가에게 세계 최고의 해변에 대한 이야기를 의뢰했다.

─임관시키다
His son was commissioned a major. 그의 아들은 소령으로 임관되었다.

commission은 '보내서 일을 맡기다'는 뜻에서 '의뢰(하다)', '임무'를 부여하고 군 등에서 임무를 부여하는 것이 '임관'이다. 임무를 맡아서 하는 '위원회'가 생기고 '수수료'를 지불한다. 나쁜 임무를 하는 것이 범죄를 '자행'하는 것이다.

067 **commitment** [kəmítmənt]

씨앗뜻 보내서 일을 수행함
- 공약, 서약, 약속
- 몰두, 참여, 헌신

commitment - 범행, 실행, 위임, 공약, 서약

FOR DEMOCRACY

 예문

명사

–공약, 서약, 약속

He made a commitment to his wife. 그는 아내에게 약속했다.

The commission will announce his commitment at 1 p.m. 위원회는 오후 1시 공약을 발표할 예정이다.

–(주의·운동 등에의) 몰두, 헌신, 현실참여

That kind of commitment is impressive. 그런 헌신이 인상적이다.

They have a commitment to helping the poor. 그들은 가난한 사람들을 돕는 데 헌신한다.

–범행

Your problem with commitment is the death of my existence.
네 범죄에 대한 문제는 나의 존재가 사라지는 것이다.

commitment는 '함께 보내 일을 수행하다'는 뜻으로 '약속', '서약', '공약', '몰두', '참여', '헌신' 뜻이 있으며 '범행'의 뜻으로도 쓰인다.

씨앗뜻 com (tother) + pany (bread →함께 빵을 먹다

068 **company** [kʌ́mpəni] 890

— 사람들, 친구
— 손님
— 교제, 사귐, 동석
— 회합, 일행, 극단
— 회사, 조합

명사

-일단(의 사람들), 친구

Mayor addressed the assembled company. 시장은 모인 사람들에게 연설했다.

A man is known by the company he keeps. 사귀는 친구를 보면 그의 사람됨을 알 수 있다.

-손님

We are having company for the weekend. 이번 주말에 손님이 온다.

Well, you'll have to figure out something to do until company comes for Chrismas dinner. 글쎄 너는 손님이 크리스마스 저녁을 위해 올 때까지 해야 할 무엇인가를 생각해야만 할 것이다.

-교제, 사귐, 동석

We are in good company. 우리는 좋은 친구 관계에 있다.

Company in distress makes sorrow less. 함께 고민하면 슬픔은 덜하다.

-회합, 단체, 협회, 일행, 극단

Playing company was the usual term for a company of actors.
극단은 배우들의 일행을 가리키는 일반적인 용어였다.

-회사, 조합

The company is based in Seoul. 회사는 서울에 있다.

We are a community of media and tech companies. 우리는 미디어 및 기술 회사의 커뮤니타다.

company는 어원상 '함께 빵을 먹는 사람들'로 '친구', '손님', '동료'가 '교제'하여 사귀고 '회사'와 '협회' 등 단체를 만드는 상황을 말한다.

씨앗뜻 com(together)+pli(fold)+cate(동사형 접미사)
→ 함께 접어 넣다

069 **complicate**

└ 복잡하게 하다, 까다롭게 하다
└ 복잡한, 성가신

complicate : 복잡하게 만들다
함께 접다

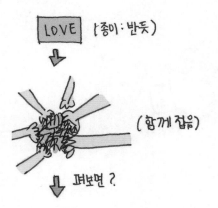

LOVE [종이 : 반듯]

(함께 접음)

펴보면 ?

복잡!

예문

A. 동사 [kámplikèit]
−복잡하게 하다, 까다롭게 하다

You complicated matters. 네가 문제를 복잡하게 만들었다.
They complicate the situation. 그들은 상황을 복잡하게 만든다.
His disease was complicated by pneumonia.
그의 병은 폐렴의 병발로 더욱 악화되었다.

The continued fighting has complicated the peace negotiations. 계속되는 전투는 평화 협상을 복잡하게 만들었다.

B. 형용사 [kámplikit]

−복잡한, 성가신

Russia fears complicate NATO's new China focus. 러시아는 복잡한 NATO의 새로운 중국 중심을 우려하고 있다.

complicate는 '함께 접어 넣다'가 어원상 뜻이다. 함께 접어 넣으니 '복잡하게 한다'.

씨앗뜻 com(together 함께)+promise(앞으로 보내다)
→ 어떤 것을 함께 공유하다

070 **compromise** [kámprəmàiz]
┌ 타협(하다)
├ 손상시키다
└ 유출시키다, 탄로나게 하다

 예문

A.동사
–타협하다

The mayor will compromise to a certain extent. 시장은 어느 정도는 타협할 것이다.

We met halfway to compromise on the issue. 우리는 문제에 대해 타협하기 위해 중간 지점에서 만났어요.

–(나쁜 쪽으로 타협하여 명예를) 손상시키다

If you cheat, you compromise your integrity. 만약 당신이 부정행위를 한다면, 당신은 당신의 성실함에 손상을 주는 것이다.

The patients' immune system was compromised by a virus.
환자들의 면역체계가 바이러스에 의해 손상되었다.

–(비밀 등을 적과 타협하여) 유출하다, 탄로나게 하다

State secrets have been compromised. 국가기밀이 유출되었다.

Our position is compromised to the enemy. 우리의 위치가 적들에게 탄로났다.

Our operations will be compromised. 우리 작전이 탄로날 것이다.

B.명사
–타협, 철충

They found a compromise that satisfied both parties. 그들은 양측 모두 만족하는 타협점을 찾았어요.

Real life is a perpetual compromise between the ideal and the possible. –Bertrand Russell 실제 생활이라는 것은, 이상적인 것과 가능한 것 사이의 기나긴 타협이다. –버틀랜드 러셀

compromise는 어원상 '함께 약속하다'는 뜻으로 '타협하다', 나쁜 쪽으로 타협하여 명예를 '손상시키다', 또 적에게 부정하게 기밀 등을 넘겨줘 타협하여 '유출하다' 의 뜻이 나온다.

071 **conceive** [kənsíːv]

씨앗뜻 con(together함께)+ceive(take받다) → 함께 가지다
- 마음에 품다, 착상하다
- 이해하다
- 임신하다

동사

–(감정·의견 따위를) 마음속에 그리다, 상상하다, 생각하다

People cannot conceive of his failing in the exam. 사람들은 그가 시험에 실패 한다는 생각도 할 수 없는 일이다.

The people can't conceive how the dictator could behave so cruelly.
국민들은 독재자가 어떻게 그렇게 잔인하게 행동할 수 있는지 상상할 수 없다.

–(계획 등을) 착상하다, 고안하다, 이해하다

To conceive is to come up with an idea. 구상한다는 것은 아이디어를 내는 것이다.

The exhibition was conceived by the museum's curator. 전시는 박물관장에 의해 고안되었다.

The director conceived the plot for this film during high school.
그 감독은 고등학교때 이 영화의 줄거리를 구상했다.

–(아이를) 임신하다

When you are trying to conceive, stress is a factor you are bound to deal with.
임신을 시도할 때 스트레스는 대처해야 하는 요인이다.

※명사형: conception [kənsépʃən] 임신

It's science, and life starts at conception. 이것은 과학이다. 생명은 임신에서 시작된다.

Conception (or fertilization) is when sperm and an egg join together.
수정(또는 수정)은 정자와 난자가 결합할 때이다.

conceive는 무엇인가를 '함께 가지다'가 씨앗 뜻으로 '상상하다', '이해하다', '임신하다'로 쓰인다.

씨앗뜻 con함께+center 중앙+ation(명사형어미)
→ 중앙에 모이는 정도

072 **concentration** [kɑnsəntréiʃən]

집중
농도

예문

명사
–집중

The traffic noise made concentration difficult. 교통 소음 때문에 집중이 어려웠다.
The medicine demands a high level of concentration. 의학은 높은 집중력을 요구한다.
There is the nation's highest concentration of wealth in Seoul. 서울에 국가 부가 집중되어 있다.
–농도

The standard for drunk driving is alcohol concentration. 음주운전의 기준은 알코올농도다.
In chemistry, concentration is the abundance of a constituent divided by the total
volume of a mixture. 화학에서 농도는 성분의 존재비를 혼합물의 총 부피로 나눈 값이다.

※ 동사형:concentrate [kánsəntrèit]

Wealth is concentrated in the capital area. 부가 수도권에 집중되어 있다.
He can't concentrate on football match for 90 minutes. 그는 축구 경기에 90분 동안 집중할 수 없었다.

어원상 '중심에 모여 있는 것'을 말한다. 일이나 학습 등에 정신을 모으는 것이 '집중'이고 용액에 들어있는 물질의 집중이 '농도'다.

073 **concern** [kənsə́:rn]

씨앗뜻 관계를 맺다
- 관계(하다), 종사하다
- 걱정(하다)
- 관계, 중요성, 관심, 걱정, (종종 pl.) 관심사

concern-관계(하다), 걱정(하다), 중요한 관계

 예문

A. 동사

- 관계하다, 종사하다

The problem does not concern us.
그 문제는 우리들에게 관계없다.

As far as I am concerned, this meeting is over. 내가 아는 한, 이 회의는 끝났다.

- (관계하고 있으니) 걱정하게 하다, 염려하게 하다

I am concerned about his health.
나는 그의 건강을 걱정한다.

Her indifferent attitude concerns me.
그녀의 무관심한 태도는 나를 염려하게 한다.

Winton became especially concerned for the children there.
Winton은 특히 그곳의 아이들이 걱정되었다.

B. 명사

- 관계, 관심, 걱정, 중요성, (종종 pl.) 관심사

It's none of my concern. =It is no concern of mine. 내 상관할 바 아니다.
Mind your own concerns. 쓸데없는 간섭 마라.
This raises safty concerns. 이것은 안전에 대한 관심을 제고시킨다.
The war smashed the whole concern. 전쟁이 모든 것을 망쳐 버렸다.
We deal with the concerns reported to us. 우리는 우리에게 보고된 관심사들을 처리한다.

서로 '관심'을 가지면 '관계'가 형성되고 '걱정'하게 된다.

074 **concrete** [kankri:t]	씨앗뜻 콘크리트(처럼) 구체적인
	┌ 구체적인, 실재하는
	└ 콘크리트(를 바르다)

concrete

네가 내 지갑을
: 훔쳤다는 구체적인
증거가 있어

뭔데? :

· 사진에
  찍혔어

구체적 증거

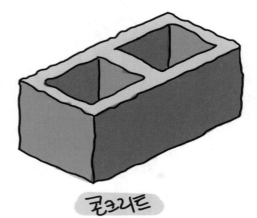

콘크리트

 예문

A. 형용사
-구체적인, 실재하는 ⇔ abstract 추상적인

Our project is not yet concrete. 우리의 계획은 아직 구체화 되지 않았다.
The police have no concrete evidence. 경찰은 구체적인 증거를 가지고 있지 않다.

B.명사
-콘크리트

The bomb shelter has thick concrete walls. 폭탄 대피소에는 두터운 콘크리트 벽이 있다.

C. 동사
-콘크리트를 바르다

He concreted over that nice garden. 그는 그 멋진 정원을 콘크리트를 깔았다.

실체가 있는 즉 '구체적인' 뜻이고 '콘크리트'는 구체적인 실체가 있다.

075 **condemn** [kəndém]

씨앗뜻 중대한 결점이 있어서 비난, 선고하다
- 비난·규탄하다
- 형을 선고하다
- 운명짓다

 예문

동사

-비난하다, 규탄하다

Many citizens united yesterday to condemn the government.
많은 시민들이 정부를 규탄하기 위하여 어제 단결했다.

The government condemns all acts of terrorism all over the world.
정부는 전세계 모든 테러 행위를 규탄한다.

-형을 선고하다

The prisoner was condemned to life imprisonment. 그 죄수는 종신형을 선고 받았다.
The jury quickly condemned her to death. 배심원은 신속하게 그녀에게 사형을 선고했다.

-운명짓다

Their lack of education condemned me to a life of poverty.
교육이 부족하여 나는 가난한 삶을 살도록 운명지웠다.

The widow was condemned to a life of loneliness and suffering.
그 과부는 외로움과 고통의 삶을 살아야 하는 운명이었다.

condemn은 결함이 있어서 '비난하다', '형을 선고하다' 그래서 '운명짓다'

A. 앞에서 배웠던 단어들 씨앗 뜻을 생각하면서 우리말로 각각 최대한 자세히 써 보세요.(정답:단어본문 참고)

061. clear _____
062. code _____
063. column _____
064. command _____
065. commit _____
066. commission _____
067. commitment _____
068. company _____
069. complicate _____
070. compromise _____
071. conceive _____
072. concentration _____
073. concern _____
074. concrete _____
075. condemn _____

B. 앞에서 학습한 각 단어들의 예문을 활용한 문장들입니다. 강조된 단어를 유의하면서 각각 해석해 보세요.
(정답 392 page)

061. The farmers cleared abandoned land for cultivation.
062. What is the code to open the safe?
063. If you need to sum a column of numbers, let Excel do the math for you.
064. The soldier commands English well.
065. The police committed the case to a committee.
066. The commission fail to reach consensus.
067. The commission will announce his commitment at 1 p.m.
068. Company in distress makes sorrow less.
069. They complicate the situation.
070. If you cheat, you compromise your integrity.
071. The exhibition was conceived by the museum's curator.
072. The standard for drunk driving is alcohol concentration.
073. Winton became especially concerned for the children there.
074. The police have no concrete evidence.
075. The government condemns all acts of terrorism all over the world.

씨앗뜻 con(함께)+ dic(말하다)+tion(명사형어미)
→ 주변을 말하는 상태 → 조건, 상태

076 **condition** [kəndíʃən]

─ 조건(으로)하다
─ 상태

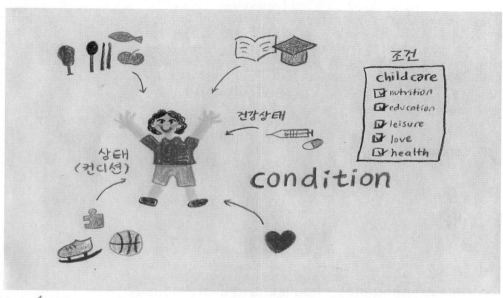

 예문

A. 명사
–조건, 상황

The conditions in the contract are good to you. 계약 조건이 너에게 좋다.
We lent the car on the condition that I should pay 100 dollars a day.
우리는 차를 하루 마다 100 달러를 지불해야 한다는 조건으로 차를 빌렸다.

These conditions of temperature and pressure are known as the standard conditions. 이러한 온도 및 압력 조건을 표준 조건이라고 한다.

–상태(= state), 컨디션(=건강상태)

The car is still in good condition. 차는 아직 상태가 양호하다.
The sick man's condition is grave. 아픈 사람의 건강상태는 심각하다.
You have to take account of your condition. 넌 너의 건강상태를 고려해야 해야 해.
In Prague, Winton was struck by the harsh conditions in the refugee camps.
프라하에서, Winton은 난민 캠프의 처참한 상황에 충격을 받았다.

B. 동사
–조건으로 하다

Ability and effort condition success. 능력과 노력이 성공의 조건이다.
The gift is conditioned on your success. 선물은 자네가 성공하면 주겠다.

077 **conduct**

씨앗뜻 con(함께)+ duct(lead 이끌다)+tion(명사형어미)
→ 이끌어 함께하다

─ 실시(하다), 수행(하다)
─ 안내(하다)
─ 지휘(하다)
─ 전도(하다)

예문

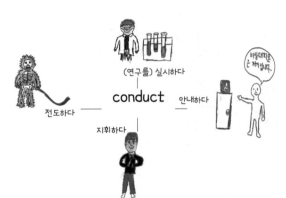

(연구를) 실시하다
conduct
전도하다
지휘하다
안내하다

A. 명사 [kándʌkt]
-(연구, 조사를 함께 이끄는) 행위, 행동
He was criticized for his conduct of the inquiry. 그는 그의 조사 행위로 인해 비판을 받았다.

-지도, 지휘, 안내
Conduct is the act or method of controlling. 지휘는 통제하거나 지휘하는 행위 또는 방법이다.

-행동강령, 경영
A code of conduct is important for managers in every industry.
행동 강령은 모든 산업의 관리자에게 중요하다.

B. 동사 [kəndʌ́kt]
-(업무를) 수행하다
He conducted his business affairs in a careless way. 그는 업무를 부주의하게 처리했다.
-(손님, 사람을) 안내하다
The guide conducted me to a seat. 안내원은 나를 자리에 안내해 주었다.
.-(악단을 이끌다) 지휘하다
He conducts an orchestra. 그는 관현악단을 지휘하다.
-(전기를 통과시키는) 전도하다
Copper conducts electricity well. 구리는 전기를 잘 전도한다.
-(업무 따위를) 수행하다, 처리하다, 경영하다
An official shall conduct himself solely with the interests of the communities in mind. 공무원은 오직 커뮤니티의 이익을 염두에 두고 행동해야 한다.

※ 명사형: conduction [kəndʌ́kʃən] 유도, 전도
Conduction occurs in solids. Metals are good conductors. 전도는 고체에서 발생한다. 금속은 좋은 전도체다.

 conduct는 함께 이끌어 '일', '연구', '지휘', '안내' 등을 행한다. '전도하다', '수행하다' 등의 뜻도 파생된다.

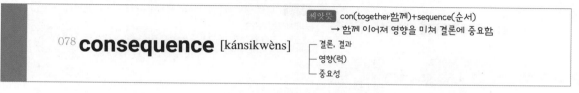

씨앗뜻 con(together함께)+sequence(순서)
→ 함께 이어져 영향을 미쳐 결론에 중요함

078 **consequence** [kánsikwèns]
- 결론, 결과
- 영향(력)
- 중요성

consequence

결과, 영향, 중요성

어떤 책으로 공부하는가에 따라 결과에 큰 영향을 는 중요함이 있다.

예문

명사

-결론, 결과

Consequences can be positive or negative. 결과는 긍정적이거나 부정적일 수 있다.

We investigated the causes and consequences of this incident.
우리는 이 사건의 원인과 결과를 조사하였다.

-영향(력)

Normally bill signings are festive occasions and indeed, this is something of great consequence. 일반적으로 법안 서명은 축제 행사이며 실제로 이것은 큰 영향이 있다.

-중요함

The money is of little consequence to me. 돈은 그에게 별로 중요하지 않았다.

Some common synonyms of consequence are importance, moment and significance. consequence(중요성)의 몇 가지 일반적인 동의어는 importance, moment and significance이다.

consequence는 사건이 순서대로 일어나서 서로 '중요'한 '영향'을 '결과'에 미친다.

씨앗뜻 con(together함께)+stant(stand서있다) → 변치 않는
079 **constant** [kánstənt]
┌ 변치 않는, 일정한
└ 불변의 것,상수

constant - 변치 않는, 상수

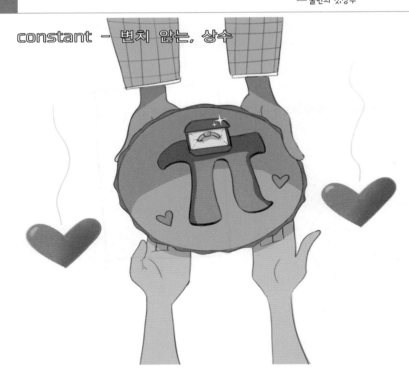

 예문

A. 형용사

-변치 않는, 일정한 ⟺ variable 가변적인

The constant noise at night drove me crazy. 밤에 끊임없는 소음이 나를 미치게 만들었다.

Constant temperature is unchanging temperature. 일정한 온도(항온)는 변하지 않는 온도다.

B.명사

-불변의 것,상수(常數) ⟺ variable 변수

A constant is a thing or value that always stays the same.

상수는 항상 동일하게 유지되는 사물 또는 값이다.

In math and science, a constant is a number that is fixed and known, unlike a variable which changes with the context. 수학과 과학에서 상수는 상황에 따라 변하는 변수와 달리 고정되고 알려진 숫자다.

 constant는 '변치 않는', '일정한'의 뜻이다. 변치 않는 수가 '상수'다.

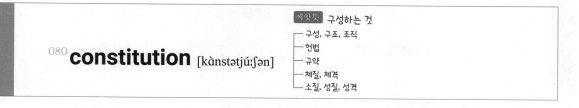

080 **constitution** [kὰnstətjúːʃən]

씨앗뜻 구성하는 것

- 구성, 구조, 조직
- 헌법
- 규약
- 체질, 체격
- 소질, 성질, 성격

1.헌법　　　**2.구조**　　　**3.체질**

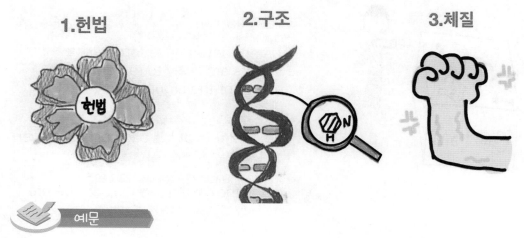

헌법

예문

명사

–(조직 등을 만드는 것) 조직, 구성, 규약

What is the molecular constitution of the chemical? 화학 물질의 분자구성은 무엇인가?

Members of the club have drafted a new constitution. 클럽 회원들은 새로운 조직을 밑그림을 그렸다.

–(국가를 규정하는 것) 헌법

The Constitution is the supreme law of the nation. 헌법은 국가의 최고 법이다.

–(신체를 구성하는 것) 체질, 체격

He has a robust constitution. 그는 강한 체질을 가지고 있다.

Only animals with strong constitutions are able to survive the island's harsh winters. 체질이 강한 동물 만이 섬의 혹독한 겨울을 살아남을 수 있다.

–(마음이나 성품을 구성하는 것) 소질, 성질, 성격

His love of country was organized in the constitution in his mind.
조국에 대한 그의 사랑은 그의 마음 성격으로 조직되었다.

constitution은 무엇인가를 '조직'하고 '구성'하는 것으로 '구조'를 뜻한다. 국가의 구조를 말하는 것이 '헌법'이다. 또 단체나 회사의 '규약'을 말하기도 하고 신체의 '체질'이나 '체격'으로 쓰인다. 또 마음이나 성품을 말하는 '소질', '성격' 등을 뜻하기도 한다.

씨앗뜻 포함하고 있는 것

081 **content**

- 내용, 내용물(복수형 contents)
- 목차(복수형 contents)
- 함유량, 자료
- 만족, 만족하는, 만족시키다

만족하다

Tip

목차

예문

A. 명사 [kántent]
-(물질이 포함하는 것) 내용, 자료
Content determines form. 내용이 형식을 결정한다.
Readers are likely to remember the content of the argument.
독자들은 논쟁내용을 기억할 수 있다.

-(복수형 contents로 사용) 내용물
The contents of his bag spilled all over the floor. 가방의 내용물이 바닥 전체에 쏟아졌다.

-(복수형 contents로 사용, 책에 포함하고 있는) 목차
Look at the contents of the book before you buy it. 책을 사기 전에 목차를 살펴보세요.

-자료, 함유량
Analysis revealed a high content of copper. 분석 결과 구리 함량이 높은 것으로 나타났다.
-(내용물에 대해) 만족
Most people feel content in their day to day lives. 대부분의 사람들은 일상 생활에서 만족감을 느낀다.

B. 동사 [kəntént]
-(내용물에 흡족해 하는) 만족시키다(=satisfy)
My explanation seemed to content him. 내 설명은 그를 만족시키는 것 같았다.

C. 형용사 [kəntént]
-(내용물에 흡족해 하는) 만족하는
Are you content with my work? 제가 한 일이 마음에 드십니까?

content는 핵심 뜻이 '포함하고 있는 것'으로 명사로 '내용물'이라는 뜻이다. 이는 '함유량'이라는 뜻도 나온다. 책에 포함된 내용을 말하는 '목차'의 뜻으로 사용된다. 내용물에 흡족해 하는 의미에서 동사로 '만족시키다', 또 형용사로 '만족하는' 등의 뜻이 나온다.

082 **context** [kántekst]

씨앗뜻 con(togetehr 함께)+text(문자)
→ 글에서 앞 뒤 문맥
— 앞뒤 경위, 상황
— 전후 관계, 문맥, 맥락

context-상황, 문맥, 앞뒤 경위

 예문

명사

-(사건 등의) 앞뒤 경위, 상황

We need to consider these events in historical and social context.
우리는 역사적이고 사회적인 맥락으로 이같은 사건들을 고려하는 것이 필요하다.

-(글의) 전후 관계, 문맥, 맥락

In what context did he say that? 어떤 맥락에서 그는 그렇게 말했는가?

English words can have several meanings depending on context.
영어 단어는 문맥에 따라 여러 가지 의미를 가질 수 있다.

context는 어원상 '앞뒤에 있는 글씨'라는 뜻으로 '앞뒤 상황', 글의 전후 '문맥', '맥락'을 말한다.

 con(together함께)+tract(잡아 당기다)
A와 B가 연결하여 잡아 당기다

083 **contract**

─ 계약(하다)
─ 약혼(하다)
─ (병에) 걸리다
─ 수축되다
─ 단축되다

예문

A.명사 [kántrækt]

–(당사자 들이 서로 잡아당겨) 계약

Have you signed the contract yet?
벌써 계약서에 서명했어요?

–(남녀가 서로 결혼하기로 약속하는) 약혼

Marriage agreements are contracts signed by couples either before they marry. 결혼 동의는 결혼하기 전에 서명하는 약혼이다.

B.동사 [kəntrǽkt]

–(당사자 들이 서로 잡아당겨) 계약하다

He contracted to build the houses at a fixed price. 그는 일정한 예산으로 그 집들을 지을 것을 계약했다.

–(섬유나 금속 등 함께 잡아 당겨) 수축하다

The muscle expands and then contracts. 근육이 팽창한 다음 수축한다.

–(감기 등 병과 연결되어) 걸리다

She contracted pneumonia and was hospitalized. 그녀는 폐렴에 걸렸고 입원했다.

–(양 등이) 감소하다

Agricultural output has contracted by 2.3 percent. 농업 생산량은 2.3 % 감소했다.

–(글이나 말이 잡아 당겨) 단축된다

In talking we contract "do not" to "don't." 구어에서는 do not을 don't로 줄인다.

※ 명사형: contraction [kəntrǽkʃən] 수축

Cold causes contraction of the metal. 추위는 금속을 수축시킨다.

The contraction of this muscle raises the lower arm. 이 근육의 수축은 아래팔을 들어올린다.

contract는 A와 B가 연결하여 상호간에 '서로 잡아 당기다'라는 뜻으로 '계약(하다)', '약혼(하다)', (병 등에) '걸리다', '수축하다', '단축하다', '감소하다' 등의 뜻이 파생된다.

| 씨앗뜻 | 무엇인가를 주다 |

084 **contribute** [kəntríbjuːt]

- 기증하다, 기부하다
- 기고하다
- 기여하다, 공헌하다

contribute - 기부하다, 기여하다, 기고하다

 예문

동사

–(돈이나 물품을) 기부하다, 기증하다

The company agreed to contribute some money to charity.
그 회사는 자선 단체에 돈을 기부하기로 동의했다.

–(신문사 등에 글을) 기고하다

President of our company contributed articles to the magazine.
우리 회사 회장은 잡지에 기사를 기고했다.

–기여하다, 공헌하다

Fashion contributes to our lives. 패션은 우리 삶에 기여한다.
Youth will contribute to the future of democracy in South Korea.
대한민국에서 젊은이들이 민주주의를 위한 미래에 공헌할 것이다.

※명사형:contribution [kəntrəbjúːʃən] 공헌, 기여
Chair of NATO Military Committee highlights Canadian contributions to the Alliance. NATO 군사위원회 의장은 동맹에 대한 캐나다의 기여를 강조한다.

contribute는 '무엇을 주다'가 씨앗 뜻으로 돈 등을 '기부하다', 글을 '기고하다', 노력 등을 '기여하다' 등의 뜻으로 쓰인다.

씨앗뜻 con(together함께)+vention(모임) → 함께 모임

085 **convention** [kənvénʃən]

- (정치) 대회, 대표자 회의, 정기 총회
- 소집, 협정, 약정, 협약, 합의
- 관습, 풍습, 관례

예문

명사

–(정치 등) 대회, 대표자 회의, 정기 총회
Sunday was the last day for people to tour the event at the Convention Center.
일요일은 사람들이 컨벤션 센터에서 행사를 견학하는 마지막 날이었다.

–소집, 협정, 약정, 협약
The state will see much of an increase next year in convention business.
주는 내년에 국제 협정 사업에서 많은 증가를 보게 될 것이다.

–관습, 풍습, 관례
Humans are creatures of social convention. 인간은 사회적 관습의 창조물이다.

※ 동사형: convene [kənvíːn] 모으다, 회합하다, 소집하다
The General Assembly prepares to convene the 2023 Regular Session on Jan. 3.
총회가 2023년 1월 3일 정기총회 소집을 준비한다.

'대표자 회의'를 해서 '협정'을 맺고 그 협정이 하나의 '관습'이 된다.

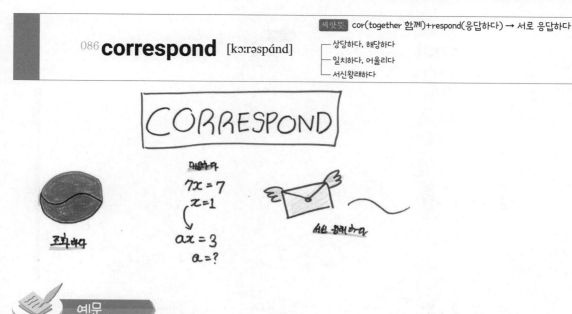

씨앗뜻 cor(together 함께)+respond(응답하다) → 서로 응답하다

086 **correspond** [kɔ̀ːrəspánd]

— 상당하다, 해당하다
— 일치하다, 어울리다
— 서신왕래하다

예문

동사

–상당하다, 해당하다

Politicians' words and actions do not correspond. 정치인의 언행은 일치하지 않는다.

–일치하다, 어울리다

The teacher's red necktie doesn't correspond with his suit.
그 선생님의 빨간 넥타이가 그의 정장에 잘 어울리지 않는다.

The broad black lines on the map correspond to roads. 지도상의 굵은 검은 줄은 도로에 해당한다.

–교신하다, 서신 왕래를 하다

He earnestly wishes to correspond with her. 그는 그녀와의 서신 왕래를 열렬히 바라고 있다.

※ 명사형

1. correspondence [kɔ̀ːrəspándəns] 대응, 일치, 조화, 통신, 서신 왕래

Legion brings wartime correspondence to life with 'Letters Home'
군단은 'Letters Home'으로 전시 서신에 생명을 불어넣는다.

2. correspondent [kɔ̀ːrəspándənt] (신문·방송 등의) 특파원, 통신원

My guest this week is CNN correspondent Audie Cornish. 이번 주 게스트는 CNN 특파원 Audie Cornish이다.

※ 형용사형: corresponding [kɔ̀ːrəspándiŋ] 일치하는

Mutations in the corresponding part of the human genome can lead to a rare syndrome. 인간 게놈의 해당 부분에 돌연변이가 발생하면 희귀증후군이 발생할 수 있다.

'서로 응답하다' 씨앗 뜻이다. 서로 응답하는 것은 '해당하다', '일치하다', '서신 왕래하다' 뜻이다.

087 **cost** [kɔːst]
⇔ save 저축하다

씨앗뜻 (돈, 생명 등) 사라지는 것
├ 비용(이 들다)
└ 희생(시키다)

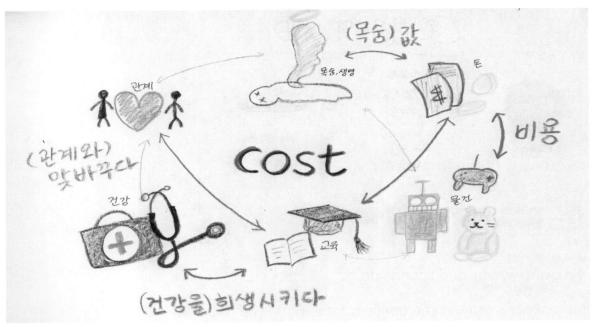

 예문

A. 명사

-(돈이 사라지도록 하는) 비용
Education costs continue to rise. 교육비용은 계속해서 상승한다.

-(생명이 사라지도록 하는) 희생
He has finally completed the research at the cost of his own health.
그는 자신의 건강까지 희생해 가며 그 연구를 마침내 완수하였다.

B. 동사

-비용이 들다
The house cost him a great deal of money. 그는 저 집에 매우 많은 돈을 들였다.

-(생명을) 희생시키다
His love affairs cost him his marriage. 그의 불륜사건은 그의 결혼을 파탄시켰다.

cost는 명사와 동사로 사용된다. 명사로 '비용'이나 '희생'의 뜻이 있다. 또 동사로 돈이 사라지도록 하는(써버리는) 것이 '비용이 들다'이고 생명을 사라지도록 하는 것이 '희생시키다'이다.

씨앗뜻 머리 속에 염두해두다

088 **count** [kaunt]

- (계산)하다, 세다
- 생각하다, 간주되다
- 중요성을 지니다
- 의지하다, 기대하다, 믿다

 예문

A. 동사

-세다, 계산하다

The children used to count the stars in the sky in early days.
아이들은 어린시절 하늘에 있는 별을 세곤 하였다.

-생각하다, 간주되다

I count it an honor to serve you. 도울 수 있음을 영광으로 생각한다.
His picture counts as a masterpiece. 그의 그림은 걸작으로 간주된다.

-중요성을 지니다

Every minute counts. 매 순간이 중요하다.

-의지하다, 믿다《upon, on》

Don't count on others. 다른 사람들에게 의지하지 말아라.

B. 명사

-계산

A count of hands showed 15 in favor and 13 opposed. 거수 결과는 찬성 15 반대 13였다.

cf) 다른어원: count (=earl) 백작
≪The Count of Monte Cristo≫ is an adventure novel written by French author Alexandre Dumas completed in 1844.
몬테 크리스토 백작은 프랑스 작가 알렉상드르 뒤마(페르)가 1844년에 완성한 모험 소설이다.

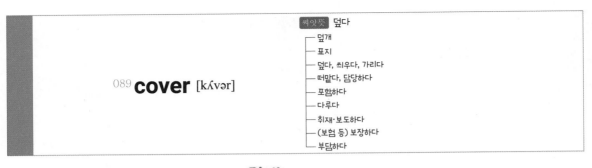

씨앗뜻 덮다

— 덮개
— 표지
— 덮다, 씌우다, 가리다
— 떠맡다, 담당하다
— 포함하다
— 다루다
— 취재·보도하다
— (보험 등) 보장하다
— 부담하다

089 **cover** [kʌvər]

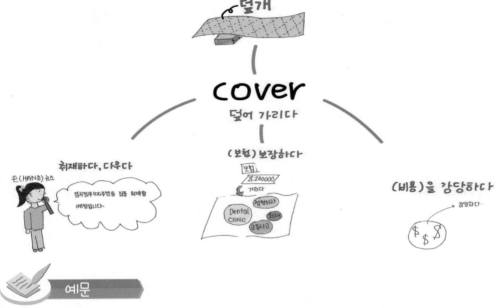

예문

A. 명사
-덮개, 표지

A bed cover covers the whole of a mattress. 침대 커버는 매트리스 전체를 덮는다.
A book cover is a visual communication device. 책 표지는 시각적 의사소통 장치이다.

-엄호물

The citizens needed more cover from the enemy aircraft. 시민들은 적 항공기로부터 더 많은 엄폐가 필요했다.

B. 동사
-덮다, 가리다

Cover the meat with a layer of cheese. 고기를 치즈 층으로 덮으십시오.

-다루다, 적용하다

The monthly magazine covers women's issues. 그 월간지는 여성문제를 다룬다.

–(보험에서 손해 등을) 보상하다, 보장하다
Their medical insurance doesn't cover cosmetic surgery. 그들의 의료 보험은 성형 수술을 보장하지 않는다.

–(판매원이 어느 지역)을 담당하다, 떠맡다
The manager wanted someone to cover his post during the vacation.
매니저는 휴가 동안 누가 자기의 자리를 대신해 주기를 바랐다.

–(어느 범위에) 걸치다, 포함하다(include), 다루다
A board of directors covered the whole subjects. 이사회는 전체 주제들을 다루었다.

–(기자가 사건 등을) 취재·보도하다
Bob Woodward and Carl Bernstein covered the Watergate scandal.
밥 우드워드와 칼 번스타인은 워터게이트 사건을 취재했다.

–(손실을) 메우다, (경비를) 부담하다, 충당하다
Would $ 10,000 cover your expenses? 10,000 달러로 비용을 충당할 수 있습니까?

–(어느 범위, 거리, 지역에) 걸치다, 이르다(=extend over)
Lakes cover much of the state. 호수들이 주의 많은 곳으로 뻗어있다.
The hikers covered 13 kilometers that day. 등산객들은 그날 13킬로미터를 걸었다.
The bird may cover thousands of miles during its migration. 새는 이동하는 동안 수천 마일을 이동할 수 있다.

※ 명사형 coverage[kʌvəridʒ]
–(보험) 보장
The insurance coverage dispute continued. 보험 보장 분쟁은 계속되었다.
–보도
Live coverage of this event has concluded. 본 이벤트의 생중계가 종료되었다.

cover은 '덮다'가 씨앗 뜻이다. 책 등이 어떤 내용을 '다루다', 보험이 적용되어 '보장하다', 영업사원 등이 '담당하다', 또 기자가 사건을 '취재하다', 지역 등이 '걸쳐 있다' 등의 뜻으로도 사용된다.

090 **craft** [kræft]	씨앗뜻 정교한 기술로 만들다
	┌ 기술, 기교, 솜씨 ├ 수공업, 공예 └ 정교하게 만들다

craft

정교하게 도자기를 만들다

기술

작업

 예문

A. 명사
-기술, 기교, 솜씨

The silversmith worked with great craft. 은세공인은 훌륭한 기능으로 일했다.

-(특수한 기술을 요하는) 수공업, 공예

Shop crafts for kids & adults at unbeatable prices! 저렴한 가격으로 어린이와 성인을 위한 공예품을 쇼핑하세요!

B. 동사
- 정교하게 만들다

The sculptor is crafting a new sculpture. 그 조각가는 새로운 조각품을 정교하게 만들고 있다.

President crafted a strategy to boost the company's earnings.
회장은 회사의 수익을 높이기 위한 전략을 세웠다.

craft는 동사로 '정교하게 만들다', 명사로 정교한 '기술', '기교', '솜씨' 또 정교하게 만드는 '공예' 등의 뜻이다.

A. 앞에서 배웠던 단어들 씨앗 뜻을 생각하면서 우리말로 각각 최대한 자세히 써 보세요.(정답:단어본문 참고)

076. condition _____
077. conduct _____
078. consequence _____
079. constant _____
080. constitution _____
081. content _____
082. context _____
083. contract _____
084. contribute _____
085. convention _____
086. correspond _____
087. cost _____
088. count _____
089. cover _____
090. craft _____

B. 앞에서 학습한 각 단어들의 예문을 활용한 문장들입니다. 강조된 단어를 유의하면서 각각 해석해 보세요.
(정답 392 page)

076. You have to take account of your condition.

077. Conduct is the act or method of controlling.

078. The money is of little consequence to me.

079. Constant temperature is unchanging temperature.

080. Only animals with strong constitutions are able to survive the island's harsh winters.

081. Analysis revealed a high content of copper.

082. English words can have several meanings depending on context.

083. The muscle expands and then contracts.

084. Youth will contribute to the future of democracy in South Korea.

085. Humans are creatures of social convention.

086. He earnestly wishes to correspond with her.

087. His love affairs cost him his marriage.

088. His picture counts as a masterpiece.

089. The monthly magazine covers women's issues.

090. President crafted a strategy to boost the company's earnings.

씨앗뜻 좋은 일을 하여 좋은 힘을 얻는 것

091 **credit** [krédit]

- 인정하다, 신뢰하다
- 입금되다
- 공적
- 인정, 명성, 명예
- 신용, 외상
- 학점
- 융자, 대출금

예문

A. 동사
–신뢰하다, 인정하다
The people can't credit what the media say. 국민들은 언론이 말한 것을 믿을 수 없다

–입금되다
My account has been credited with $2,000. 내 계좌에 2,000달러가 입금되었다.

B. 명사
–공적
The director takes all the credit in the movie. 영화에서 감독이 모든 공적을 다 차지한다.

–신뢰, 인정, 명성, 명예
The songwriter got credit for incredible rapidity of composition.
그 작사작곡가는 믿을 수 없이 빠른 작곡에 대해 인정을 받았다.

–신용, 외상
Banks only deal with companies that have a good credit record.
은행들은 신용 기록이 좋은 회사만 거래한다.

–학점
Credit points are a basic measure of study load. 학점은 학습량의 기본 측정도구이다

–융자, 대출금
The bank refused to extend the company's credit. 은행은 그 회사 대출금 연장을 거부했다.

'신뢰'를 쌓는 것을 말한다. 신뢰를 쌓는 것은 '공적', '명성', '명예', '학점' 등이다. 이들이 있으면 '신용'으로 돈을 빌려주어 '융자'를 받을 수도 있다.

092 **critical** [krítikəl]

씨앗뜻 갈릴길에 있는 중대한
― 결정적인, 중대한
― 비평의, 비판적인
― 위급한, 위독한

critical

목숨이 달린 중대한 상황

위급한

뚜뚜둑..

비판적인

 예문

형용사

–결정적인, 중대한
Legal interventions played a critical role in average life expectancy advances.
법적개입은 평균수명향상에 중요한 역할을 했다.

–위급한, 위독한
The patient is in a critical condition. 그 환자가 위독한 상태다.
Critical care units (CCUs) are specialist hospital wards. 중환자실(CCU)은 전문 병원 병동이다.

–비평의, 비판적인
Scientific research needs critical thinking. 과학적연구는 비판적 사고를 필요로한다.
Critical reading is a vital part of the writing process. 비판적 읽기는 글쓰기 과정에서 매우 중요한 부분이다.

critical은 목숨이 걸린 '위급한', '중대한' 뜻이 씨앗 뜻이다. '비평의', '비판적인' 뜻으로도 쓰인다.

093 **cross** [krɔːs]

씨앗뜻 가로지르다
― 가로지르다, 교차하다
― 지우다
― 포개다
― 수난, 고난
― ×표, 십자형
― 화난

 예문

A. 동사
-가로지르다, 건너다
The expedition crossed the Sahara. 탐험대는 사하라 사막을 가로 질렀다.
-(×하여) 지우다 (=remove)
She crossed out the names of the students on the list.
그녀는 목록에 있는 학생들의 이름을 지웠다.

-포개다
William sat on the floor with her legs crossed. William은 다리를 포갠 채 마루에 앉았다.
-교차하다, 엇갈리다
The two roads cross at this junction. 이 교차점에서 두 도로가 교차한다.

B. 명사
-수난, 고난
No cross, no crown. 《속담》고난 없이는 영광도 없다.
-×표, 십자형
Mark the box with a cross. 상자에 X자를 그으시오.
Lucas wore a tiny golden cross. 루카스는 조그만 십자 금목걸이를 찼다.
-잡종
A COCKAPOO is a cross between a Cocker Spaniel and a Poodle.
COCKAPOO는 Cocker Spaniel 와 Poodle 사이의 잡종이다.

C. 형용사
- (거스르니) 화난, (거슬러) 심술궂은
The women are cross and bored. 그 여자들은 짜증나고 지루해졌다.

cross는 '가로지르다'가 씨앗 뜻으로 '교차하다'이다. '십자가'는 '고난', '수난'을 뜻하며 사로 다른 종류를 교잡한 '잡종'의 뜻도 나온다. 뜻을 거스르니 '화난' 뜻이 나온다.

094 **cultivate** [kʌ́ltəvèit]

씨앗뜻 자연상태의 땅을 경작하여 정성껏 재배하다.

┌ 경작하다
├ 재배하다, 양식하다
└ 계발하다

 예문

동사
-(땅을) 갈다, 경작하다
Prehistoric peoples began to cultivate the land. 선사시대 사람들이 땅을 경작하기 시작했다.
-(식물) 재배하다, (물고기 등) 양식하다
The people cultivate mainly rice and beans. 사람들은 주로 쌀과 콩을 재배한다.
The villagers of the sea shore cultivate mostly fish. 바닷가 마을 사람들은 주로 물고기를 양식한다.
-(재능 등을) 계발하다
She cultivated a taste for classic music. 그녀는 클래식음악 대한 취향을 키웠다.

※명사형 cultivation [kʌltəvéiʃən] 경작, 양식, 배양, 양성, 수양
Cultivation is the act of caring for or raising plants. 재배는 식물을 돌보거나 키우는 행위다.

cultivate은 원시 자연상태 땅을 '경작하다'가 씨앗 뜻으로, 식물 등을 '재배하다', 바다 생물 등을 '양식하다' 뜻이 나온다. 또 재능을 '계발하다'의 뜻도 나온다.

095 **culture** [kʌltʃər]

씨앗뜻 자연상태를 발전시킴

─ 교양, 수양, 훈육, 문화
─ 재배, 경작, 양식
─ 배양, 배양균

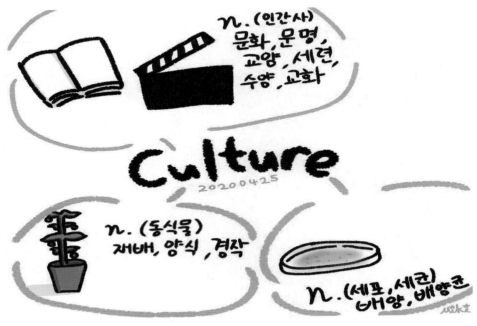

 예문

–(인간의 원시상태를 발전) 교양, 수양, 훈육, 문화

Venice is a beautiful city full of culture and history. 베니스는 문화와 역사가 가득한 아름다운 도시이다.

–(식물이나 동물을 키우는) 재배, 경작

The conditions in the area are ideal for vegetable culture. 이 지역의 조건은 채소 재배에 이상적이다.

–(김, 미역, 굴, 물고기 등) 양식

The culture of silkworms is called sericulture. 누에 양식을 양잠이라고 부른다.

–(세균을 키우는) 배양, 배양균

During a bacteria culture test, a sample will be taken from your blood.
박테리아 배양 검사할 때 혈액에서 샘플을 채취한다.

 인간들이 발전·진화하도록 '훈육', '수양'하여 '교양', '세련', '문화'를 이룬다. 또 식물이나 동물을 '재배'하고 '양식'한다. 세균을 '배양'한다.

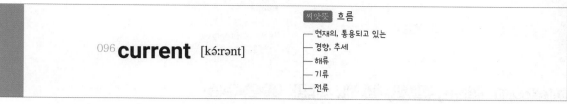

씨앗뜻 흐름

096 **current** [kə́:rənt]

― 현재의, 통용되고 있는
― 경향, 추세
― 해류
― 기류
― 전류

current

1. 흐르고 있는
2. 바닷물의 흐름
3. 공기 흐름->기류
4. 전기 흐름->전류

 예문

A. 명사

―(바닷물이 흐르고 있는) 해류

The tidal current is strong in this area. 이 지역은 조류의 흐름이 빠르다

―(공기가 흐르고 있는) 기류

Air currents can be caused by differences in temperature, pressure, or impurity concentration. 기류는 온도, 압력 또는 불순물 농도의 차이로 인해 발생할 수 있다.

―(전하가 흐르고 있는) 전류

Direct current is used in Europe. 유럽에서는 직류 전기를 쓴다.

―(여론·사상·유행 따위의 흐름) 경향, 추세

I don't want to swim against the current of the times. 나는 시류를 거스르고 싶지 않다.

B. 형용사

―(흐르고 있는) 현재의, 통용하고 있는

The word is no longer in current use. 이 단어는 더 이상 현재 사용되지 않는다.

※ 참고) currency [kə́:rənsi] n. 화폐, 통화, 유통

돈이 여기저기 흘러 다닌다고 하여 '화폐', 혹은 '통화', 물품의 흐름을 말하는 '유통'의 뜻으로 쓰인다.

The deal will be done in the local currency. 거래는 현지 통화로 이루어진다.

current는 공기나 물 등이 흐르는 상황을 나타내는 말로 '흐름'이다. 이는 또 전기가 흐르는 '전류'를 나타내기도 한다. 사상이나 유행 등의 흐름을 말하는 '경향'이나 '풍조', 세상의 흐름을 말하는 '시류'라는 의미로도 쓰인다. '현재 흐르고 있는'의 의미로, 형용사 '현재의', '통용되고 있는'의 뜻으로 쓰인다.

097 **custom** [kʌ́stəm]	씨앗뜻 일상적으로 행하는 관습, 습관
	┌ 관습, 관행
	├ 관세, 세관(customs)
	└ 맞춘, 주문한

custom- 관습, 관행, 관세, 세관, 맞춤주문

 예문

A. 명사

-관습, 풍습

Custom is a second nature. 《속담》 습관은 제2의 천성이다.

What customs do you have for New Year's Day in your country?
당신의 나라에는 새해에 어떤 풍습들이 있습니까?

-(국경을 넘으면서 관습적으로 돈을 받는) 관세, 세관(customs- 복수형으로 사용)

It took us a long time to clear customs at the border. 국경에서 관세를 신고하는데 오랜 시간이 걸렸다.

B. 형용사

-(관습이나 습관에) 맞춘, 주문한

Custom furniture was delivered in ten weeks. 10주 만에 맞춤 가구가 배송되었다.

The custom food boxes are really satisfactory. 맞춤형 식품 상자가 정말 만족스럽다.

국경을 넘기 위하여 통과세를 내던 것이 '관습'이 되었고 '관세'가 되었다.

098 **dawn** [dɔːn]

씨앗뜻 새벽
─ 새벽, 처음, 시작
└ 날이 새다, 시작하다

dawn-새벽, 처음, 날이 새다, 시작하다, 생각이 떠오르다

예문

A. 명사
-새벽, 동틀녘, 여명, 시작

Dawn breaks. 날이 샌다.
Banks have existed since the dawn of civilization. 은행은 문명의 시작부터 존재했다.

B. 동사
-동트다, 시작하다, (사물) 나타나다, (아이디어 등) 떠오르다

The solution finally dawned on him. 마침내 그에게 해결책이 떠올랐다.
The firefighter waited for the day to dawn. 소방관들은 날이 밝기를 기다렸다.
Suddenly, the fact and the truth dawns. 갑자기 사실과 진실이 밝혀진다.

세벽은 '시작(하다)'이고, 또 어둠을 뚫고 '나타니다', 생각 등이 '떠오르다'의 뜻이 나온다.

099 **deal** [di:l]	씨앗뜻 (관심을 갖고 참여하여 일정정도) 다루다
dealt—dealt	├ 거래, 양 └ 다루다, 취급하다

 예문

A. 명사

-거래, 양

It's not a fair deal. 그것은 정당한 거래가 아니다.

It takes writers a great deal of time to write a book. 책을 쓰는데 작가들에게 많은 시간이 걸린다.

B. 동사

-(어떤 일 등) 다루다(with), 취급하다(in), 분배하다(out)

There's nothing I can deal with now. 지금 내가 다룰 수 있는 건 아무것도 없어.

That store deals in fish and meat. 그 가게는 생선과 고기를 취급한다.

The profits were dealt out among the investors. 수익은 투자자들에게 분배되었다.

How shall we deal with this problem? 이 문제를 어떻게 처리해야 할까요?

일정한 '양'을 '거래'에서 '취급하다', '다루다' 그리고 '분배하다'.

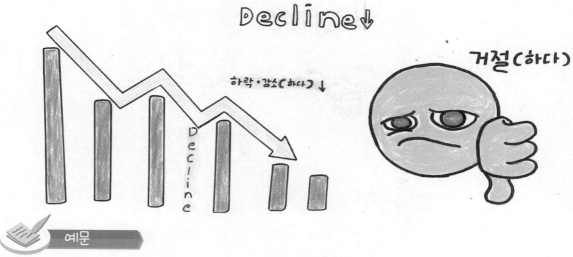

100 **decline** [dikláin]

씨앗뜻 아래로 기울다
- 기울다
- 떨어지다
- 타락하다
- 쇠하다
- 정중히 거절하다
- 몰락, 하락

Decline↓

하락·감소(하다)↓

거절(하다)

예문

A.동사
-(아래로) 기울다
The road declines sharply. 길이 가파르게 내리받이가 된다.
The sun declines toward the west. 해가 서쪽으로 기운다.
-(인기·물가 등이) 떨어지다, 하락하다
The price of the stock declined recently. 주가가 최근 하락했다.
-(사람이) 타락하다
He has declined to a disgraceful state. 그는 비참한 상태로 영락했다.
-(세력·건강) 쇠하다
The patient's condition has declined. 환자의 상태가 악화되었다.
-(초대·제의 등) 정중히 거절하다, 사양하다
The official declined to comment on the matter. 관계자는 이 문제에 대해 논평을 거부했다.

B.명사
-(국가·귀족 등) 몰락
The decline of the EU's power may be attributed to its relative economic decline.
EU 권력의 쇠퇴는 EU의 상대적 경제 쇠퇴 때문일수 있다.

-(가격) 하락, (혈압, 열 등) 저하
House price has been the biggest annual decline since 2009.
주택가격은 2009년 이후 최대 연간 하락 폭을 기록했다.

	씨앗뜻 단계나 등급
101 **degree** [digríː]	┌ 정도, 등급, 단계
	├ 계급, 지위
	├ 학위
	├ 온도
	└ 각도

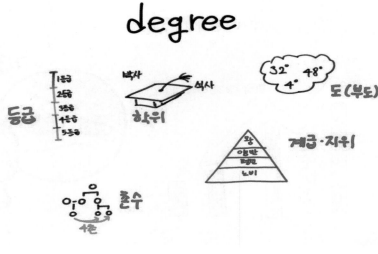

 예문

명사

–(차이) 정도, 등급, 단계
College Scholastic Ability Test consists of 9 degrees. 대학 수학능력시험은 9등급으로 구성되어 있다.

–(신분의 차이) 계급, 지위
We must not despise people of low degree. 우리는 낮은 계급 사람들을 무시하면 안된다.

–(학업의 정도) 학위
She has a degree in physics from Edinburgh. 그녀는 에딘버러에서 물리학 학위를 받았다.

–(기온의 정도) 온도
The temperature is expected to drop to ten degrees below zero tonight.
오늘 밤 기온은 영하 10도까지 떨어질 것으로 예상된다.

–(각의 정도) 각도
A right angle is an angle of 90 degree. 직각은 90도다.

degree는 차이를 말하는 '정도', '등급', '단계'가 기본 뜻이다. 신분의 차이인 '계급'과 '지위'를 말하며 학업의 차이를 말하는 '학위', 기온의 차이를 '온도', 각의 정도인 '각도'의 뜻으로 쓰인다.

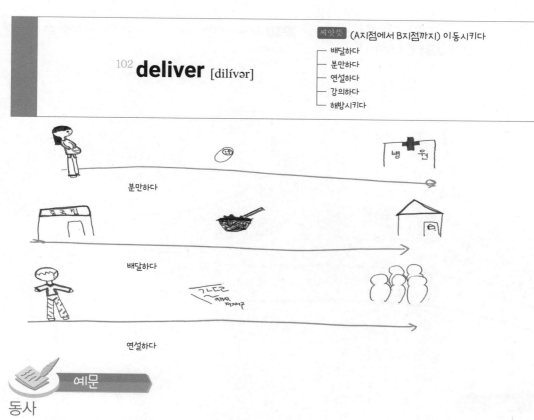

씨앗뜻 (A지점에서 B지점까지) 이동시키다

102 **deliver** [dilívər]

- 배달하다
- 분만하다
- 연설하다
- 강의하다
- 해방시키다

분만하다

병원

배달하다

중국집

연설하다

예문

동사

–(우편물이나 택배 등을 이동시켜) 배달하다

The package was delivered to the office this morning. 그 패키지는 오늘 아침 사무실에 배달 되었다.

George started to deliver the papers on one side of the street as he had been told.
George는 그가 들은 대로 거리 한쪽에 신문을 배달하기 시작했다.

–(아기를 엄마 배속에서 밖으로 이동시켜) 분만하다

His wife delivered a healthy baby girl. 그의 아내는 건강한 여아를 분만했다.

Ibao delivered twins, Ruibao and Huibao. 아이바오는 쌍둥 팬다, 루이바오와 후이바오를 분만했다.

–(악이나 위험한 상황 등에서 이동시켜) 해방시키다

Deliver Us From evil. 우리를 악에서 구하옵소서.

–(연설 내용을 청중들에게 전달하여) 연설하다

President delivered a speech for an audience. 대통령은 청중들에게 연설했다.

–(학생들에 강의 내용을 전달하여) 강의하다

The musician delivers vivid experiences and practical tips to students.
그 음악가는 학생들에게 생생한 경험과 실용적인 팁을 강의한다.

※명사형:delivery[dilívəri]: 배달, 분만

The company started drone delivery services. 회사는 드론 배송 서비스를 시작했다.

deliver는 '(A지점에 갇혀 있는 상태에서 B지점으로 자유롭게 되어) 이동하다, 즉 배달하다'라는 뜻이 핵심이다. '(아이를) 분만하다'도 엄마의 뱃속에서 밖으로 이동하는 것이다. 또 '말'이나 '강의'를 이동시키는 것이 '연설하다', '강의하다'이다.

---

103 **depart** [dipá:rt]

씨앗뜻 de(away 떨어져)+part(부분) → 무엇인가로부터 떨어지다
- 출발하다
- 벗어나다

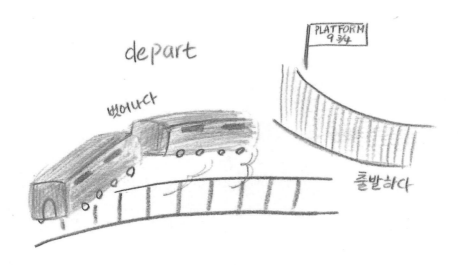

 예문

동사

–출발하다

Our flight departs at 8:30 a.m. 우리 비행기는 오전 8시 30분에 출발한다.
The train departed the Daejeon station on time. 기차는 정시에 대전역을 출발했다.

–벗어나다

The player departed baseball in the 1990s. 그 선수는 1990년 야구를 떠났다.
The judgement departed from the precedents. 그 재판은 판례에서 벗어났다.

'떨어져서 떠나다'는 뜻으로 '출발하다', '벗어나다'.

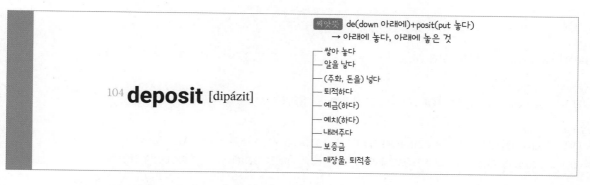

씨앗뜻 de(down 아래에)+posit(put 놓다)
→ 아래에 놓다, 아래에 놓은 것

104 **deposit** [dipázit]

─ 쌓아 놓다
─ 알을 낳다
─ (주화, 돈을) 넣다
─ 퇴적하다
─ 예금(하다)
─ 예치(하다)
─ 내려주다
─ 보증금
─ 매장물, 퇴적층

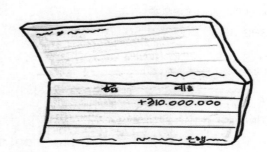

Deposit 놓다, 예금하다, 침전하다, 외적하다

 예문

A.동사

-쌓아 놓다
Please deposit your things in my room. 나의 방에 너의 물건을 쌓아 놓으세요.

-(알을) 낳다
The female deposits a line of eggs. 암컷은 한 줄의 알을 낳았다.

-(주화,돈을) 넣다
Deposit coins and push the button. 주화를 넣고 단추를 누르시오.

-퇴적하다
The flood deposited a layer of mud on the river. 그 홍수로 강에 진흙의 층이 퇴적했다.

-예금하다
My sister deposited 5,000,000 won in a bank. 나의 누이는 은행에 5,000,000원을 예금했다.

-예치하다
The young man had to deposit 10% of the price of the house.
젊은 남자는 집값의 10%를 예치해야 했다.

-내려주다
The taxi deposited us at the train station. 택시는 기차역에 우리를 내려 주었다.

B.명사

–예금
Fixed deposits(FDs) are also known as term deposits. FD는 정기 예금으로도 알려져 있다.

–(맡겨 놓는) 보증금
We've saved enough for a deposit on a house. 우리는 집 보증금을 충분히 저축했다.

–매장물, 퇴적층
A great quantity of oil was found in this deposit. 이 매장물에서 다량의 기름이 발견되었다.
The company has discovered new oil deposits below the ocean floor.
그 회사는 해저 아래에 새로운 석유 매장지를 발견했다.

※참고 deposition [dèpəzíʃən]: deposition은 어원 유래가 두 가지다.

어원 1. deposition: deposit(놓다, 맡기다) + tion(명사형 어미) → 침전, 퇴적, 기탁
Flood causes deposition of soil at the mouth of a river. 홍수는 강어귀에 퇴적층을 일으킨다.

Deposition is the laying down of sediment carried by wind, water, or ice.
퇴적은 바람, 물 또는 얼음에 의해 운반된 퇴적물이 쌓이는 것이다.

어원 2. deposition: de(not) + position(자리, 직위) → 지위 박탈 → 파면

Crowds celebrated the dictator's deposition. 군중들은 독재자의 파면을 축하했다.

The National Assembly resolved the president's deposition. 국회는 대통령의 탄핵을 결의했다.

deposit은 '아래에 놓다'가 씨앗 뜻이다. 즉 '예금', '퇴적', '예치', '매장물', '보증금' 등 명사와 '아래에 쌓아 놓다',
'예금하다', (알을) '낳다', (버스가 승객을) '내려 주다', '예치하다' 등 여러 의미의 동사로 사용한다.

씨앗뜻 de(down 아래에)+press(누르다)
→ 위에서 아래로 누르다

105 **depress** [diprés]

- 낮추다
- 우울하게 만들다
- 불경기로 만들다
- 떨어뜨리다
- 누르다

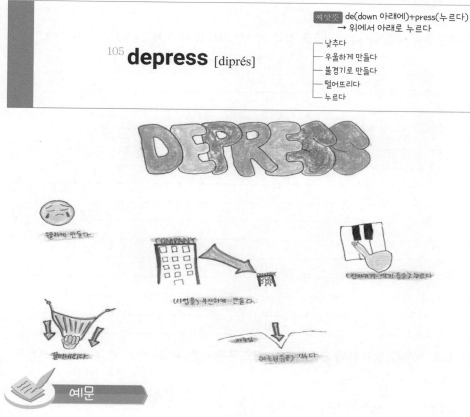

 예문

동사

-(목소리, 자존심 등을) 낮추다

Mom depressed the voice. 엄마는 목소리를 낮췄다.

-(사람의 기분을 눌러서) 우울하게 하다

This weather depresses me. 이 날씨는 나를 우울하게 한다.

-(사업, 거래, 경제 등을 아래로 눌러) 불경기로 만들다

High interest rates are continuing to depress the economy. 높은 금리는 계속해서 경제를 침체시키고 있다.

-(임금·이익을 아래도 눌러) 낮추다, 떨어뜨리다

Market conditions are likely to depress earnings in the next quarter.
시장 상황은 다음 분기의 실적을 낮출 것 같다.

-(기계 등의 어느 부분을 아래로) 누르다

The pianist tried depressing the keys of a piano. 그 피아니스트는 피아노의 건반을 시험 삼아 눌러봤다.

depress는 위에서 아래로 누르다의 뜻으로 '(목소리 등을) 낮추다', '(마음을) 우울하게 하다', '(경제를) 침체시키다' 등의 뜻이다.

A. 앞에서 배웠던 단어들 씨앗 뜻을 생각하면서 우리말로 각각 최대한 자세히 써 보세요.(정답:단어본문 참고)

091. credit _____
092. critical _____
093. cross _____
094. cultivate _____
095. culture _____
096. current _____
097. custom _____
098. dawn _____
099. deal _____
100. decline _____
001. degree _____
102. deliver _____
103. depart _____
104. deposit _____
105. depress _____

B. 앞에서 학습한 각 단어들의 예문을 활용한 문장들입니다. 강조된 단어를 유의하면서 각각 해석해 보세요.
(정답 392 page)

091. The people can't credit what the media say.

092. Critical reading is a vital part of the writing process.

093. The two roads cross at this junction.

094. The villagers of the sea shore cultivate mostly fish.

095. During a bacteria culture test, a sample will be taken from your blood.

096. Direct current is used in Europe.

097. Custom is a second nature.

098. The firefighter waited for the day to dawn.

099. That store deals in fish and meat.

100. The price of the stock declined recently.

101. A right angle is an angle of 90 degree.

102. President delivered a speech for an audience.

103. The judgement departed from the precedents.

104. The flood deposited a layer of mud on the river.

105. High interest rates are continuing to depress the economy.

106 **design** [dizáin]

| 씨앗뜻 | 설계(하다) |

- 설계(하다), 계획(하다)
- 디자인, 밑그림
- 구상

design-설계, 계획, 디자인, 밑그림, 구상

 예문

A. 명사

–디자인

Design is playing an increasingly important role in companies' overall success.
디자인은 기업의 전반적인 성공에서 점점 더 중요한 역할을 하고 있다.

–설계

The bridge design engineer must have a good understanding of structural theory
and bridge aesthetics. 교량 설계 엔지니어는 구조 이론과 교량 미학을 잘 이해하고 있어야 한다.

B. 동사

–계획·설계하다, 안을 세우다

My son designed to study medicine. 나의 아들은 의학 공부를 하기로 계획했다.
He designed the chair to adjust automatically. 그는 의자가 자동으로 조정되도록 설계했다.

design은 현대사회에서 쓰이는 미술 등의 '디자인' 개념 이전에 '설계(하다)', '구상·계획(하다)' 등으로 쓰이다가 미술
등의 '디자인' 개념이 나왔다.

	씨앗뜻 말하는 것을 받아 쓰게 하다
107 **dictate** [díkteit]	┌ 받아쓰게 하다 ├ 지시하다 └ 결정하다

반아 쓰게하다

지시 · 명령 · 독재하다

 **예문**

동사

-(말하여) 받아쓰게 하다

The boss dictates a letter to the secretary. 사장은 비서에게 편지를 받아쓰게 하다.

The teacher dictates a passage of English to the class every day.
영어선생님이 매일 학생들에게 영어 한 구절씩 받아쓰게 한다.

-지시하다, 독재하다

They have often more focused on what the market and the executives dictate.
그들은 사용자가 원하는 제품을 만들어야 하지만 시장과 경영진이 지시하는 것에 더 집중한다.

-(지시하여) 결정하다

Your actions dictate the consequences. 행동이 결과를 낳은 것이다.

Don't let impulse dictate your actions. 충동이 너의 행동을 결정하도록 하지 마라.(충동에 따라 행동하지 마라.)

※명사형: dictation [diktéiʃən]-받아쓰기/ dictator [díkteitər]-독재자

So I prepared a dictation test. 그래서 받아쓰기를 준비해왔어요.

The people impeached the vicious dictator. 국민들은 잔인한 독재자를 탄핵했다.

dictate는 '말을 받아쓰게 하다'는 말로 '지시하다', '독재하다', '결정하다'이다.

108 **diet** [dáiət]

씨앗뜻 음식

- 음식, 식단
- 식이요법, 식이요법하다
- cf) 다른 어원:의회

diet- 음식,
식이요법

 예문

A. 명사
-음식, 식단

A healthy diet can improve and maintain optimal health. 건강한 식단은 최적의 건강을 개선하고 유지할 수 있다.

-(체중 조절을 위하여 음식으로하는) 식이요법, 규정식

Many diets can help you lose weight and offer unique health benefits.

많은 식이요법은 체중 감량에 도움이 되고 독특한 건강상의 이점을 제공할 수 있다.

B. 동사
-다이어트하다. 식이요법하다. 규정식을 먹다

The hypertension patients have been dieting for three months.

고혈압 환자들은 3개월 동안 다이어트 중이다.

cf)다른 어원: (일본, 독일) 국회

In politics, a diet is a formal deliberative assembly. 정치에서 국회는 공식적인 심의회다.

109 **discharge** [distʃɑːrdʒ]
⇔ charge

씨앗뜻 실은 사람, 물건 등을 내리다
- 비우다, 하차하다
- 발사·배출(하다)
- 면제·퇴직·해고·퇴원·석방·제대(하다)

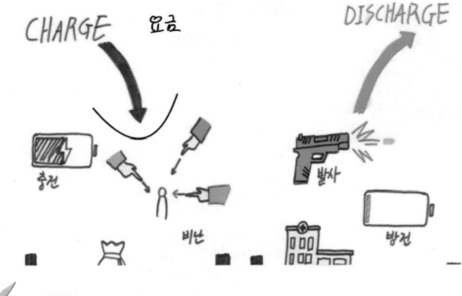

CHARGE 요금   DISCHARGE

충전   비난   발사   방전

예문

A.동사
-(채워진 쓰레기 등) 비우다, (승객, 화물을 차 등에서) 하차하다
Japan discharges its nuclear contaminated water into the sea.
일본은 핵 오염수를 바다에 배출한다.

The workers discharged a cargo from a ship in the port. 노동자들이 항구에서 배에서 화물을 내렸다.
-(총, 포탄) 발사·배출하다
A policeman accidentally discharged his pump gun. 경찰이 실수로 펌프총을 발사했다.
The factory discharged exhaust into the air. 그 공장은 배기가스를 배출했다.
-(책임, 의무, 직장, 병원, 교도소, 군대) 면제·퇴직·해고·퇴원·석방·제대하다
The government discharged ex-president. 정부는 전 대통령을 석방했다.
The patient was discharged from hospital. 그 환자는 병원에서 퇴원했다.

B.명사
-해임, 방출, 하역
The worker sued the company for illegal discharge. 그 노동자는 불법 해고에 대해 그 회사를 고소했다.
The plants have reduced waste discharge by half. 공장들은 쓰레기방출을 반으로 줄였다.

charge가 '채워 넣다'는 뜻으로 '충전', '장전', '요금' 등의 뜻이지만, 반의어인 dischage는 '채워 넣은 것을 비우다'는 뜻으로 '발사', '배출', '방전', '퇴직', '해고', '석방', '퇴원', '제대' 등이다.

110 **discipline** [dísəplin]

씨앗뜻 몸과 마음을 훈련하는 것
┌ 훈련, 훈육, 단련, 수양(하다)
├ 규율
├ 징계
└ 학습분야, 학과

예문

A. 명사
-훈련, 훈계, 훈육

The book gives parents advice on discipline. 이 책은 부모에게 훈계에 대한 조언을 제공한다.

Disciplines such as yoga improve mental and physical fitness.
요가와 같은 훈련은 정신적, 육체적 건강을 향상시킨다.

-규율

The prisoner quickly learned the discipline of prison routine.
죄수는 교도소의 규율을 빨리 배웠다.

-징계

Employees who joined the strike face discipline. 파업에 참여한 직원은 징계에 직면한다.

-학습분야, 학과

Learning poetry is a good discipline for the memory. 시를 배우는 것은 기억을 위한 좋은 교육과정이다.

B. 동사
-훈육하다

Different cultures have different ways of disciplining their children.
문화마다 자녀를 훈육하는 방법이 다르다.

discipline은 오랜 과거부터 몸과 마음을 '훈련'하는 의미로 쓰였다. 몸과 마음을 훈련 하는 과정은 '규율'을 지켜야 하고 규율을 지키지 않으면 '징계'를 한다. '훈련'에는 여러 '학습분야'가 생기고 그 학습분야가 '학과'이다.

111 **dish** [diʃ]

씨앗뜻 접시에 담은 음식

- 접시
- 요리
- 접시에 담다

dish- 접시, 요리

 예문

A. 명사

-접시

A dish is a vessel for holding or serving food. 접시는 음식을 담거나 서빙을 위한 용기다.

-(한 접시의) 음식, 요리

The dish may be available all year round. 이 요리는 일년 내내 이용할 수 있다.

The main ingredients of this dish are fish. 이 요리의 주재료는 생선이다.

B. 동사

-접시에 담다

Parents of students dished foods onto plates. 학부모들이 음식을 접시에 담았다.

'접시'에 '음식'을 담는다.

씨앗뜻 dis(away)+miss(send 보내다)
→ 보내서 사라지게 하다

112 **dismiss** [dismís]

┌ 해산 시키다
├ 해고하다
├ (생각·느낌을) 떨쳐 버리다
└ 묵살하다, 일축하다, 기각하다

dismiss-해산시키다, 면직.해고, 퇴학시키다, 버리다
기각.각하하다

 예문

동사

-해산 시키다
At 4:25 p.m. the class was dismissed. 오후 4시 25분에 수업이 종료되었다.
The dictator dismissed the progressive party. 그 독재자는 그 진보당을 해산했다.

-해고하다 (=fire)
The employer dismissed the clerk for neglect of duty.
그 고용주는 근무 태만 때문에 그 점원을 해고했다.

-(생각·느낌을) 떨쳐 버리다
The man dismissed his ex-wife from his mind. 그 남자는 전 아내를 그의 마음에서 지웠다.

-묵살하다, 일축하다, 기각하다
The police dismissed the citizen's request. 경찰은 시민의 요청을 묵살했다.
The judge dismissed the defendant's appeal. 그 판사는 그 피고의 주장을 기각했다.

※명사형: dismissal [dismísəl]
-해고, 퇴거, 해산
Dismissal is the termination of employment by an employer against the will of the employee. 해고는 고용주가 직원의 의사에 반하여 고용을 종료하는 것이다.

-(소송의) 각하, 기각
Dismissal: A case can be dismissed voluntarily if the parties come to an agreement. 기각: 소송은 당사자들이 합의하면 사건을 자발적으로 기각할 수 있다.

dismiss는 '떼내어 보내다'는 뜻으로 '해산시키다', '해고·묵살 ·일축·기각하다' 등의 뜻으로 쓰인다. 고민 등 '생각을 떨쳐 버리다'로도 사용된다.

> 씨앗뜻 dis(away 떨어져)+pense(weigh 무게를 달다)
> → 무게를 달아서 필요한 사람에게 나눠주다
> →(어려운 사람에게 어려움 등을) 덜어주다

113 **dispense** [dispéns]

- 분배하다, 제공하다
- 조제·투약하다
- 시행하다
- 덜어주다
- ~ 없이 지내다

 예문

동사

–(의복, 식량 등을) 분배하다, 제공하다
The machine dispenses the product. 기계가 제품을 분배한다.
Government dispenses many of its services. 정부는 많은 서비스를 제공한다.

–(약을) 조제·투약하다
Pharmacists are licensed to dispense medication to patients. 약사들이 환자들에게 약을 조제할 자격을 가졌다.

–(어려움을 돕기 위해 법·행정 등) 시행하다
Officials must dispense the law without private bias. 공무원들은 개인적인 편견없이 법을 시행해야 한다.

–(의무 등을) 덜어주다, 면제해 주다
Authorities dispensed the poor from some duties. 당국은 가난한 사람에게 얼마간의 의무을 면제해 주었다.

–dispense with: (~와 동반된 어떤 것을 면제히여)~ 없이 지내다(=do without)
They dispense with big difficulties nowadays. 그들은 큰 어려움 없이 지낸다.
Credit cards dispense with cash altogether. 신용카드는 완전히 현금없이 지낼 수 있게 한다.

※형용사형:
dispensable [dispénsəbəl] 없어도 되는 ⇔ indispensable [ìndispénsəbəl] 필수적인
Computers have made typewriters dispensable. 컴퓨터는 타자기를 필요 없게 만들었다.

dispense는 어려움을 겪는 사람들에게 '고통을 덜어주다'는 뜻으로 '음식 등을 제공하다', '약을 조제하다', '복지 등을 시행하다', '의무를 덜어주다'.

씨앗뜻 dis(away 떨어져) + pose(place 놓다)

114 **dispose** [dispóuz]

─ 처분하다
─ 배치하다
─ (...할) 마음이 내키게 하다

dispose

1.처분하다

trash

2.배치하다

3.정리하고 싶은
마음이 내키게 하다

예문

동사

-(필요하지 않는 것을) 팔거나 버리다 → 처분하다 (~ of) ⇒ 명사형 disposal 처분 /disposition 처분

Please, tell people to properly dispose of their trash. 사람들에게 쓰레기를 적절하게 처리하라고 말해 주세요.

The facility can dispose of any hazardous waste. 그 시설은 유해 폐기물을 처분할 수 있다.

-(어지럽혀 있는 것을) 떠어 내놓다 → 배치하다

The surgeon disposed the surgical instruments in the right order.
외과의들이 수술 기구를 올바른 순서대로 정리했다.

-(신 등이 사람을 어떤 심리적인 상태로 떼어) 놓다 → (…할) 마음이 내키게 하다 ⇒명사형: disposition 성향

Her disease disposed people to help her. 그녀의 병은 사람들이 그녀를 돕도록 했다.

His sympathy capacity disposes us to like him. 그의 공감능력은 우리가 그를 좋아하게 한다.

dispose는 원위치로부터 '떨어져 놓다'는 뜻으로 '(새롭게) 배치하다', '(판매 등) 처분하다' 뜻이다. 또한 신이 인간들에게 (성격 등을 배치시켜) 마음 내키게 하다'뜻이 나온다.

※ 명사형

1.disposition [dìspəzíʃən]
(1).처분(권)
God has the supreme disposition of all things. 신이 모든 것에 대한 최고 처분권을 갖는다.
The court ordered the disposition of all assets. 법원은 모든 자산의 처분을 명령했다.
(2).성향, 성질
The designer has a bold disposition. 그 디자이너는 대담한 성격이다.
Salt has a disposition to dissolve in water. 소금은 물속에서 잘 녹는 성질을 가지고 있다.

2.disposal [dispóuzəl]:처분
The driver left the car at my disposal. 그 운전사는 차를 나의 처분에 맡겼다.
The disposal of the princess is now the great question. 공주의 처분이 지금 가장 큰 의문이다.

※ 형용사형
1.disposed [dispóuzd](수동적 의미)
(1). ~ 처분된
There were 62 main matters out of total disposed cases. 총 처분 사건 중 62건이 주요문제이다.
(2). ~ 할 마음이 있는, ~할 성향이 있는
Children are disposed for taking a walk? 아이들은 산책하고 싶어한다.
The man is disposed to take offence at trifles. 그 남자는 하찮은 일에 화를 잘 내는 경향이 있다.

2.disposable [dispóuzəbl] 일회용의
Babies' moms carry disposable diapers and tissue.아기 엄마들은 일회용 기저귀와 휴지를 가지고 다닌다.

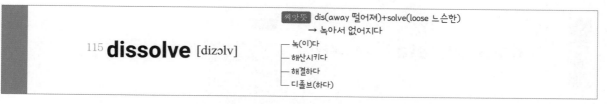

씨앗뜻 dis(away 떨어져)+solve(loose 느슨한)
→ 녹아서 없어지다

115 **dissolve** [dizɔlv]
- 녹(이)다
- 해산시키다
- 해결하다
- 디졸브(하다)

① 녹이다, 용해하다

 예문

A. 동사

-녹(이)다

Sugar dissolves in water. 소금은 물에 녹는다.
Soda has the properties to dissolve grease. 소다는 기름을 녹이는 성질을 가지고 있다.

-풀다, 해제하다

These steps to dissolve a problem apply equally to all issues.
문제 해결을 위한 이러한 단계는 모든 문제에 동일하게 적용된다.

-(의회) 해산시키다, (합의, 결혼 등 관계) 결말짓다, 해소된다

Pakistan's president has dissolved the National Assembly. 파키스탄 대통령이 국회를 해산했다.
The vast majority of marriages are still dissolved by a spouse's death.
대다수의 결혼 생활은 여전히 배우자 중 한 사람의 사망으로 인해 해소된다.

-(화면을) 디졸브[오버랩]시키다

The previous screen was dissolved in the current frames. 이전 화면이 현재 프레임에 디졸브되었다.

B. 명사

A dissolve effect appears in films as a transition, a way in and out of scenes.
디졸브 효과는 장면 전환, 장면 안팎으로의 전환으로 영화에 나타난다.

※다른 명사형:dissolution [dìsəlúːʃən]-용해, 해산, 해소

Learn what dissolution is in chemistry. 화학에서 용해가 무엇인지 알아보세요.
In law, dissolution is any of several legal events that terminate a legal agreement
such as a marriage or adoption. 법적으로 해산은 결혼, 입양 같은 법적 계약을 종료하는 여러 법적 사건 중 하나다.

cf) absolve [æbzalv]: 용서하다, (책임을) 면제하다

History will not absolve the dictator. 역사는 독재자를 용서하지 않을 것이다.

disolve는 어원상 '녹아서 없어지다'가 씨앗 뜻이다. 얽힌 문제 등을 '풀다', 계약 등을 없애 '해소하다' 등의 뜻이 나온
다.

116 **domesticate** [douméstəkèit]

씨앗뜻 길들이다

─ 길들이다, 순화시키다
─ 사육하다, 재배하다
─ 받아들이다

domesticate-사육하다, 재배하다, 받아들이다, 순화시키다, 길들여진

동사
─길들이다, 순화시키다
She jokes that dogs are easier to domesticate than men.
그녀는 개가 남자보다 길들이기에 쉽다고 농담을 한다.

─(동물, 식물 등을) 사육하다, 재배하다
The potato was first domesticated on Andean slopes. 감자는 안데스 언덕에서 처음 재배되었다.
Mammals were first domesticated for their milk. 포유류는 우유를 위해 처음으로 사육되었다.

─(외국의 것을 자기 나라에) 받아들이다
Here is a current list of states which allow foreign businesses to domesticate within the state's borders. 외부 기업이 주의 경계안으로 받아들이도록 허용하는 주 목록이 여기에 있다.

※ 형용사형: domestic [douméstik]
─가정의, 가사상의
Domestic violence is a punishable offence under Indian law. 가정 폭력은 인도법에 따라 처벌 가능한 범죄다.
─국내의
Currently, the airline has a domestic market share of 10 per cent and an international market share of 12 per cent. 현재 이 항공사는 국내 시장 점유율 10%, 국제 시장 점유율 12%를 기록하고 있다.

domesticate는 '가정으로 받아들이다'가 씨앗 뜻으로 가정으로 받아들이는 것은 '길들이다, 사육하다' 등의 뜻이 나온다.

117 **domestic** [douméstik]

씨앗뜻 (가정이나 국가) 안에서 일어나는
- 가정의, 가사상의
- 국내의

국내의

가정의

domestic

 예문

형용사

-국내의

The domestic market is still depressed. 국내 시장은 여전히 침체한 상태다.

A large part of the growth came from strong domestic demand
성장의 대부분은 강력한 국내수요에서 비롯되었다.

-가정의, 가사상의

Rena is domestic and conservative human. 레나는 가정적이고, 보수적인 사람이다.

Domestic duties and activities are concerned with the running of family.
가사 업무와 활동은 가정 운영과 관련이 있다.

domestic은 가정을 기준으로 안에 즉 '가정의', '가사상의', 국가를 기준으로 안에는 '국내의' 뜻이다.

씨앗뜻 draw—선을 긋다, 그리다, 끌어 당기다

118 **draft** [dræft]

— 밑그림, 설계도
— 초안
— 징병, 선수 선발제도
— 통풍, 외풍
— 한 모금
— 초안을 만들다
— 선발하다, 징병하다

draft
밑그림, 설계도
초안, 초벌 새김
통풍
징병, 신인선발제도
통에서 따라 내기, 한 모금

초안을 쓰다
선발하다

 예문

A. 명사
-(잡아 당겨 그리는) 밑그림, 설계도, 초안
This is only a rough draft. 이것은 단지 대강의 초안이다.
Please show me the draft for a machine. 저에게 기계 설계도를 보여주세요.

-(군인, 선수를 잡아당겨) 징병, 신인 선수 선발 제도, 드래프트제
The singer left the country to avoid the draft. 그 가수는 징집을 피하기 위해 국가를 떠났다.
Who has the first pick in the 2022 NBA draft? 2022 NBA 드래프트 1순위 지명자는?

-(공기를 잡아 당겨) 통풍, 외풍

You may want to seal the windows with plastic to stop drafts.
너는 통풍을 멈추기 위하여 플라스틱으로 창문들을 밀폐하는 것을 원할지도 모른다.

Could you shut the door since there is a strong draft in here?
여기 강한 찬바람이 있으니 문 좀 닫아 주겠니?

-(물이나 맥주, 공기 등 빨아 들여) 한 모금

A draft of beer makes me feel better all the time. 맥주 한잔은 나를 항상 기분 좋게 만들어.

B.동사

-초안을 만들다

I will draft a letter for her. 제가 그녀를 위해 편지 초안을 써드리겠어요.

You had better draft up a schedule first. 넌 스케줄 초안을 먼저 만드는게 낫겠다.

-(군인, 선수 등을) 선발하다, 징병하다

The drama club drafted 25 teenager women to be in the parade.
드라마 클럽은 퍼레이드에 참여하도록 25명의 십대 여성을 모집하였다.

The legislature debated drafting more soldiers. 입법부는 더 많은 군인들을 징병하는 것을 토론했다.

draft는 '확잡아 당기다'가 씨앗 뜻이다. '밑그림', '초안' 등 그릴때 붓을 잡아 당겨 그리고 '선수선발'이나 '군인 모집' 즉 '징병' 등도 잡아 당기는 분위기다. 방으로 바람이 들어 오는 '통풍', '외풍'도 또 물 등 '한 모금'도 확 잡아 당기는 것이다.

¹¹⁹ **drill** [dril]	씨앗뜻 구멍 뚫다
	┌ 구멍 뚫다
	├ 가르치다, 훈련(하다)
	└ 천공기, 드릴

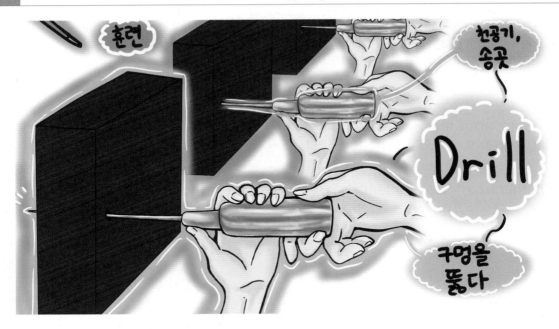

 예문

A. 동사

– 구멍 뚫다

The woman is drilling a hole in the wall. 여자가 벽에 구멍을 뚫고 있어요.
Why do they drill and burn fossil fuels? 왜 그들은 화석 연료를 시추하고 태우나요?

– 가르치다, 훈련하다

The soldier drills the boys and girls in French. 그 군인은 소년들과 소녀들에게 프랑스어로 가르친다.
The troops had to drill in the desert and mountains. 군대는 사막과 산에서 훈련을 해야 했다.

B. 명사

– 천공기, 드릴

I need a drill to make a hole on the wall. 벽에 구멍을 뚫으려면 드릴이 필요해요.

– 연습, 훈련

Have a fire drill at home. 집에서 화재훈련을 하세요.
A fire drill is taking place this week. 소방훈련이 이번 주에 있다.
Dictation drill is good for the study of English listening. 받아쓰기 연습은 영어듣기 공부를 위해 좋다.

drill은 '구멍 뚫다'가 씨앗 뜻으로 구멍을 뚫는 '드릴', '천공기' 뜻이 나온다. 또 구멍을 뚫기 위해서는 '연습(하다)', '훈련(하다)' 해야 한다.

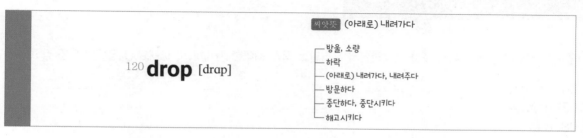

씨앗뜻 (아래로) 내려가다

120 **drop** [drap]

- 방울, 소량
- 하락
- (아래로) 내려가다, 내려주다
- 방문하다
- 중단하다, 중단시키다
- 해고시키다

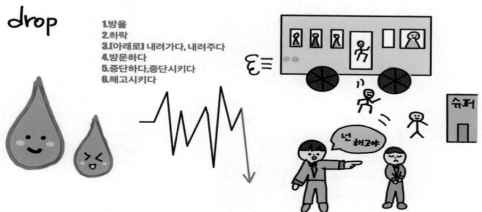

drop

1.방울
2.하락
3.[아래로] 내려가다, 내려주다
4.방문하다
5.중단하다, 중단시키다
6.해고시키다

예문

A.명사

-방울, 소량

We can see the tiny drops of water in the air. 우리는 공중에서 작은 물방울을 볼 수 있다.

A drop of rain changes shape as it falls through the atmosphere.
빗방울은 대기를 통해 떨어지면서 모양이 변한다.

-(온도 따위의) 강하, (가격 따위의) 하락

A drop in oil prices could signal the start of a market rally.
유가 하락이 시장 상승의 시작을 알리는 신호일 수 있다.

B.동사

-(아래로) 내려가다 → (커튼) 내리다, (가격, 온도) 내려가다, (물건, 해) 떨어지다, 쓰러지다

The temperature drops in fall. 가을에 기온이 내려간다.

An apple drops from the tree due to gravity. 사과가 중력 때문에 나무에서 떨어진다.

The curtain dropped at the end of the play. 연극이 끝나고 막이 내렸다.

Stop, drop, and roll on the floor if clothing catches fire. 옷에 불이 붙으면 멈추고 낮추고 구르세요.

-(버스 등이 가다가 아래로) 내려주다

Drop me in the next station. 다음 역에서 내려 주세요.

-(거리를 가다 어떤 집 등에 떨어져) 들르다, 방문하다(in, by)

I will drop by your office today. 오늘 잠깐 네 사무실에 들릴께.

-(일 등을 아래로 내려 놓아) 중단하다 → (해고·퇴학·탈회·제명)시키다

The manager was dropped from his company. 그 매니저는 그의 회사에서 해고되었다.

A. 앞에서 배웠던 단어들 씨앗 뜻을 생각하면서 우리말로 각각 최대한 자세히 써 보세요.(정답:단어본문 참고)

106. design _____
107. dictate _____
108. diet _____
109. discharge _____
110. discipline _____
111. dish _____
112. dismiss _____
113. dispense _____
114. dispose _____
115. dissolve _____
116. domesticate _____
117. domestic _____
118. draft _____
119. drill _____
120. drop _____

B. 앞에서 학습한 각 단어들의 예문을 활용한 문장들입니다. 강조된 단어를 유의하면서 각각 해석해 보세요.
(정답 **393 page**)

106. He designed the chair to adjust automatically.

107. Your actions dictate the consequences.

108. Many diets can help you lose weight and offer unique health benefits.

109. The factory discharged exhaust into the air.

110. The prisoner quickly learned the discipline of prison routine.

111. The main ingredients of this dish are fish.

112. The judge dismissed the defendant's appeal.

113. They dispense with big difficulties nowadays.

114. Her disease disposed people to help her.

115. Pakistan's president has dissolved the National Assembly.

116. The potato was first domesticated on Andean slopes.

117. A large part of the growth came from strong domestic demand.

118. The singer left the country to avoid the draft.

119. The troops had to drill in the desert and mountains.

120. Drop me in the next station.

 갚아야 할 기간이 된

121 **due** [dju:]

- 만기가 된, 지급기일이 된
- 도착 예정인
- ~할 예정인
- 적당한
- 회비

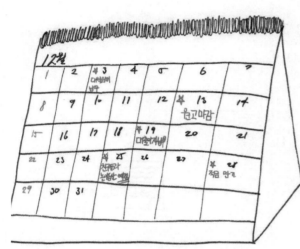

예문

A. 형용사
–(빚을 진) 만기가 된, (지급, 반납) 기일이 된
This bill is due on December 27.
이 청구서 지불 기한은 12월 27일까지야.

–(열차·비행기 등 시간이 정해져서) 도착 예정인
The vessel is due in Busan at 5 p.m.
배는 오후 5시에 부산에 도착할 예정이다.

–(하기로 약속 등을 정한) ~ 할 예정인
He is due to speak tonight.
그는 오늘 밤에 연설할 예정이다.

–(빚을 갚거나 약속 등을 이행할 시점이 된) 응당 치러져야 할, 마땅한, 적당한, 합당한
This money is due to you. 이 돈은 네가 받을 돈이다.
Request the information letter in due form. 정식으로 정보를 요청하세요.
※(빚 등을 지거나 약속 등이 정해진 이유로) due to ~ 때문에
due가 '…에 기인하는', '…의 탓으로 돌려야 할', '…로 인하여', '마땅한'의 뜻인데 ~쪽으로 뜻인 to가 뒤에 붙어 'due to 명사' 형식으로 '~ 때문에, ~
덕분에'라는 뜻이 된다.
The flight is delayed due to bad weather. 악천후로 항공기가 지연되고 있다.
Ed Roberts became disabled due to polio at the age of fourteen.
Ed Roberts는 14세의 나이에 소아마비로 인해 장애인이 되었다.

B. 명사
–(기한이 되면 마땅히 내야 하는) 회비
Dues can be paid online or via a downloadable PDF form.
회비는 온라인 또는 다운로드 가능한 PDF 양식을 통해 지불할 수 있다

due는 빚이나 신세 등을 진 상태이다. 빚을 졌기 때문에 형용사로 '마땅히 갚아야 할', 만약 갚을 날짜가 정해졌다면 '기
한이 된' 혹은 '만기가 된', '갚을 예정인' 뜻으로 쓰인다. 갚아야 될 시점이 바로 '적절한' 시점이 되겠지요. 기한이 되면
마땅이 내야하는 것이 '회비'다.

씨앗뜻 단계나 등급

^{122} **dwell** [dwel]

- 살다, 머무르다
- (dewll on) 곰곰이 생각하다
- (dewll on) 강조하다

 살다, 거주하다

 머뭇거리다

dwell

 dwell on

 ~를 곰곰히 생각하다

 ~를 강조하다

예문

A. 동사

–살다(live) → 머무르다

She dwells in South Africa. 그녀는 남아프리카에서 산다.

Her memory dwells with me. 그녀의 추억은 내 마음 속에 깃들여 있다.

–dwell on:(어떤 생각이 무엇인가에 머물러) 곰곰이 생각하다

He doesn't dwell on the past. 그는 과거에 연연해하지 않는다.

She dwells too much upon her past. 그녀는 자신의 과거를 너무 깊이 생각한다.

He is always dwelling on his problems at work. 그는 항상 업무 관련 문제를 곱씹고 있다.

–dwell on:(어떤 행동이 무엇인가에 머물러) 강조하다

In his speech, he dwelt on the plight of the sick and the hungry.
그의 연설에서 그는 병자들과 굶주린 사람들의 곤경에 대해 강조했다.

dwell은 '머무르다', '살다'의 뜻입니다. '접촉하여, 붙어서'의 뜻인 on과 함께 'dwell on'형식으로 '마음속에 붙어 살다' 즉 '곰곰이 생각하다' 또는 '어떤 것에 붙어서 살다' 즉 '강조하다'의 뜻으로 사용된다.

123 **ease** [iːz]

씨앗뜻 어려움이 없는 상태

┌ 안락, 편함, 경감, 쉬움
└ (고통, 아픔 등을)덜어 주다

 예문

A. 명사

–(부담, 가난, 고통, 아픔 등을 제거하여) 안락, 편함, 경감, 쉬움

He passed the exam with ease. 그는 그 시험에 수월하게 합격했다.
Yet viewers follow soap operas with ease. 하지만 시청자들은 드라마를 쉽게 따라간다.

B. 동사

–(아픔, 불안 등을) 덜다, 완화하다, (마음을) 안심시키다

This medicine eases the pain. 이 약은 통증을 더는 데 도움이 된다.
It's time for some to ease others' burden. 누군가는 다른 사람들의 짐을 덜어줄 때다.

ease는 '아픔이나 고통, 가난 등이 없는 상태'를 말한다. 명사로 '편함', '안락', '쉬움' 등의 뜻이 있고 동사로 '(고통, 아픔, 불안 등을) 없애다, 덜어주다'라는 뜻이다.

씨앗뜻 끝자락 뾰족한 모나 선

¹²⁴ **edge** [edʒ]

— 날, 가장자리, 끝
— 날카로움, 효력
— 변두리
— 위기
— 유효성, 효력, 유리한 점, 우위, 멋짐
— 날을 세우다
— 근소한 차이로 이기다
— 테를 두르다

테두리, 변두리
edge

위기 위험한 상태

강점, 우세

날, 날카로움

예문

A. 동사

– (칼 따위에) 날을 세우다, 예리하게 하다
Edge a knife sharp. 칼을 날카롭게 갈아라.

– (끝, 가장자리, 둘레를) 테두리를 두르다
Hills edge the village.
마을은 언덕에 둘러싸여 있다.

– (상대편보다 약간 우위를 점하여) 근소한 차로 이기다
The Tigers edged the Giants.
타이거스가 자이언트에게 신승했다.

B. 명사

– (칼 따위의) 날, 가장자리, 끝
The knife has lost its edge.
이 칼은 날이 무뎌졌다.

– 끝머리
Today we are living at the edge of suffering. 오늘날 우리는 고통의 칼날 위에 살고 있다.

– (모자, 도시 등의 끝자락) 테두리, 가장자리, 변두리, 모서리
Keep away from the edge of the cliff – you might fall.
절벽 끝에서 멀리 떨어지세요.– 떨어질 수 있어요.

– (말에 날을 세우는 비평·욕망 따위의) 날카로움
His voice had a sarcastic edge. 그의 목소리는 빈정대는 날카로움이 있었다.

– (좋은 쪽으로 두드러진 것) 우세, 강점, 유효성
He got a slight edge on his opponent. 그는 상대보다 약간 우세했다.

– (좋지 않은 상황의 끝) 위기
The African elephant is on the edge of extinction. 아프리카 코끼리는 멸종 위기에 처해 있다.

– (새로운) 경계선, 시작점
Scientists hope we are on the edge of a new and greener economy.
과학자들은 우리가 새롭고 친환경적인 경제의 경계선(출발선)에 있기를 바란다.

칼 끝부분의 '날', '날카로움', 모자나 도시 등 '테두리', '모서리', '변두리', 경기 중인 두 팀 중 점수 모서리가 있는 즉 '우세', '강점', 한편으로는 약자 입장에서 '위기' 등의 뜻이 나온다. 동사로 '날을 세우다', '근소한 차로 이기다'.

125 **employ** [emplɔ́i]

씨앗뜻 (사람·사물 등을) 사용하다

― 고용(하다)
└ 사용하다

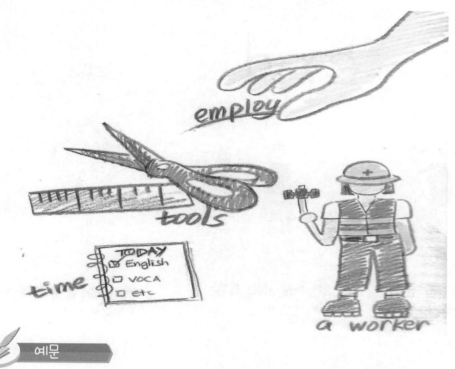

 예문

A.동사
-(사람을 사용하는 것) 고용하다
His company currently employs 135 workers in total. 그의 회사는 현재 총 135명의 직원을 고용하고 있다.
-(시간·에너지·물건 등을) 사용하다
He employs a new method to solve the problem. 그는 그 문제를 해결하기 위해 새 방법을 쓴다.

B.명사
-고용
My dad is in government employ. 나의 아빠는 공무원이다.
The foreign workers are under our employ. 그 외국인 노동자들은 우리 고용하에 있다.

※명사형: employment [emplɔ́imənt]
Employment is a relationship between two parties regulating the provision of paid labour services. 고용은 유급 노동 서비스 제공을 규제하는 두 당사자 간의 관계이다.

employ는 '사용하다'가 씨앗 뜻이다. 사람을 사용하는 것이 '고용하다'이다.

126 **end** [end]	씨앗뜻 끝, 결말
	┌ 끝(나다)
	├ 목적
	└ 죽음

인생이라는 길의 끝을 향해 걸어가다..

행복한 가족을 이루는 목적을 이루고

평안한 삶의 끝, 즉 죽음을 맞이했다.

 예문

A. 명사

-끝

Dave reached the end of the street. Dave는 거리 끝에 도착하였다.

There is the end of the matter. 그것으로 그 문제는 끝이다.

-목적(=aim)

The end justifies the means. 《속담》 목적은 수단을 정당화한다.

He was passionate about his work up until the end. 그는 목표까지 그의 일에 관해 열성이었다.

-죽음, 최후

The end makes all equal. 《속담》 죽음은 모두가 평등하다.

B. 동사

-끝나다

The novel ends in catastrophe. 그 소설은 비극적 종말로 끝난다.

Extravagance ends in want. 사치는 결핍으로 끝난다.

end는 '끝(나다)'라는 뜻이다. 어떤 일의 끝은 '목적'을 이루는 것이다. 생명의 끝은 '죽음'이다.

씨앗뜻 (A와 B가) 연결되어 있다

─ 전화통화하다, 약속하다, 예약하다
─ 계약, 약혼하다
─ 고용하다
─ 종사하다
─ 관심을 끌다
─ 교전하다
─ 참여하다

¹²⁷ **engage** [engéidʒ]

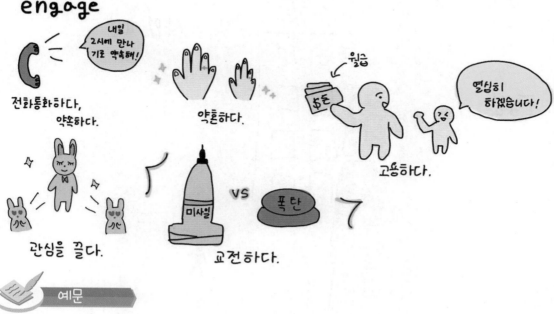

📝 예문

동사

-(A가 B에게) 전화통화하다, 약속하다, 예약하다

She engaged to visit you tomorrow. 그녀는 내일 당신을 방문한다고 약속했다.

-(A와 B가) 계약, 약혼하다

He is engaged to Nancy. 낸시와 약혼 중이다.

-(A 회사가 B를) 고용하다

I have engaged a secretary to deal with all my paperwork. 나는 모든 서류를 처리하기 위해 비서를 고용했다.

-(A라는 사람이 B라는 일에) 종사하다, 참여하다

That year the man engaged with a trading company. 그 해 나는 한 무역상사에 종사했다.

-(A가 B를) 관심을 끌다

His good nature engages everybody (to him). 사람이 착해서 모두 그를 좋아하게 된다.

-(A나라가 B나라와) 교전하다

Our army engaged the enemy. 아군은 적과 교전했다.

※ 명사형:engagement [engéidʒmənt]: 약속, 약혼, 교전, 현실참여

Congratulations on your engagement. 약혼을 축하합니다.

'연결되어 있다'가 씨앗 뜻이다. '전화통화하다', '약속하다', '약혼하다', '고용하다', '종사하다', '관심을 끌다', '교전하다'
가 파생된다.

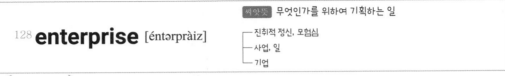

씨앗뜻 무엇인가를 위하여 기획하는 일

128 **enterprise** [éntərpràiz]
— 진취적 정신, 모험심
— 사업, 일
— 기업

예문

명사

-진취적 정신, 모험심

The boss of the company was criticized for his lack of enterprise in dealing with the crisis. 그 회사 사장은 위기에 대처하는 데 진취적 정신이 부족하다는 비판을 받았다.

-사업, 일

To keep the peace in the Middle East is a difficult enterprise.
중동에서 평화를 유지하는 것은 어려운 일이다.

-기업

Smart homes are the future of the smart enterprise. 스마트 홈은 스마트 기업의 미래다.
The solution enables enterprises to enhance their productivity.
그 솔루션은 기업들이 그들의 생산성을 증가시키도록 할 수 있다.

enterprise는 '모험심'을 가진 '진취적인 기상'을 갖고 하는 것이 '사업'이다. 사업을 하기 위해 '기업'을 만든다.

129 **exclusive** [iksklú:siv]

씨앗뜻 ex(out)+clusive(close닫는) →밖으로 닫는→독점하는
- 특종, 독점
- 독점하는, 배타적인

A. 명사

-특종, 단독, 독점

Here is exclusive on the wine, spirits and beer business. 와인. 증류주 및 맥주 사업에 대한 특종이다.

B. 형용사

-독점적인, 배타적인

An Exclusive Agency Agreement is a legal contract between a real estate firm and home seller. 독점 에이전시 계약은 부동산 회사와 주택 판매자 간의 법적 계약이다.

※ 동사형: exclude [iksklú:d] 제외하다, 배제하다

Most expedition cruise liners exclude Russian Arctic. 대부분의 원정 크루즈 쾌속선은 러시아 북극을 제외한다.

※ 명사형: exclusion [iksklú:ʒən] 제외, 배재

The policy is part of the government's initiative to reduce digital exclusion.
그 정책은 디지털 배제를 줄이기 위한 정부 이니셔티브의 일환이다.

타 언론사에서 보도하지 않는 것이 '특종'이다. 특종은 '독점적이고 배타적'이라는 뜻이다.

130 **even** [í:vən]

⇔ odd 홀수의

씨앗뜻 높 낮이 등이 똑같은 수준으로 고른

├ 평평한, (표면, 목소리 등) 고른
├ 대등한
├ 짝수의
├ cf) 다른 어원:심지어
└ cf) 다른 어원:훨씬

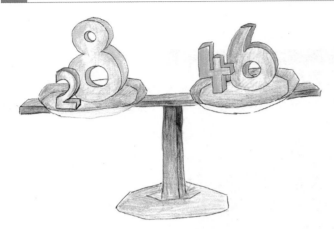

예문

A. 형용사
-짝수의

8 is an even number and 9 is an odd number. 8은 짝수이고 9는 홀수다.

-(표면이) 평평한, (목소리 등) 고른

Draw a figure on the even board. 평평한 판자 위에 도형을 그려라.

-대등한, 균일한

Both sides played well – it was a very even contest. 양측 모두 잘 뛰었다. 매우 대등한 대회였다.

B. 동사
-편평하게 하다, 균형을 맞추다

The farmers evens the ground to transplant rice seedlings. 농부들은 모를 옮겨 심기 위하여 땅을 고른다.

cf) 다른 어원
C. 부사
-심지어

Even young children know the difference between right and wrong.
심지어 어린 아이들 조차 옳고 그름의 차이를 안다.

-(비교급 강조하여) 훨씬(= far, by far, still, a lot, much)

Physics is even more exciting than ethics. 물리학이 윤리학보다 훨씬 흥미있다.

'평평한', '고른'의 뜻에서 두 개씩 짝이 맞는 의미로 '짝수'라는 말로 사용된다,

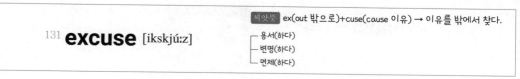

씨앗뜻 ex(out 밖으로)+cuse(cause 이유) → 이유를 밖에서 찾다.

131 **excuse** [ikskjúːz]

- 용서(하다)
- 변명(하다)
- 면제(하다)

an excuse

to excuse

예문

A. 동사

-용서하다

His boss excused the mistake. 그의 상사는 실수를 용서했다.

-변명하다

Nothing can excuse that sort of bad behaviour. 어떤 것도 그런 나쁜 행동을 변명할 수 없다.

-면제하다

The teacher excused the class from homework yesterday. 선생님은 어제 그 학급에 숙제를 면제해 주었다.

B. 명사

-용서, 면제

There can be no possible excuse for any further delay. 더 이상의 지연에 대한 용서가 없다.

-변명

What's your excuse for being so late? 이렇게 늦어진 변명이 무엇입니까?

어원상 '밖에서 이유를 찾다'의 뜻으로 '변명(하다)', 용서(하다), 면제(하다)의 뜻으로 파생한다.

132 **exhaust** [igzɔ:st]

씨앗뜻 ex(out밖으로+haust(잡아당겨) → 다 써버리다

┌ 다 써버리다
└ 배기가스

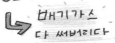

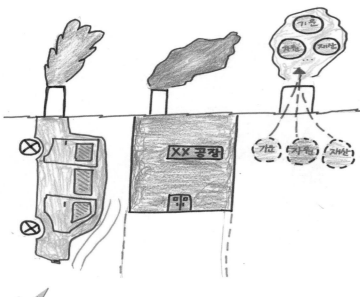

 예문

A.동사
-(돈, 자원, 체력 등을) 다 쓰다
The long journey exhausted the children. 긴 여행은 아이들을 지치게 했다.
He exhausted a fortune in stock-market speculation. 그는 주식시장 투기로 막대한 재산을 소진했다.

B.명사
-배기가스
Auto exhaust is the main reason for the city's pollution. 자동차 배기가스는 도시 오염의 주요 원인이다.
Car exhaust consists of the burned gases and particulate matter.
자동차 배기가스는 연소된 가스와 미립자 물질로 구성된다.

어원상 '밖으로 내 보내다'로 '모두 쓰다', '배기가스'로 쓰인다.

¹³³ **exploit**

씨앗뜻 ex(out밖으로+ploit(unfold 펼쳐내다) → 밖으로 펼쳐내 이용하다

├ 개발하다, 이용하다, 착취하다
└ 공훈, 공적, 위업

 예문

A. 동사 [iksplɔit]
–개발하다, 이용하다, 착취하다
We exploit our resources as fully as possible. 우리는 가능한 한 우리의 자원을 최대한 활용한다.
The boss exploited his men for his personal ends. 두목은 부하들을 자신의 개인적 목적을 위해 착취해 먹었다.

B. 명사 [éksplɔit]
–공훈, 공적, 위업
King Sejong's greatest exploit was the creation of Hangul. 세종대왕의 위대한 업적은 한글창제다.
The general's wartime exploits were later made into a film. 장군의 전쟁 공적은 나중에 영화로 만들어졌다.

어원상 '밖으로 펼쳐내다'의 뜻으로 '개발하다', '이용하다'로 사용된다. 개발하고 이용하여 '공훈'을 세우고 '위업'을 달성한다.

134 **express** [iksprés]

씨앗뜻 ex(out 밖으로)+press(누르다)→ 밖으로 내밀다 → 표현하다
- 표현하다
- 특급, 급행, 고속버스
- 명시적인, 명백한

express- 표현, 속달로 보내다, 급행

 예문

A. 동사
-표현하다, 나타내다 ⇒명사형 expression [ikspréʃən] 표현
Express an idea clearly. 생각을 분명하게 표현해라.
Views expressed in the press are personal. 언론에 표현된 견해는 개인적이다.

B. 명사
-특급, 고속버스
He sent the package to us by express. 그는 특급으로 소포를 우리에게 보냈다.
The man takes the express to work. 그 남자는 일하러 가기 위해 고속버스를 탄다.

C. 형용사
-명시적인, 명백한
He defied my express command. 그는 내 명시적인 명령을 무시했다.

어원상 '밖으로 표현하다'의 뜻으로 '표현하다', '나타내다', '명시적인' 뜻으로 사용된다. 빠르게 내보내는 '특급 우편', '고속버스'로도 사용된다.

135 **extension** [iksténʃən]	씨앗뜻 뻗어 연결하다
	├ 연장, 연기
	├ 확장, 증축
	└ 내선(구내번호)

extension : 연장, 연기, 내선 (구내번호)

 예문

명사

-연장, 확장, 증축

The workers are building an extension to the highway. 노동자들은 그 고속도로에 연장선을 건설하고 있다.

The new rules are just an extension of our existing online security policy.
새로운 규칙들은 그냥 우리의 현존하는 온라인 보안 방침의 연장이다.

-내선 (구내전화)

Call me on extension 3581. 내선 번호 3581로 전화해 주세요.

※동사형: extend [iksténd] 뻗다, 연장하다, 확장하다

The path extends beyond the end of the road. 길은 도로 끝 너머로 확장된다.

extension은 밖으로 연결하는 뜻으로 '확장', '증축' 등의 뜻이 나오고 전화선을 다시 연결하는 것이 '내선(구내전화)'이다.

A. 앞에서 배웠던 단어들 씨앗 뜻을 생각하면서 우리말로 각각 최대한 자세히 써 보세요.(정답:단어본문 참고)

121. due _____
122. dwell _____
123. ease _____
124. edge _____
125 .employ _____
126. end _____
127. engage _____
128. enterprise _____
129. exclusive _____
130. even _____
131. excuse _____
132. exhaust _____
133. exploit _____
134. express _____
135. extension _____

B. 앞에서 학습한 각 단어들의 예문을 활용한 문장들입니다. 강조된 단어를 유의하면서 각각 해석해 보세요.
(정답 393 page)

121. The vessel is due in Busan at 5 p.m.

122. Her memory dwells with me.

123. This medicine eases the pain.

124. Keep away from the edge of the cliff – you might fall.

125. He employs a new method to solve the problem.

126. The end justifies the means.

127. I have engaged a secretary to deal with all my paperwork.

128. The solution enables enterprises to enhance their productivity.

129. Here is exclusive on the wine, spirits and beer business.

130. 8 is an even number and 9 is an odd number.

131. The teacher excused the class from homework yesterday.

132. He exhausted a fortune in stock-market speculation.

133. We exploit our resources as fully as possible.

134. Views expressed in the press are personal.

135. Call me on extension 3581.

씨앗뜻 ex(out밖으로)+tract(draw잡아당기다)
→밖으로 잡아 당기다

136 **extract** [ikstrǽkt]

- 추출하다
- 발췌하다, 끌어내다, 빼내다
- (기쁨 등을) 얻다
- 추출물, 발췌내용

extract
추출하다
추출물

A.동사 [ikstrǽkt]
-추출하다, 발췌하다
You can extract a passage from a book. 너는 책에서 한 구절을 발췌할 수 있다.
Sesame oil is extracted from this plant. 참기름이 이 식물에서 추출된다.
-뽑아내다, 빼내다, 달여내다
A dentist extracts the tooth to prevent recurrent trouble.
치과의사는 재발하는 문제를 예방하기 위해 이빨을 뺀다.

– (기쁨 등을) 얻다
He extracted satisfaction from the success of his sons.
그는 아들들의 성공에서 만족감을 얻었다.

B.명사 [ékstrækt]
– 추출물
The cream contained extracts from several plants. 크림에는 여러 식물의 추출물이 포함되어 있다.
Add half a teaspoon of vanilla extract to the bowl and mix well.
사발에 바닐라 추출물 반 티스푼을 넣고 잘 섞으시오.

– 발췌내용
They published an extract from his autobiography. 그들은 그의 자서전에서 발췌한 내용을 출판했다.

extract는 '밖으로 잡아 당겨 내다'다. '추출(하다)', '발췌(하다)'도 밖으로 잡아 당겨 내는 것이다.

137 **fabric** [fǽbrik]	씨앗뜻 직물(의 짜임)
	─ 직물
	─ 구조

fabric

직물 (천)의 구조

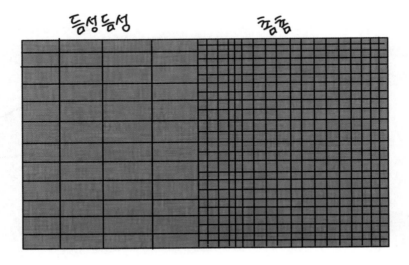

등성등성   촘촘

예문

명사

-직물, 천

We explore the innovative use of fabric in contemporary architecture.

우리는 현대 건축에서 직물의 혁신적인 사용을 탐구한다.

-(사회, 물질 등) 구조

The fabric of society has been deeply damaged by the dictatorship.

독재정권으로 인해 사회 구조가 크게 손상되었다.

The fabric of a building is its walls, roof, and the materials with which it is built.

건물의 구조는 벽, 지붕, 건축에 사용된 재료로 구성된다.

fabric은 '직물(천)'을 뜻하고 천은 '짜임새' 즉 '구조'를 가지고 있다. 사회나 물질의 '구조'라는 의미로 쓰이기도 한다.

138 **face** [feis]	씨앗뜻 얼굴(을 마주치다)
	┌ 얼굴, 면
	└ (~을) 향하다, 직면하다

face- 얼굴, ~을 향하다, 직면하다

예문

A. 명사
–얼굴, 면

A cube has six faces. 정육면체는 6면이다.

Suddenly his face brightened. 갑자기 그의 얼굴은 밝아졌다.

The drama is filled with new faces. 그 드라마는 새로운 얼굴로 가득하다.

They saw tiny little kitten faces and tiny little kitten paws.
그들은 작은 새끼 고양이 얼굴과 작은 새끼 고양이 발을 보았다.

B. 동사
–(얼굴을) 마주하다, 직시하다

It's time to face facts. 사실에 직시할 때이다.

The people faced a new problem. 국민들은 새로운 문제에 직면했다.

Candidates for upcoming election face off in debate. 다가오는 선거 후보자들은 논쟁에서 대결한다.

Decades later science faced the urgent questions that Mendel's discoveries answer. 수십년 후 과학은 맨델의 발견이 대답해야 하는 중요한 문제들에 직면했다.

Executives in sport management face criticism from fans and community members. 스포츠경영자들은 팬들이나 공동체 일원들로부터비판에 직면한다.

'얼굴'은 방향이 있다. 그래서 '마주하다', '직면하다'로도 쓰인다.

139 **facility** [fəsíləti]

세앗뜻 쉽게 할 수 있는 힘

┌ 능력, 솜씨
├ 쉬움, 용이함
└ (pl.) 편의, 편리, 시설, 설비

철제어 경사로

facility
시설→쉬움→능력

 예문

명사
-능력, 솜씨
He has a great facility for writing a novel. 그는 소설을 쓰는데 능력이 있다.
-쉬움, 용이함(=ease)
The driver handled the crisis with facility. 운전사는 쉽게 위기를 처리했다.
-(pl.) 편의(를 도모하는 것), 편리, 시설
Local cities in Korea have good transportation facilities. 대한민국에 지방 도시들도 좋은 교통 시설을 가지고 있다.

※동사형: facilitate [fəsílətèit] (손)쉽게 하다
New York Court System launches portal to facilitate public access to virtual civil.
뉴욕 법원 시스템은 가상 민사 소송에 대한 대중의 접근을 용이하게 하는 포털을 시작한다.

※명사형: facilitation [fəsílətéiʃən] 용이, 촉진, 편리하게 함
The present management lacks ideas on trade facilitation.
현재 경영진은 무역 촉진에 대한 아이디어가 부족하다.

※형용사형: facile [fǽsil] 손쉬운
Facile comes from the Latin facilis, meaning 'easy'. Facile은 "쉬운"을 의미하는 라틴어 facilis에서 유래되었다.

쉽게 활용하는 솜씨가 '능력'이다. 이용하기 쉽게 하도록 만들어 놓은 '시설'은 '용이'하게 할 수 있는 '편의'를 제공한다.

씨앗뜻 여러 각각의 측면에서 능력

140 **faculty** [fǽkəlti]

- 능력, 기능, 재능
- 재력, 지급능력
- 학부
- 교수단, 교원
- (의사, 변호사 등)동업자 단체

FACULTY

재력, 지불 능력

교수단

능력, 재능

예문

명사

-(정신적, 신체적, 지적) 능력, 기능, 재능

Miss Lee has a great faculty of memory. 이 양은 기억력이 대단하다.

Working out is good at improving your physical faculty. 운동하는 것은 너의 신체 능력을 증진하는 데 좋다.

-(대학의 힘) 학부

Here is the faculty of medicine. 이곳이 의학부이다.

-(각 대학의 힘) 교수진

The faculty agreed on a change in the requirements. 교수진은 필수사항 변경에 동의했다.

-(경제적 능력) 재력, 지급능력

The company has a great faculty to build an expensive building.
그 회사는 비싼 빌딩을 지을 수 있는 대단한 지불능력을 갖추고 있다.

-(의사, 변호사 등) 동업자 단체

The medical faculty objects to increasing the admission quota of medical school. 의사협회가 의대 입학정원을 증가시키는 것을 반대한다.

faculty는 정신적, 신체적, 경제적 '능력', '기능' 등을 말한다. 대학의 능력은 '학부'에서 나오고 학부는 '교직원'에서 나온다.

	씨앗뜻 어원1. 올바른
141 **fair** [fɛər]	어원2. (판매 등) 보여 주는 행위
	─ 공평한, 공정한, 올바른
	─ 하얀
	─ 정기 시장
	─ 박람회, 전시회

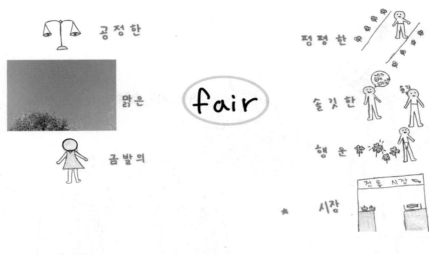

 예문

형용사
－공평한, 공정한, 올바른, 공명 정대한, 정당한

All I want is a fair decision, not an advantage. 내가 원하는 것은 이점이 아니라 공정한 결정이다.

A fair society would give people more equal freedom. 공정한 사회는 사람들에게 더 평등한 자유를 줄 것이다.

－하얀, 깨끗한

He is very fair with blue eyes. 그는 파란 눈을 가진 아주 백인이다.

Best results are seen with fair skin and dark hair. 하얀 피부와 검은 머리에 최상의 결과를 볼 수 있다.

cf) 다른 어원
명사
－정기시장

Fair opens in Korea every five days. 한국에서 5일장이 열린다.

－박람회, 전시회

The trade fair wasn't organized last year. 무역 박람회는 작년에 조직되지 않았다.

We are holding a Chemistry Fair for local middle school students.
우리는 지역 중학생들을 위한 화학 박람회를 개최할 예정이다.

씨앗뜻 아래로 떨어지다

142 **fall** [fɔ:l]

fell-fallen

⇔spring 솟아 오르다

- 가을
- 폭포(pl)
- 붕괴, 멸망
- 떨어지다, 넘어지다
- (비, 물가, 온도 등) 내리다, 떨어지다, 하락하다
- 무너지다, 붕괴하다
- 되다

1. 가을
2. 폭포
3. 붕괴,멸망
4. 떨어지다, 넘어지다
5. [비,물가,온도 등]내리다, 떨어지다,하락하다
6. 무너지다,붕괴하다
7. 되다

 예문

A. 명사

－가을

It is cool in fall. 가을에는 시원하다.

－폭포(pl)

The Niagara falls is 56.6 meters high on average. 나이아가라 폭포의 높이는 평균 56.6미터다.

－붕괴, 무너짐, 멸망

The fall of the Berlin Wall is on 9 November 1989. 베를린 장벽 붕괴는 1989년 11월 9일이다.

B. 동사

－떨어지다, 넘어지다

Ripe apples fell off the tree. 익은 사과가 나무에서 떨어졌다.

Be careful on the ice or you will fall. 얼음 위에서는 조심하세요. 그렇지 않으면 넘어질 것이다.

－(비 등) 내리다, (물가, 온도) 하락하다, 내리다, (수량, 목소리) 낮아지다

Rain always fall in drops. 비는 항상 방울방울 떨어진다.

The temperature fell to zero. 온도가 0도까지 내려갔다.

－(건물·국가·정부) 무너지다

The fort fell to the enemy. 요새가 적에게 무너졌다.

－(아래로 떨어져)~되다

I often fall asleep while reading. 나는 책을 읽다가 가끔 잠이 든다.

The business man fell short of money. 사업가는 돈이 부족하였다.

143 **fast** [fæst]

씨앗뜻 몸무게를 빨리 빼기위해 단식하다?

┌ 빠른, 빨리
└ cf) 다른 어원: 단식하다

fast-빠른, 빠르게, 단식(하다)

 예문

A. 형용사

- 빠른

She's a very fast runner. 그녀는 매우 빠른 주자다.
The soldiers took the faster route.
군인들은 더 빠른 길을 이용했다.

B. 부사

-빠르게

Entrepreneurs think fast, talk fast, and move fast.
기업가들은 빠르게 생각하고, 빠르게 말하고, 빠르게 움직인다.

cf) 다른 어원:
-단식하다

Patients must fast for six hours before having the medical checkup.
환자는 건강검진을 받기 전에 6시간 동안 금식해야 한다.

The patients fast for the purpose of treating hypertension. 그 환자들은 고혈압 치료를 목적으로 단식한다.

144 **feature** [fíːtʃər]

씨앗뜻 두드러진 점, 고유한 점
- 특징(을 이루다)
- 얼굴의 생김새
- 산세, 지형
- 특집기사(로 다루다), 출연하다

✍ 예문

A.명사

–(일반적으로 두드러진) 특징
The car has some excellent design features. 그 차에는 몇 가지 뛰어난 디자인 기능이 있다.

–(이목구비 등 얼굴의 두드러진) 얼굴의 생김새, (복수형) 용모, 얼굴
Her eyes are her best feature. 그녀의 눈은 그녀의 가장 큰 특징이다.

–(신문, 잡지, 방송, 영화 등에서 두드러진 점) 특집기사
An account of the fire was the feature in the Sunday newspaper.
그 화재에 대한 상세한 내용은 선데이 신문에 특집기사로 실렸다.

–(산천 등의 두드러진 점) 산세, 지형
A mountain pass is the feature that connects two valleys. 산길은 두 계곡을 연결하는 지형지물이다.

B.동사

–(영화에) 출연하다, 특집기사로 다루다
Tonight's program features some outstanding performers.
오늘 밤의 프로그램은 몇몇 뛰어난 연주자들을 특집으로 한다.
His latest movie featured an all-star cast. 그의 최신 영화에는 올스타 출연진이 출연했다.

feature는 두드러진 '특징', 사람들 얼굴의 특징인 '(이목구비의) 얼굴 생김새', 산이나 지형의 특징을 뜻하는 '산세' 혹은 '지형'의 뜻으로 사용된다. 또 동사로 신문 등 언론이 '특집기사로 다루다', 영화 등에 '특별히 출연하다'의 뜻으로 사용된다.

145 **fertile** [fə́ːrtl]

⇔ sterile, barren 메마른, 불모의

씨앗뜻 생명력이 왕성할 수 있는

- 비옥한
- 생식 능력이 있는, 수정된, 다산의
- 많은, 풍부한

형용사

-(땅이) 비옥한, 기름진
The soil is deep and fertile on the site. 그 지역 토양은 깊고 비옥하다.

-생식 능력이 있는, 수정된, (동식물) 다산의, (열매가) 많이 열리는
The area is fertile in alpine plants. 그 지역은 고산식물이 풍부하다.
Fertile days are the days a woman is most likely to get pregnant.
가임일은 여성이 임신할 가능성이 가장 높은 날입니다.

- (사건이) 많은, (상상력 등이) 풍부한
The holiday season is fertile time for frauds. 휴가철은 사기가 많이 발생하는 때다.
A fertile mind or imagination is able to produce a lot of good, original ideas.
상상력이 풍부한 정신은 훌륭하고 독창적인 아이디어를 많이 생산할 수 있다.

※명사형:fertility [fərtíləti] 다산, 번식력

-(땅이) 비옥, 다산, 출산력, 번식력, 생식능력
Fertility is the natural capacity to conceive a child. 가임력은 아이를 임신할 수 있는 자연적인 능력이다.
It's a fact that women's fertility declines as they age. 여성의 가임력은 나이가 들수록 감소하는 것이 사실이다.

fertile은 생산력·생식능력·상상력 등이 활성된 상태로 땅이 '비옥한', 생식능력이 '왕성한', 사건이나 상상력이 '풍부한' 뜻으로 사용된다.

 씨앗뜻 모양이나 형태

— 모양, 형체, 그림, 도형
— 몸매
— 인물
— 숫자, 수치
— 도표
— 피겨
— 이해하다, 상상하다, 계산하다

146 **figure** [fígjər]

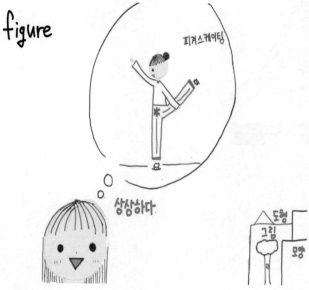

피겨스케이팅

상상하다

도형
그림
모양

📝 예문

A. 명사

−(모양, 형태를 수로 표시한 것) 숫자, 수치

Write the figure '7' on the board.
칠판에 숫자 7을 써라.

−(신체의 모양, 형태) 몸매

The actress has a slender figure.
그 여배우는 날씬한 몸매를 가지고 있다.

−(멋진 풍채를 가진) 인물

He is a figure of authority in physics.
그는 물리학에서 권위 있는 인물이다.

−(그래프 등으로 표시하는) 도표

The results are illustrated in figure 3. 결과는 도표 3에 제시되어 있다.

−(어떤 모습, 형태를 가진) 형체, 도형

The Pentagon is the figure with five sides and five floors.
펜타곤(미국방부 건물)은 5면과 5층을 가진 형체이다.

−(모양을 만드는 빙상 스포츠) 피겨

"Queen on Ice," Yuna Kim is the national figure skating icon in Korea.
'빙상의 여왕'김연아, 대한민국 피겨 스케이팅의 아이콘이다.

B. 동사

−(머릿속에 그려지는 모양, 형체, 그림 등) 상상하다, 이해하다

That's what I figured. 내 생각도 바로 그거야.

Figuring things out on your own helps you grow. 스스로 일들을 생각하는 것은 네가 성장하도록 도와준다.

−(머릿속에 수치를 그리는) 계산하다

We figured the attendance at 150,000. 우리는 참석자를 15만 명으로 계산했다.

figure는 '모양'이나 '형체'가 씨앗 뜻이다. '수치'는 모양이나 형체를 수치화 한 것이다. '상상하고 이해하고 계산한다'는 것은 머리 속에 형체를 그리는 것이다.

147 **file** [fail]

씨앗뜻 서류(를 제출하다)
┌ 파일, 자료, 서류, 기록
└ 서류를 제출하다

예문

A. 명사
–파일, 서류

There are no files associated with this item. 이 항목과 관련된 파일이 없다.
We have shifted all the files to our new Sector 16 office. 모든 파일을 새로운 섹터 16 사무실로 옮겼다.

B. 동사
–(신청·소송·항의·세금신고 등을 위해) 서류를 제출하다

Do I need to file her taxes? 내가 그녀의 세금을 신고해야 한가요?
People file for unemployment benefits. 사람들은 실업 수당을 신청한다.
The company filed a suit against its rival company. 그 회사는 경쟁 회사에 대하여 소송을 제기했다.

'file'을 만들어서 신청·소송·세금신고 등을 위해 '제출한다'.

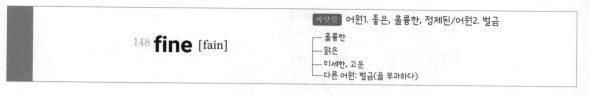

¹⁴⁸ **fine** [fain]

씨앗뜻 어원1. 좋은, 훌륭한, 정제된/어원2. 벌금

─ 훌륭한
─ 맑은
─ 미세한, 고운
─ 다른 어원: 벌금(을 부과하다)

예문

형용사
–훌륭한, 뛰어난, 좋은, 굉장한, 멋진
Her supper parties are always very fine. 그녀의 만찬은 언제나 아주 훌륭해.
–(날씨 따위가) 맑은
Weather today will be mainly fine but with occasional clouds.
오늘 날씨는 대체로 맑겠으나 때때로 구름이 끼겠습니다.
–(낟알, 입자가) 미세한, (올이) 고운
Fine dust plagued much of South Korea on weekends. 주말에 한국의 많은 지역에서 미세 먼지가 괴롭혔다.

cf) 다른 어원:벌금(을 부과하다)
명사
–벌금
Fine is a sum of money imposed as a penalty for an offense. 벌금은 범죄에 대한 처벌로 부과되는 돈이다.

동사
–벌금을 부과하다
The judge fined him 2,000,000 Won for drunkenness. 판사는 음주로 그에게 200만원의 벌금을 부과했다.

fine는 '깨끗한' 의미와 '벌금'의 뜻이다. '깨끗한' 사회를 위해 부정한 행위에 대해 '벌금(을 부과하다)'로 기억하자!

	씨앗뜻 **불**
149 **fire** [faiər]	├─ 불, 화재
	├─ 사격(하다)
	├─ 정열
	├─ 불을 붙이다, 고무하다
	├─ 퍼붓다
	└─ 해고하다

해고하다

불

발사

A.명사

-불, 화재
Animals are usually afraid of fire. 동물은 대개 불을 두려워한다.

-사격, 총격
The violent police opened fire on the protesters. 폭력 경찰은 시위자들에게 총격을 가했다.

-정열, 활력
The fire in his speech inspired democratic citizens. 그의 정열적인 연설은 민주 시민들에게 영감을 주었다.

B.동사

-(화기·탄환을) 발사하다(=discharge)
The general fired a blank shot. 그 장군은 공포탄을 쏘았다.

-불을 붙이다, 고무하다
The good novels fired his imagination. 그 소설은 그의 상상력을 불러일으켰다.

-(질문 따위를 총탄이 터지듯) 퍼붓다
The students fired questions at the physics professor. 학생들은 물리학 교수에게 질문을 퍼부었다.

-해고하다
The boss has the power to hire and fire managers. 사장은 관리자를 고용하고 해고할 수 있는 권한을 가지고 있다.

fire는 '불', '화재'가 씨앗 뜻이다. 총을 '사격'하면 불꽃이 생긴다. '정열'이나 '활력'은 '불'을 비유한 표현이다. 화재가 발생하여 '해고하다'로 기억하자.

 굳은, 단단한 →회사

150 **firm** [fəːrm]

굳은, 단단한, 변치 않는
회사
단단하게 하다

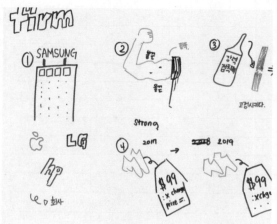

예문

A. 형용사
–굳은, 단단한

The ground was firm enough to build on. 지반은 지을 수 있을 만큼 단단했다.

–(신념·주의 등이) 굳은, 변치 않는

He made a firm commitment to stop smoking. 그는 금연에 대한 확고한 약속을 했다.

B. 명사
–회사

Through June and July, several firms increased pay. 6월과 7월까지 여러 회사에서 급여를 인상했다.

C. 동사
–단단하게 하다

Firm more soil over the roots and water thoroughly.
뿌리 위에 흙으로 단단하게 하고 물을 충분히 주세요.

firm은 굳은, 단단한 뜻으로 굳은 신념으로 회사를 만들다는 의미에서 '회사'라는 말이 나왔다.

A. 앞에서 배웠던 단어들 씨앗 뜻을 생각하면서 우리말로 각각 최대한 자세히 써 보세요.(정답:단어본문 참고)

136. extract _____
137. fabric   _____
138. face   _____
139. facility _____
140. faculty _____
141. fair   _____
142. fall   _____
143. fast   _____
144. feature _____
145. fertile _____
146. figure   _____
147. file   _____
148. fine   _____
149. fire   _____
150. firm   _____

B. 앞에서 학습한 각 단어들의 예문을 활용한 문장들입니다. 강조된 단어를 유의하면서 각각 해석해 보세요.
(정답 **393 page**)

136. A dentist extracts the tooth to prevent recurrent trouble.

137. We explore the innovative use of fabric in contemporary architecture.

138. The people faced a new problem.

139. Local cities in Korea have good transportation facilities.

140. Here is the faculty of medicine.

141. Fair opens in Korea every five days.

142. The fort fell to the enemy.

143. The patients fast for the purpose of treating hypertension.

144. An account of the fire was the feature in the Sunday newspaper.

145. The soil is deep and fertile on the site.

146. The Pentagon is the figure with five sides and five floors.

147. The company filed a suit against its rival company.

148. Fine is a sum of money imposed as a penalty for an offense.

149. The boss has the power to hire and fire managers.

150. He made a firm commitment to stop smoking.

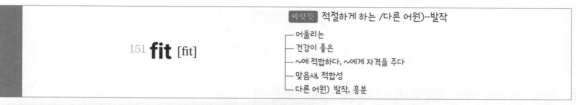

씨앗뜻 적절하게 하는 /다른 어원)-발작

151 **fit** [fit]

― 어울리는
― 건강이 좋은
― ∼에 적합하다, ∼에게 자격을 주다
― 맞음새, 적합성
― 다른 어원) 발작, 흥분

fit-알맞는, 어울리는, 건강이 좋은, 맞음새, 적합성

 예문

A. 형용사(=suitable)
-(꼭) 맞는, 알맞은, 어울리는
Is he fit to do the job?
그는 그 일에 적임인가?

-건강이 좋은, 튼튼한
Our team's players feel fit.
우리 팀 선수들은 몸 상태가 좋다.

Exercise keeps you fit and healthy.
운동은 너를 튼튼하고 건강하게 유지한다.

B.동사
-맞추다, 적응시키다(=adapt)
Your new dress fits well.
당신의 새 드레스는 몸에 꼭 맞다.

-고치다
The mechanic fitted a car.
그 기능공은 자동차를 고쳤다.

-자격·능력을 주다
Find a top degree that fits your life. 당신의 삶에 자격을 주는 최고의 학위를 찾으십시오.

C. 명사
-맞음새, 적합(성)(=adaptedness), (옷의) 만듦새
This coat is a perfect fit for me. 이코트는 나에게 꼭 맞는다.

※ 다른 명사형:fitness
-적합성
Many people questioned his fitness for the job. 많은 사람들이 그 일에 대한 그의 적합성을 의심한다.

-건강
I'm taking an online fitness course. 나는 건강과정을 수강하고 있다.
Check out the latest articles on physical fitness. 신체적 건강 관한 최신 기사를 확인하세요.

cf) 다른 어원-발작, 흥분
His stories had them in fits of laughter. 그의 이야기는 웃음을 자아냈다.

fit는 '적절하게 맞추다'가 씨앗 뜻이다. 명사, 형용사, 동사로 쓰여 '알맞는', '건강한', '맞추다', '고치다', '자격을 주다' 등으로 쓰인다. 다른 어원으로 '발작'의 뜻도 있다.

152 **fix** [fiks]

 씨앗뜻 고정시키다

└ 고정하다, 결정하다
└ 고치다, 해결하다, 수정하다
└ (음식을) 준비하다

fix- 고정시키다, 정하다, 정착하다, 고치다

예문

동사

-(날짜·계획 등을) 결정하다
Fix a date for the meeting.
회의 날짜를 정하세요.

-(사물) 고정시키다,
An engineer fixed a post in the ground. 엔지니어는 땅에 기둥을 고정했다.

-(음식을) 준비하다
My mother is fixing salad for lunch. 어머니는 점심으로 샐러드를 준비하고 있다.

-(고장·문제 등을) 고치다, 해결하다, 수정하다
Did you fix your bycycle yesterday? 어제 자전거 고쳤니?
We must fix the issue. 우리는 그 문제를 해결해야 한다.
How do you fix red eyes on photos? 사진상 적목현상을 어떻게 수정할 수 있나요?
He can straighten your wheel and fix that flat in no time.
그는 너의 바퀴를 똑바로 펴 즉시 펑크를 수리할 수 있다.

-(마음·눈길을 고정시켜) 끌다
Fix your eyes on the sign for 30 seconds. 간판에 30초 동안 눈을 고정하세요.

-(허물· 책임 등을 고정시켜) 덮어 씌우다
My father fixed responsibility on me. 나의 아버지는 나에게 책임을 덮어 씌웠다.

fit는 '적절하게 맞추다'가 씨앗 뜻이다. 명사, 형용사, 동사로 쓰여 '알맞는', '건강한', '맞추다', '고치다', '자격을 주다' 등으로 쓰인다.

	씨앗뜻 평민
153 **folk** [fouk]	┌ 사람들, 평민 ├ 민요 └ 민속의, 민중의

folk- 사람들, 평민, 민요, 서민의

 예문

A.명사

-pl) 평민, 사람들

Most folks are naturally curious. 대부분의 사람들은 당연히 호기심이 많다.

-(평민들이 부르는) 민요

Traditional folk can spring artists into unusual places. 전통 민요는 예술가들을 특이한 장소로 튀게 할 수 있다.

B.형용사

-민속의, 서민의, 민중의

This is especially true for the folk and traditional arts. 이것은 특히 민속적이고 전통 예술에 특히 해당된다.

Researchers digitize massive collection of folk medicine. 연구원들은 방대한 민간 의학 컬렉션을 디지털화한다.

일반 '보통 사람들'이 '평민'이고 그들이 부르는 것이 '민요'다.

	씨앗뜻 ~를 따라가다
154 **follow** [fálou]	─ 따르다 ─ 이해하다 ─ 결과로서 일어나다

follow- ~를 따라가다, 따라가다, 이해하다

예문

동사

-(지도자·선례·세태·유행·충고·주의 등을) 따르다, 따라가다

We'll follow behind on the horses. 우리는 말을 타고 따라갈 것이다.

Follow the instructions in taking the medicine. 약 복용 지침을 따르시오.

-(말 등을 따라잡아) 이해하다

His lecture of physics was difficult to follow. 그의 물리학 강의는 이해하기가 어려웠다.

We could hardly follow what he said. 우리는 그가 말한 것을 거의 이해할 수가 없었다.

-(뒤에) 결과로서 일어나다

One event followed another. 사건이 잇따라 일어났다.

A fire often follows an earthquake. 지진 후에는 흔히 화재가 발생한다.

Seven more trains followed it and 669 lives were saved in total.
7대의 열차가 그것을 뒤따랐고 총 669명의 생명이 구출되었다.

follow는 '~를 따라가다'가 씨앗 뜻이다. 말이나 가르치는 내용을 따라잡는다는 뜻의 '이해하다'라는 뜻으로도 쓰인다.

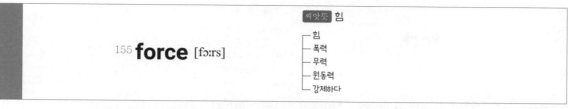

씨앗뜻 힘

¹⁵⁵ **force** [fɔːrs]

— 힘
— 폭력
— 무력
— 원동력
— 강제하다

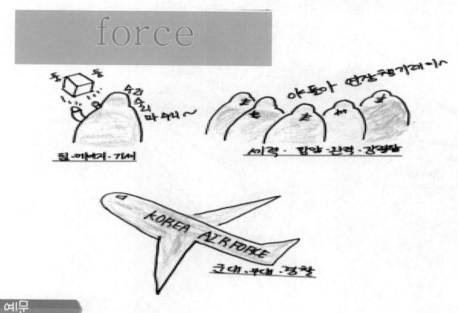

 예문

명사

–힘, 세기

Force describes a physical energy. 힘은 물리적 에너지를 나타낸다.

The Force can be measured using a spring balance. 힘은 스프링 저울을 사용하여 측정할 수 있다.

Gravity is the force of a planet, a moon, or a star that pulls things toward its center. 중력은 물체들을 그것의 중심으로 잡아 당기는 행성, 달, 혹은 별을 잡아 당기는 힘이다.

–폭력, 강압

Don't resort to force. 폭력에 호소하지 말아라.

–무력, 병력

Our country has a strong air force. 우리나라는 강한 공군력을 가지고 있다.

Peace cannot be imposed by force. 평화는 무력으로 이루어질 수 없다.

–원동력

Healthy competition is a force for innovation. 건전한 경쟁은 혁신의 원동력이다.

–(힘으로) 강제하다, 억지로 …시키다

The police forced the gun from his hand. 경찰은 그의 손에서 총을 빼앗았다.

They forced him to sign the paper. 그들은 그가 그 서류에 서명하도록 강요했다.

force는 '힘'이 씨앗 뜻이다. 힘으로 하는 것이 '폭력', '무력', '원동력'이다. 동사로는 힘을 써 '강요하다'는 뜻이다.

156 **fork** [fɔːrk]

씨앗뜻 갈라지다

— 포크
— 농업용 포크
— 갈림길
— (길이) 갈라지다

fork – 음식/농업용 포크, 분기점

 예문

A.명사
–(식탁용의) 포크, 삼지창
Cutlery consists of the knives, forks, and spoons. 칼붙이는 칼, 포크, 숟가락으로 구성된다.

–(농업용) 포크, 쇠스랑
A garden fork is used similarly to a spade in turning over soil.
정원용 쇠스랑은 흙을 뒤집을 때 삽과 유사하게 사용된다.

–갈림길
Agriculture has come to a fork in the road. 농업은 갈림길에 섰다.

B.동사
–(길이) 갈라지다, 두 갈래지게 하다
The hotel is near where the road forks. 호텔은 갈림길 근처에 있다.
Snakes have forked tongues that help them taste and smell.
뱀들은 맛을 보고 냄새를 맡는데 도와주는 갈라진 혀를 가지고 있다.

fork는 '갈라지다'가 씨앗 뜻으로 '갈림길', '포크' 등의 뜻이 나온다.

157 **free** [fri:]	씨앗뜻 자유로운
	─ 무료의
	─ 자유로운
	─ 자유롭게 하다

 예문

A. 형용사

−무료의, 공짜의

Freedom is not free. 자유는 공짜가 아니다.

Admission is free of charge. 입장이 무료다.

With your birthday coupon, your ticket is free. 너의 생일쿠폰으로 티켓은 무료다.

−자유로운

You are free to do what you like. 너는 네가 하고 싶은 것을 하는데 너의 자유다.

The people of the country fought for their free will. 국가의 국민들은 자신들의 자유를 위해 싸웠다.

B.동사

−(죄수 등) 자유롭게 하다(=release)

Three people were freed from the wreckage. 그 난파선에서 세 사람이 구출되었다.

'공짜'니 '자유로운' 상태다.

158 **function** [fʌ́ŋkʃən]

씨앗뜻 어떤 작용(하다)

— 기능, 작용, 역할(하다)
— 함수
— 의식, 행사

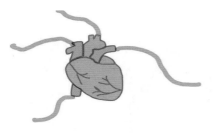

기능, 작용, 역할 (하다)

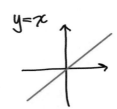 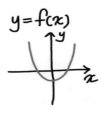

함수

 예문

A. 명사

-기능, 작용, 역할

The function of the heart is to pump blood through the body.
심장의 기능은 몸 전체에 혈액을 공급하는 것이다.

Sensory and motor nerves control almost all functions in the body.
감각신경과 운동신경은 몸에서 거의 모든 기능을 통제한다.

-의식, 행사

As a mayor, he has a lot of official functions to attend.
시장으로서 그는 참석해야 할 공식 행사가 많다.

-(수학) 함수

A function relates an input to an output. 함수는 입력과 출력을 관련된다.

B. 동사

-작용하다

Students can't function on properly when they're deprived of sleep.
학생들은 잠이 부족하면 제대로 기능할 수 없다.

function은 '기능', '역할'이 씨앗 뜻이다. 수학에서 일정한 역할을 하는 식이 '함수'다.

159 **game** [geim]	씨앗뜻 놀이로 하는 게임 ┌게임 └사냥감

 예문

명사

-게임

Do you want to play free games online? 온라인에서 무료 게임을 하고 싶으십니까?
Play one of these fun, clever, nontraditional board games instead.
대신 이 재미있고, 숙련되고 비전통적인 보드게임 중 하나를 플레이하시오.

-(원시시대에 놀이로서 사냥하는) 사냥감
Wolves live in areas where game is plentiful. 늑대는 사냥감이 풍부한 지역에서 산다.
The game is wild mammals or birds hunted for sports or food.
사냥감은 스포츠나 음식을 위해 사냥되는 포유류나 조류이다.

문명시대 이전에 '사냥감'을 잡는 행위가 하나의 '게임'이었다.

씨앗뜻 특정적이지 않고 전체를 아우르는 장군

160 **general** [dʒénərəl]

└ 일반적인
└ 전반적인
└ 장군

일반적 병사들의 전반적인 상황을 잘 아우르는 이순신 장군

 예문

A. 형용사
–일반적인

There is general concern about rising crime rates. 범죄율 증가에 대한 일반적인 우려가 있다.

–전반적인

When is the next general election? 다음 총선은 언제인가요?

My body is like a general hospital. 내 몸은 종합병원과 같다.

B. 명사
–(전체를 아우르는 사람) 장군

General Yi Sun-sin said that "if you want to die, you will live; if you want to live, you will die." 이순신 장군은 "죽고자 하면 살 것이요, 살고자 하면 죽는다."라고 말했다.

※동사형:generaize [dʒénərəlàiz] 일반화하다

Children generalize the aggressive behavior. 아이들은 공격적인 행동을 일반화한다.

※명사형:generaization [dʒénərəlàizeiʃən] 일반화

People make a hasty generalization. 사람들은 성급하게 일반화 한다.

'장군'은 특정한 일에 매이지 않고 '일반적인' 혹은 '전체적인' 면을 아울러야 한다.

161 **generation** [dʒènəréiʃən]

씨앗뜻 새로 생겨남

┌ 세대
└ 산출, 발생

generation – 세대, 자손, 일족

 예문

명사

–(새로 생겨난) 세대

The singer was a hero to a generation of students. 그 가수는 학생들 세대에게 영웅이었다.

–(생물, 전기, 열 등이 생겨나는) 산출, 발생

Hydrogen generation could become a $1 trillion per year market.
수소 발전은 연간 1조 달러 시장이 될 수 있다.

The entertainment facilities are a key area for income generation.
그 오락 시설은 소득 산출의 핵심 영역이다.

※**동사형 generate** [dʒénərèit]

–생성하다, 산출하다, (전기·열 등) 발생시키다

How can we generate a retirement income of $50,000 a year?
연간 $ 50,000의 퇴직 소득을 어떻게 생성할 수 있습니까?

generation은 새로 '산출' 혹은 '발생'한 것을 의미한다. 이말은 새로 태어난 '세대'라는 뜻으로도 사용된다.

162 **germ** [dʒəːrm]

씨앗뜻 병, 생명 등을 시작하게 하는 것

┌ 세균
├ 배아, 생식세포, 유아
└ 시작

germ

세균

생식세포

시작

유아

예문

명사

-세균

Rats and flies spread germs. 쥐와 파리는 세균을 퍼뜨린다.

Dirty hands can have germs on them. 더러운 손은 세균을 가지고 있다.

-유아, 배아, 생식 세포 (~ cell)

The older sense of germ appeared in wheat germ and germ of an idea.
Germ의 오래된 의미는 밀 배아와 아이디어의 시작에 나타났다.

-(발생·발달의) 근원, 기원, 시작

This is the germ of a brilliant idea. 이것이 훌륭한 아이디어의 기원이다.

The student's suggestion was the germ of an idea of writing his book.
그 학생의 제안은 그가 책을 쓴 아이디어의 시작이었다.

germ은 '시작'을 뜻한다. 병의 시작은 '세균'이고 생명의 시작은 '생식세포', '배아', '유아'다.

163 **grasp** [græsp]

씨앗뜻	붙잡다
― 붙잡다, 장악하다
― 이해(하다)

 예문

A.동사
-붙잡다, 체포하다, 장악하다
Grasp all, lose all. 《속담》욕심 부리면 다 잃는다.
He grasped me by the arm. 그는 내 팔을 움켜잡았다.

-이해하다
Young scientists must first grasp the concept of sustainable development.
젊은 과학자들은 먼저 지속가능발전의 개념을 이해해야 한다.

B.명사
-이해, 파악
The region of science is beyond my grasp. 과학의 영역은 나의 이해범위 밖이다.
Repair requires a larger grasp of design and material. 수리는 많은 디자인과 재료 대한 이해를 요구했다.
-장악
Can the Russian leader retain his grasp on power? 러시아 지도자가 권력을 계속 장악할 수 있을까?

grasp는 '붙잡다'가 씨앗 뜻이다. 말이나 가르치는 내용을 붙잡다는 뜻의 '이해하다'라는 뜻으로도 쓰인다.

164 **grave** [greiv]	싸앗뜻 무덤 → 무거운
	┌ 무덤, 분묘 └ 중대한, 심상치 않은, 위독한

grave

1.무덤
2.엄숙한, 중대한

예문

A. 명사
-무덤, 분묘

Offspring lowered the stone coffin into the grave. 자식들은 석관을 무덤 속으로 내렸다.
Many of the soldiers were buried in unmarked graves. 많은 군인들이 무명의 묘에 묻혀 있었다.
Those stones mark the graves of the soldiers who fell in battle.
저 돌들은 전투에서 쓰러진 군인들의 묘를 표시한다.

B. 형용사
-(문제 등이) 중대한, 심상치 않은, (병이) 위독한

The situation poses a grave threat to peace. 정세는 평화에 중대한 위협을 제기하고 있다.

First, we would like to underscore our grave concern. 먼저 우리는 우리의 심각한 우려를 강조하고 싶다.

'무덤'은 '무겁'고 '심각'하다.

165 **ground** [graund]

씨앗뜻 땅

— 땅, 대지, 마당, 정원, 운동장
— 영역, (기초가 되는) 근거, 이유
— 입장
— (땅에) 기초를 두다
— 좌초하다, 비행 금지하다

 예문

A. 명사

–땅, 대지, 마당, 정원, 운동장
The farmer dug the ground. 그 농부는 대지를 팠다.
Most dinosaur eggs were laid in nests on the ground. 대부분의 공룡알은 땅에 있는 둥지에 낳는다.

–(땅이 나뉘어 진) 장소 → 영역, 분야
The thesis covers many grounds on capital punishment.
그 논문은 사형제에 대한 많은 영역을 다루고 있다.

–땅 바닥, 기초 → (기초가 되는) 근거, 이유
There aren't good grounds for the news. 그 뉴스에 대한 충분한 근거가 없다.

–(땅에 뿌리내리고 있는) 입장
The self-employed are on grave ground. 자영업자들이 심각한 입장에 있다.

B. 동사

–(땅에) 기초를 두다
The movie is grounded on the historical fact. 그 영화는 역사적 사실에 근거한다.

–(땅에 붙어 있어야 하는) 비행 금지하다, 착륙하다(=land), (배가 땅과 닿아) 좌초하다
The plane began flying in 2017 but has been grounded for over a year.
그 비행기는 2017년 부터 비행을 시작했으나 1년 넘게 운항이 중단됐다.

cf) grind(갈다)의 과거, 과거분사(ground-ground)
The workers were ground by heavy taxation. 노동자들은 중과세로 고통을 받았다.

A. 앞에서 배웠던 단어들 씨앗 뜻을 생각하면서 우리말로 각각 최대한 자세히 써 보세요.(정답:단어본문 참고)

151. fit _____
152. fix _____
153. folk _____
154. follow _____
155. force _____
156. fork _____
157. free _____
158. function _____
159. game _____
160. general _____
161. generation _____
162. germ _____
163. grasp _____
164. grave _____
165. ground _____

B. 앞에서 학습한 각 단어들의 예문을 활용한 문장들입니다. 강조된 단어를 유의하면서 각각 해석해 보세요.
(정답 393 page)

151. Find a top degree that fits your life.

152. We must fix the issue.

153. Traditional folk can spring artists into unusual places.

154. A fire often follows an earthquake.

155. The police forced the gun from his hand.

156. Agriculture has come to a fork in the road.

157. The people of the country fought for their free will.

158. Students can't function on properly when they're deprived of sleep.

159. Wolves live in areas where game is plentiful.

160. When is the next general election?

161. The entertainment facilities are a key area for income generation.

162. The older sense of germ appeared in wheat germ and germ of an idea.

163. Repair requires a larger grasp of design and material.

164. First, we would like to underscore our grave concern.

165. There aren't good grounds for the news.

166 **haunt** [hɔːnt]

씨앗뜻 자주 가다

─ 명소(자주가다)
─ 출몰하다, 자주 떠오르다
─ 괴롭히다

haunt – 자주가다, (유령이) 출몰하다, (생각이) 자주 떠오르다, 괴롭히다, 명소

 예문

A.명사
-명소, 자주 가는 곳, 출몰하는 곳, 서식지
This haunt is one not to be missed. 이 명소는 놓쳐서는 안 될 곳입니다.

B.동사
-자주 가다, (유령이) 자주 출몰하다
A lady is said to haunt the forest looking for her children.
한 여인이 아이들을 찾으러 숲을 떠돌아다닌다고 한다.

-(생각이) 뇌리에 계속 떠오르다, 괴롭히다
The trauma haunts me still. 그 트라우마는 아직도 나를 괴롭힌다.

※형용사 haunting [hɔːntiŋ] 잊혀지지 않는, 잊을 수 없는
The haunting last scene of the movie is stuck in my head.
그 영화의 잊혀지지 않는 마지막 장면이 뇌리에 박혀 있다.

※특히 과거분사형 형용사 haunted [hɔːntid]:자주가는, 유령이 출몰하는
There are three haunted attractions around the area.
그 지역 주변에 자주 찾는 3개의 명소가 있다.

'Zombie Road': One of America's most haunted roads is in St. Louis County.
좀비 로드': 미국에서 가장 유령이 나오는 도로 중 하나는 세인트루이스 카운티에 있다.

haunt는 '자주 가다'가 씨앗 뜻으로 '명소' 등의 뜻이 나온다. (유령이) '자주 출몰하다', (근심 걱정이) '자주 괴롭히다' 등의 뜻도 나온다.

167 **head** [hed]

씨앗뜻 머리

─ 머리, 책임자
─ 향하다
─ 처음에 두다, 이끌다

head- 머리, 책임자, 주요한, 지휘하다, 향하게 하다

예문

A. 명사

-머리

An AFLW player kisses her teammate's head.
AFLW 선수가 그녀 팀 동료의 머리에 키스했다.

-책임자

This is the head of Pineville Community Center. 저는 Pineville 센터장입니다.
Keith Todd was appointed head of fire safety.
Keith Todd는 화재 안전 책임자로 임명되었다.

B. 동사

-향하다

Nicholas Winton decided to head to Prague. Nicholas Winton은 프라하로 가기로 결정했다.
Iran and world powers head for nuclear talks. 이란과 세계 강대국이 핵 회담으로 향한다.
People are flocking to see Fu bao before she heads to China.
푸바오가 중국으로 향하기 전에 그를 보기 위해 사람들이 모여들고 있다.

Papa headed for his favorite easy chair with the evening newspaper.
저녁 식사 전에 아빠는 석간신문을 가지고 그의 가장 편안한 의자를 향해 갔다.

-처음에 두다

Their names head the list. 그들의 이름이 명단 맨 앞에 있다.

-이끌다, 지휘하다

The expedition is headed by Mr. Lee.
탐험대는 이씨가 이끈다.

'머리'는 '우두머리' 즉 '책임자'이고 그 우두머리가 가는 방향으로 '향한다'.

¹⁶⁸ **help** [help]

씨앗뜻 도움, 돕다
┌ 도움, 돕다
└ 피하다

help-도움, 돕다, 피하다

 예문

A. 명사
-도움

County Sheriff's office needs help identifying a suspect.
카운티 보안관 사무실은 용의자를 식별하는 데 도움이 필요하다.

B. 동사
-돕다

Heaven helps those who help themselves. 《속담》 하늘은 스스로 돕는자를 돕는다.
-(안 좋은 상황에서 도움이 되어) 피하다(=avoid) {can(could) not help~ing 하지 않을 수 없다}
I could not help laughing her action. 나는 그녀의 행동에 웃지 않을 수 없었다.
People could not help laughing at his remark and attitude.
사람들은 그의 발언과 태도를 보고 웃지 않을 수 없었다.

169 **host** [houst]

씨앗뜻 주인, 사회자

─ 주인, (방송 등) 사회자
─ (기생생물의) 숙주
─ 개최하다

host- 주인, 숙주, 사회자, 개최하다

예문

A.명사

-주인, (방송) 사회자

The show has used several guest hosts since the host death.
이 쇼는 사회자의 사망 이후 여러 게스트 사회자를 이용하고 있다.

-숙주

All organisms on earth are involved in host-parasite interactions, either as a host or as a parasite. 지구상의 모든 유기체는 숙주 또는 기생충으로서 숙주-기생충 상호작용에 관여한다.

B.동사

-개최하다

Is Qatar really fit to host a World Cup? 카타르가 월드컵 개최에 정말 적합합니까?

host는 '주인'으로서 음식들을 내어준다. '숙주'는 기생충이 먹고 살도록 내어준다. 동사로 주인의 역할, 즉 '개최하다'로 쓰인다.

170 **identify** [aidéntəfài]

씨앗뜻 확인하다
- 동일화하다
- 확인하다

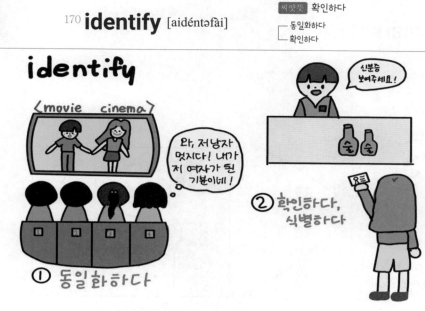

 예문

동사

-(자신을 어떤 것과) 같은 것으로 확인하다, 동일화하다

A good leader identifies the interest of the folk with his own prosperity.
훌륭한 지도자는 민중의 이익을 그의 자신의 번영과 동일한 것으로 확인한다.

-확인하다

The dancer identified her daughter with her hands. 그 댄서는 그녀의 딸을 그녀의 손으로 확인했다.

Marketers must first identify who your target market is. 마케팅 담당자들은 목표 시장이 누구인지 확인해야 한다.

※명사형:identification & identity

-identification [aidèntəfikéiʃən]:신원확인, 신분증명

Identification of the victims of the plane crash still is not complete.
비행기 추락사고 희생자들 신원확인이 여전히 완료되지 않았다.

-identity [aidéntəti]:동일함, 정체

Cases of identity theft and fraud are on the rise. 신분 도용 및 사기 사건이 증가하고 있다.

identify는 신분 증을 확인하여 '(같은 사람 임을) 확인하다'이다. 영화 등을 보면서 주인공과 같은 사람처럼 착각하는 '동일화하다'로도 쓰인다.

171 **immerse** [imə́:rs]

씨앗뜻 in(안에)+merge(합치다) → 하나로 합치다
- 잠그다, 담그다
- 몰두하다

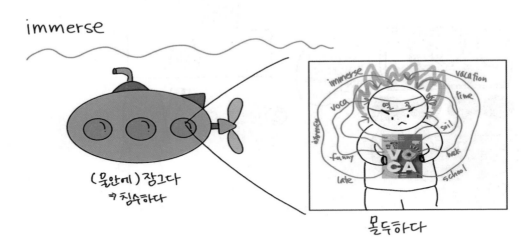

immerse

(물안에)잠그다
= 침수하다

몰두하다

예문

동사

-(물속에 하나가 되도록) 잠그다, 담그다, 가라앉히다

The painter immersed the portrait in water. 화가는 초상화를 물속에 잠기게 하였다.

-(정신을 공부 등에) 몰두하다

The painter immersed himself in her work. 그 화가는 그의 일에 자신을 몰두했다.

Immerse yourself in autumn scenery and historic sites.
가을 풍경과 유적지에 푹 빠져보세요.

※명사형:immersion [imə́:rʃən] 잠금, 담금, 몰입, 침수
Administrators also proposed changes to language immersion programs.
관리자들은 또한 언어 몰입 프로그램에 대한 변경을 제안했다.

immerse는 '잠그다'가 씨앗 뜻이다.
학습 등에 '잠그다'는 말은 '몰두하다'이다.

172 **implant** [implǽnt]

씨앗뜻 im(in)(안에다)+plant(심다) → 안에 심다

─ 심다
─ 불어넣다
─ 착상하다
─ 임플란트

implant
(이식하다, 심다)

 예문

A.동사
-심다(=plant), 끼워넣다, (산 조직을) 이식하다
Electrodes have been implanted in the patient's brain. 환자의 뇌에 전극이 이식되었다.

-(마음에) 주입(注入)시키다(=instil)
The judge implanted some very polite attitudes in his children.
판사는 자녀들에게 아주 예의 바른 태도를 심어주었다.

-(수정란을 자궁벽에) 착상하다, 착상시키다
The fertilized egg implants and becomes a fetus. 수정란이 착상하여 태아가 된다.

B.명사
-끼워진 것, 이식 조직, (외과에서) 임플란트
Dental implants are synthetic structures for insertion into the bone.
치과 임플란트는 뼈에 삽입하기 위한 합성 구조다.

implant는 어원상 '안에 심다'는 뜻으로 '이식하다', '주입시키다', '착상시키다'로 활용된다.

173 **initiative** [iníʃiətiv]

씨앗뜻 시작(단계)

┌ 발의
├ 솔선, 주도(권)
├ 진취적 기상
└ 계획

 예문

명사

-발의, 시작
There is talk of a new peace initiative. 새로운 평화 발의에 대한 이야기가 있다.

-주도(권), 솔선
Claire took the initiative and introduced herself. 클레어는 솔선수범해서 자기소개를 했다.

-진취적 기상, 추진력
It takes a lot of initiative to innovate. 혁신을 위해서는 많은 추진력이 필요하다.

-계획(=project)
The initiative even had a code name, "Project Purple."
그 계획은 심지어 "프로젝트 퍼플"이라는 암호명까지 있었다.

※동사형:initiate [iníʃièit] 시작하다
We just initiated contact with a potential business partner.
우리는 방금 잠재적인 비즈니스 파트너와 접촉을 시작했다.

※다른 명사형:initiation [inìʃiéiʃən] 개시, 착수
The initiation of something is the beginning. 무언가의 initiation(시작)은 시작이다.

174 **initial** [iníʃəl]
씨앗뜻 시작하는
□ 첫 글자(의)
□ 처음의

initial- 머리글자, 처음의

 예문

A. 명사
-(이름 등) 첫 글자
She put her initials on each page of the contract. 그녀는 계약서의 각 페이지에 이니셜을 적었다.
W.S on the cover of the book is the initials of William Shakespeare.
그 책 표지에 있는 W.S는 윌리엄 세익스피어의 이니셜이다.

B. 형용사
-처음의
The minister regretted his initial remarks. 그 장관은 그의 첫 발언을 후회했다.
My initial surprise was soon replaced by delight. 나의 초기 놀라움은 곧 기쁨으로 대체되었다.

※동사형: initialize [ɪ'nɪʃəlaɪz] 초기화하다
You need to initialize the system before using this computer.
이 컴퓨터를 사용하기 전에 시스템을 초기화해야 한다.

※명사형: initialization [ɪ'nɪʃəlaɪzéiʃən] 초기화
Initialization is the assignment of an initial value for a data object or variable.
초기화는 데이터 개체나 변수에 대한 초기 값을 할당하는 것이다.

 씨앗뜻 어떤 일을 위해 사용하는 도구·수단

175 **instrument** [ínstrəmənt]

- 도구, 기구, 기기
- 악기
- 수단

instrument- 도구, 기구, 기계, 악기

예문

명사

-도구, 기구, 기기

Those are surgical instruments.
저것들은 수술 도구들이다.

The spacecraft carry instruments that test the compositions and characteristics of planets.
이 우주선은 행성의 구성 성분과 특성을 실험하는 기구들을 갖추고 있다.

-(음악의 도구) 악기

The guitar was his favorite musical instrument. 기타는 그가 가장 좋아하는 악기였다.

-수단

Interest rates are an important instrument of economic policy. 금리는 경제 정책의 중요한 수단이다.

※형용사형: instrumental [ìnstrəméntl]

-기계를 쓰는, 도움이 되는

She was instrumental in bringing about the prison reform act.
그녀는 교도소 개혁법을 시행하는 데 중요한 역할을 했다.

-악기의, 기악의

They played instrumental music at the wedding. 그들은 결혼식에서 기악을 연주했다.

instrument는 '도구', '수단'이다. 음악을 위한 도구가 '악기'다.

176 **interest** [íntərist]

씨앗뜻 이자
— 이자
— 이익, 흥미, 관심(을 끌다)

interest- 이자, 관심

🖋 예문

A.명사

-이자

Bank fixed deposit are earning low interest rates. 은행 정기예금은 낮은 이자율을 받고 있다.

-이익, 관심, 흥미

Patriots have shown 'consistent interest'. 애국자들은 '일관된 관심'을 보였다.

Conflict of interest can be a tricky thing. 이해 상충은 까다로운 일이 될 수 있다.

The areas of interest included religion, math, business, science, history, and biography. 흥미의 영역은 종교, 수학, 사업, 과학, 역사 그리고 전기를 포함했다.

B.동사

-흥미를 주다

Science fiction interests boys in science. 공상과학소설은 소년들에게 과학에 흥미를 갖게 하였다.

Politics interests young women much after presidential election.
대선 이후 정치는 젊은 여성들에게 많은 관심을 가지게 한다.

'이자'를 주니 '이익'이 되니 '관심'을 갖는다.

177 **isolate** [áisəlèit]

씨앗뜻 일부를 분리해 내다

― 고립시키다
― 격리시키다
― 추출하다

② 격리시키다.
③ 추출하다.

공동체 사회

병균

전염병 환자

바이러스

예문

A.동사

–(사람을 분리해) 고립시키다, 분리하다

Floodwaters could isolate community for weeks. 홍수로 인해 지역 사회가 몇 주 동안 고립될 수 있다.

–(전염병 환자를) 격리하다

Isolate and take precautions while it is infectious. 전염성이 있는 동안 격리하고 예방 조치를 취하십시오.

–(바이러스, 병균 등을 분리해) 추출하다

The researchers were not able to isolate the bacteria. 연구원들은 박테리아를 추출할 수 없었다.

※명사형: isolation 격리, 고립

Isolation is sometimes used to prevent disease from spreading.
격리는 때때로 질병 확산을 방지하기 위해 사용된다.

Loneliness and social isolation in older adults are becoming a serious public health
crisis. 노인의 외로움과 사회적 고립은 심각한 공중 보건 위기가 되고 있다.

isolate는 '(전체에서) 일부를 분리해 내다'라는 뜻에서 '고립시키다', '격리하다', '추출하다'의 뜻으로 사용된다.

178 **issue** [íʃuː]

씨앗뜻 밖으로 나오는 것
— 논쟁거리
— 발행, (출판물) ~ 호
— (명령, 법령) 발표하다, (책) 발행하다

issue
논쟁거리, 발행하다

한입 VOCA

맹목적 단어 암기는 정말 싫어!

맞아, 단어는 감이추 (감상, 이해, 추론하자)야!

 예문

A. 명사

–(의견 충돌 등) 논쟁거리
Medical issues are a public matter. 의료 문제는 공적인 문제다.
Abortion is a highly controversial issue. 낙태는 매우 논란이 많은 문제다.

–(책) 발행, (출판물) ~호
The publishing company issued the first issue of its novel.
그 출판사는 소설 첫 호를 발행했다.

B. 동사

–발표하다, 발행하다
A severe storm warning has been issued. 심각한 폭풍 경보가 발령되었다.
The court has issued a warrant for her arrest. 법원은 그녀의 체포 영장을 발부했다.

issue는 '밖으로 나오다'의 뜻에서 책 등을 '발행(하다)', 발행된 '~호', 법령, 영장, 딱지 등을 '발표, 발부, 발행하다'의 뜻이다. 또 밖으로 나온 '논쟁거리'의 뜻으로 사용한다.

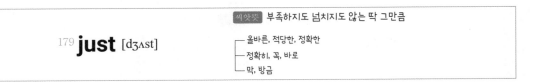

¹⁷⁹ **just** [dʒʌst]

씨앗뜻 부족하지도 넘치지도 않는 딱 그만큼

- 올바른, 적당한, 정확한
- 정확히, 꼭, 바로
- 막, 방금

Just- 정의로운, 적당한

 예문

A. 형용사
- 올바른, 공정한, 공평한

The judge is fair and just in judgement. 그 판사는 재판에서 공명정대하다.
All the people have the just rights and duties. 모든 국민들은 정당한 권리와 의무를 갖는다.

B. 부사
- 꼭, 정확히

This shirt fits just right. 이 셔츠는 꼭 맞다.
You are just like your father. 너는 너의 아버지를 꼭 닮았다.
- 바로, 막

Just then the phone rang. 바로 그때 전화가 울렸다.

※명사: justice
- 정의

Justice, according to Plato, is about balance and harmony. 플라톤에 따르면 정의는 균형과 조화에 관한 것이다.
※judge
- 동사: 판단하다

You can't judge a book by its cover. 표지로 책을 판단할 수는 없다.
- 명사: 판사

A judge is a person who presides over court proceedings. 판사는 재판 절차를 주재하는 사람이다.

180 **keen** [kiːn]

씨앗뜻 날카로운

─ 날카로운, 예민한
─ 열망하는
─ 예리한

keen - 날카로운, 예리한, 격렬한

 예문

형용사

-날카로운, 예민한(=sharp)

Bears are keen of scent. 곰은 후각이 예민하다.

-(희망이 날이 선) 열망하는(=anxious)

The teenagers are keen baseball fans. 그 10대들은 열렬한 야구팬들이다.

-(판단력 등) 예리한

The reporter is a very keen observer of the political world. 그 기자는 정치계 관련 매우 예리한 관찰자다.

keen은 '날카로운' 뜻에서 어떤 것에 대해 날카롭게 곤두 선, 즉 '열망하는' 뜻이 나온다.

A. 앞에서 배웠던 단어들 씨앗 뜻을 생각하면서 우리말로 각각 최대한 자세히 써 보세요.(정답:단어본문 참고)

166. haunt _____
167. head _____
168. help _____
169. host _____
170. identify _____
171. immerse _____
172. implant _____
173. initiative _____
174. initial _____
175. instrument _____
176. interest _____
177. isolate _____
178. issue _____
179. just _____
180. keen _____

B. 앞에서 학습한 각 단어들의 예문을 활용한 문장들입니다. 강조된 단어를 유의하면서 각각 해석해 보세요.
(정답 393 page)

166. The trauma haunts me still.

167. Nicholas Winton decided to head to Prague.

168. I could not help laughing her action.

169. Is Qatar really fit to host a World Cup?

170. The dancer identified her daughter with her hands.

171. The painter immersed himself in her work.

172. The judge implanted some very polite attitudes in his children.

173. Claire took the initiative and introduced herself.

174. My initial surprise was soon replaced by delight.

175. Interest rates are an important instrument of economic policy.

176. Bank fixed deposit are earning low interest rates.

177. Isolate and take precautions while it is infectious.

178. The court has issued a warrant for her arrest.

179. You are just like your father.

180. The teenagers are keen baseball fans.

181 **lapse** [læps]

씨앗뜻 시간 등이 흘러 가면서 올바른 길로 부터 벗어남

― 경과(하다)
― 실수
― 쇠퇴, 소멸하다

lapse – 경과, 착오, 소멸

 예문

A.명사

–(시간의) 경과
After a lapse of six months we met up again. 6개월이 지난 후 우리는 다시 만났다.

–(우연한) 착오·실책·실수
Everyone experiences lapses in memory. 누구나 기억에서 실수를 경험한다.

B.동사

–쇠퇴·폐지·소멸·상실하다
The patient lapsed into unconsciousness. 그 환자는 무의식에 빠졌다.
Your insurance policy will lapse after 30 days. 너의 보험증권은 30일 후면 무효가 된다.

시간'경과' 따라 '착오'가 생기고 '소멸한다'.

182 **last** [læst]	씨앗뜻 (지금으로부터) 마지막 ┌ 마지막의, 최근의, 지난 ├ 가장 ...할 것 같지 않은 └ 지속하다

last – 마지막의, 최근의, 지난, 가장 ...할 것 같지 않은, 지속하다

 **예문**

A. 형용사
-(순서상으로) 맨 마지막의, 끝의
His last novel was a failure. 그의 마지막 소설은 실패작이었다.

-(지금으로부터 마지막) 지난
The professor wrote two books during the last year. 지난 1년 동안 그 교수는 책 두 권을 썼다.

-(하고 싶은 것 중 마지막인) 가장 ...할 것 같지 않은 (the last ~형식)
The man is the last man in the world I want to see. 그 남자는 세상에서 내가 가장 만나기 싫어하는 사람이다.

B.동사
-지속하다
The movie lasts about 150 mimutes. 그 영화는 약 150분 동안 지속된다.

'마지막'까지 '지속되다'. '마지막에 이르러서야 하고 싶다'는 말은 '최후야에 어쩔 수 없이 하고 싶다'는 말로 '결코 ~하고 싶지 않다'는 뜻이다.

183 **leave** [liːv] -left-left	씨앗뜻 남겨두고 떠나다 ├ 남겨놓다 ├ 떠나다 └ 휴가

 **예문**

A. 동사

-(남겨놓고) 떠나다

Fubao will leave Korea for China. 푸바오는 한국을 떠나 중국에 갈예정다.
The woman left her family at the age of seven.
그 여자는 7세에 그녀의 가족을 (남겨두고) 떠났다.

The snake leaves the eggs to hatch on their own.
뱀은 스스로 부화하도록 알을 떠난다.

Miranda was upset about leaving her friends,
her school, and her neigborhood. Miranda는 그녀의 친구들과 학교와 이웃을 떠나는 것에 관하여 화났다.

-남겨놓다

Can I leave a message for Suin? 수인에게 메시지를 남겨도 될까요?
Hayoon left a note for her mom. 하윤이는 그녀의 엄마에게 메모를 남겨 두었다.

B. 명사

-휴가

How much annual leave do you get? 연차휴가는 얼마나 받나요?
The workers have 15 paid leave for 1 year. 노동자들은 1년에 15일 유급휴가를 갖는다.

일상적인 일을 '남겨두고 떠나'는 것이 '휴가'다.

184 **long** [lɔːŋ]	씨앗뜻 공간과 시간적으로 긴
	┌ (시간·공간적으로) 오랜, 길이가 긴
	└ 간절히 바라다

 예문

A. 형용사

-(시간·공간적으로) 오랜, 길이가 긴

How long is this Cheonsa Bridge? 이 천사대교는 길이가 얼마나 되나요?

This story has a long way to run. 이 이야기는 말하려면 길다.

B. 부사

-(시간) 오랫동안

How long have you been working here? 여기서 일 한지 얼마나 되었어요?

C. 동사

-간절히 바라다, 열망하다, 그리워하다

The Han people long for peace. 한 민족은 평화를 갈망한다.

The people in the Korean peninsular long for peace unification.
한반도에서 사람들은 평화통일을 간절히 원한다.

long는 '긴', '오랫동안'의 뜻과 동사로 '간절히 바라다'뜻으로 사용된다.

185 **maintain** [meintéin]

씨앗뜻 상태, 입장 등을 유지하다
- 유지하다
- 주장하다
- 부양하다

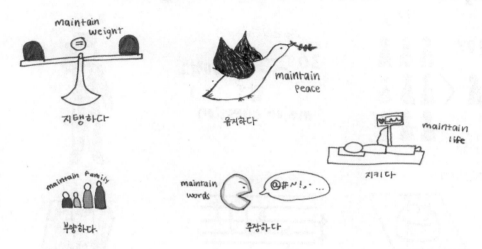

동사

–유지하다(=keep up)

A large office costs a lot to maintain. 큰 사무실은 유지하는데 많은 비용이 든다.

We want to maintain my friendship with her. 우리는 그녀와의 우정을 계속 유지하고 싶다.

There is pressure to conform rather than to maintain their cultural identities.
그들의 문화적 정체성을 지키기 보다는 오히려 순응하려는 압력이 있다.

–주장하다

The suspect maintains that his story is true. 그 혐의자는 그의 이야기가 사실이라고 주장한다.

–부양하다

The government provides newly married couple with the basic costs to maintain a child. 정부는 신혼부부에게 자녀부양을 위한 기본 비용을 제공한다.

maintain은 현상황을 '유지하다'가 씨앗 뜻이다. 상황의 지속유지를 위해 '주장하다', '부양하다'뜻이 나온다.

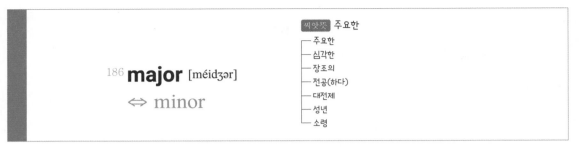

씨앗뜻 주요한
- 주요한
- 심각한
- 장조의
- 전공(하다)
- 대전제
- 성년
- 소령

186 **major** [méidʒər]

⇔ minor

major

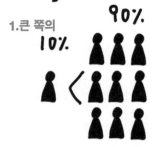

1.큰 쪽의 90% 10%

2.중요한,주요한

major question

3.소령

4.성년의,성년자

5.장조,장조의

6.전공,과목

예문

A. 형용사

-주요한 ↔ minor 작은

Give a look at the following list of major industries. 다음의 주요 산업 목록을 살펴보십시오.
One major activity of this home-based leisure is watching television.
이같은 집에서 이루지는 주요한 활동은 TV시청이다.

A minor political party, or third party is any political party other than the two major political parties. 소수 정당 또는 제3당은 두 개의 주요 정당을 제외한 모든 정당을 말한다.

-심각한 ↔ minor 사소한

The patient had to undergo major surgery. 그 환자는 심각한 수술을 받아야 했다.
No major trouble exists today. It is good to avoid minor problems in the relationship today. 오늘은 큰 문제가 없습니다. 오늘은 관계에서 사소한 문제를 피하는 것이 좋습니다.

-장조의 ↔ minor 단조의

Listen to minor and major scale chords and learn how they set the mood for a song. 단조 및 장조 악보 코드를 듣고 노래의 분위기를 어떻게 설정하는지 알아보세요.

B. 명사

-전공 ↔ minor 부전공
Find answers to common questions related to majors and minors.
전공 및 부전공과 관련된 일반적인 질문에 대한 답변을 찾아보세요.

-대전제 ↔ minor 소전제
Some animals are mammals.(Major premise) 얼마간의 동물은 포유류다. (대전제)
All cows are mammals.(Minor premise) 모든 소는 포유류이다. (소전제)
Some animals are cows.(Conclusion) 얼마간의 동물들은 소들이다. (결론)

-성년 ↔ minor 미성년
There are a few key differences between minor and major passports.
미성년자 여권과 성인 여권 사이에는 몇 가지 주요 차이점이 있다.

-소령
Her husband is a major in the US. 그녀의 남편은 미군 소령이다.

C. 동사

-전공하다 ↔ minor 부전공하다
He majored in Aero-Astro engineering as an undergraduate at MIT.
그는 MIT 학부에서 항공우주 공학을 전공했다.

'major'는 'minor'의 반대 뜻으로 '주요한'이 핵심 뜻이다. '중대한', '심각한', 음악에서 '장조의' 뜻으로 쓰인다. 명사로 '전공', '대전제', '성년', '소령' 뜻으로도 사용된다.

씨앗뜻 manipul(손의)+ate(동사형 어미) →손으로 조종하다

187 **manipulate** [mənípjəlèit]

— 조종하다
— 능숙하게 다루다
— 조작하다

예문

동사

-(기계 등을) 조종하다

The arms and legs of the robot are manipulated by a computer.
로봇의 팔다리가 컴퓨터에 의해 조종된다.

-(문제를) 능숙하게 다루다

The camera director manipulated the lights to get just the effect.
카메라 감독은 단지 효과를 얻기 위해 조명을 능숙하게 다루었다.

-(여론·주가 등을 부정하게) 조작하다

The bad reporters manipulate public opinion with fake news. 나쁜 기자들은 가짜뉴스로 여론을 조작한다.
The politicians have very successfully manipulated the media.
정치인들은 미디어를 매우 성공적으로 조작한다.

※명사형: manipulation [mənípjəlèiʃən]
Social media manipulation of public opinion is a growing threat to democracies around the world. 소셜 미디어의 여론 조작은 전 세계 민주주의에 점점 더 큰 위협이 되고 있다.

손으로 '조종하다'에서 '조작하다' 뜻이 나왔다.

188 **manual** [mǽnjuəl]

씨앗뜻 손을 사용하는
─ 손의, 손으로 하는, 육체를 쓰는
─ 소책자, 사용설명서

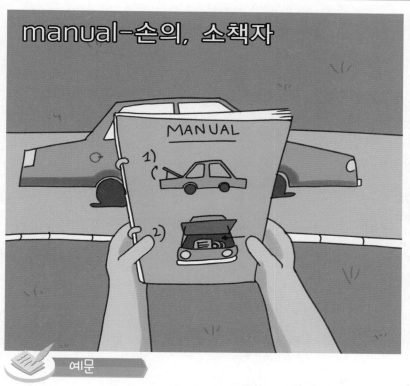

예문

A. 형용사
-손의, 손으로 하는, 육체를 쓰는

Manual labor is physical work done by human.손으로하는 육체노동은 인간이 수행하는 신체 노동이다.

What's the main difference between an electric toothbrush and a manual one?
전동칫솔과 수동칫솔의 가장 큰 차이점은 무엇인가요?

B.명사
-소책자, 사용설명서

The contents of the user manual are straightforward. 사용 설명서의 내용은 간단하다.

손에 가지고 다니는 작은 책자, '사용설명서' 등을 말한다.

씨앗뜻 끝 부분
189 **margin** [má:rdʒin]

- 가장자리
- (페이지의) 여백
- 판매 이익
- 차이

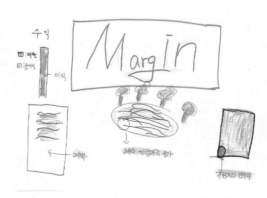

 **예문**

명사

-가장자리, 가, 변두리, (호수 등의) 물가(=edge)

These islands are on the margins of human habitation. 이 섬들은 인간 거주의 가장자리에 있다.

-(페이지의) 여백

Mayor added her comments in the margin. 시장은 여백에 자신의 의견을 추가했다.

-(원가를 빼고 남은) 판매 이익

Using cheap labor increases profit margin. 값싼 노동력을 사용하면 이윤이 증가하다.

-(득표 따위의) 차(差)

The president election was decided by the very narrow margin of only 30,278 votes. 대통령선거는 불과 30,278표의 매우 좁은 차이로 결정되었다.

A margin is the difference between two amounts, especially the difference in the number of votes. margin은 두 양의 차이, 특히 득표수의 차이다.

margin은 '가장자리'가 씨앗 뜻이다. 페이지의 가장자리가 '여백'이고 원가를 제외하고 끝에 붙은 것이 '판매이익'이다. 득표에서 상대보다 끝에 더 붙은 것이 '차'다.

씨앗뜻 A와 B를 함께 놓다

190 **match** [mætʃ]

- 성냥
- 어울리는 것
- 경기
- 어울리다
- ~에 필적하다

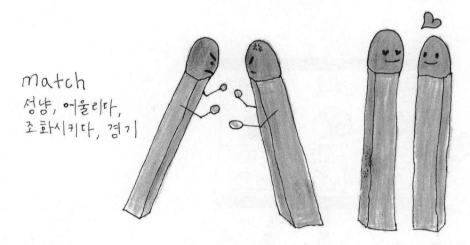

match
성냥, 어울리다,
조화시키다, 경기

 예문

A.명사
-성냥

A match is a tool for starting a fire. 성냥은 불을 켜는 도구다.
Never play with matches or lighters. 성냥이나 라이터를 가지고 놀지 마시오.
-어울리는 것
The new red tie is a good match for your shirt. 새 빨간 넥타이와 셔츠는 잘 어울린다.
-경기
Our team has performed well the 1st match. 우리 침은 첫 경기에서 좋은 성적을 거두었다.

B.동사
-어울리다

These sneakers match my clothes better. 이 운동화가 내 옷에 잘 어울린다.
That bright wallpaper matches this room. 저 밝은 벽지가 이 방에 어울린다.

-같은 것을 확인하다
The police investigate DNA samples to match the body. 경찰은 시신확인을 위하여 DNA 샘플을 조사한다.

-필적하다
Our team does not match the team. 우리 팀은 그 팀에게 필적하지 못한다.

서로 어울리는 것에서 '조화를 이루다', 서로 '필적하다' 뜻과 필적하는 사람끼리 '경기'를 한다, 부싯돌 두개가 부딪혀서
불을 일으키는 모습에서 '성냥'이라는 말이 나왔다.

191 **material** [mətíəriəl]

씨앗뜻 물질
┌ 물질(의), 물질적인
└ 자료, 소재

material- 물질, 자료

예문

A. 명사
-물질, 재료

Materials synthesis is a bit like baking. 재료 합성은 베이킹과 비슷하다.
What are the most popular materials for luxury shoes? 명품 신발에 가장 인기있는 소재는 무엇인가요?

-자료, 소재

The center provides all the other class materials. 센터는 모든 학습자료를 제공한다.
Historians have plenty of material with which to evaluate him.
역사가들은 그를 평가할 많은 자료를 가지고 있다..

B. 형용사 (= physical) 물질적인 ⇔ spiritual 정신적인, 영적인

-물질의, 실질적인

The impact of climate change is already material. 기후 변화의 영향은 이미 실제적이다.
Some people are concerned only with their own material comforts.
얼마간의 사람들은 그들의 물질적 편안함에만 관심이 있다.

192 **matter** [mǽtər]

씨앗뜻 물질 → 문제

└ 물질
└ 문제, 일, 사건
└ 문제가 되다, 중요하다

matter- 물질, 문제, 일, 사건, 사태

 예문

A.명사
-물질
Matter is everything around you. 물질은 당신 주변의 모든 것이다.
-문제, 일, 사건
What's the matter? please, let me know it. 문제가 무엇인가요? 나에게 알려 주세요.

B.동사
-문제가 되다, 중요하다
The health is what matters. 건강이 중요한 것이다.
It no longer mattered what happened. 무슨 일이 일어났는지 더 이상 중요하지 않았다.

'물질'이 '문제'와 '사건'을 일으킨다. 물질은 생존을 위해 '문제가 되고 중요하다'.

	씨앗뜻 각각 다른 세가지 어원
193 **mean** [miːn]	┌ 어원1- 의미하다 ├ 어원2- 관대하거나 우아하거나 풍요롭지 못한 └ 어원3- 중간, 평균

mean

♡는 사랑을 의미한다

비열한

휴대폰은 생활의 필수 수단

3+5+7+9 / 4 = 8

평균

예문

어원1
–의미하다
I see what you mean. 나는 네가 의미한 것을 알아.
The marine biology means the study of the things that live in the sea.
해양생물학은 바다에서 사는 것들에 대한 연구를 의미한다.
Doing your best means that sometimes you should just slow down and rest.
너의 최선을 다 한다는 것은 때때로 단지 속도를 늦추고 휴식을 취해야 한다는 것을 의미한다.

어원2:관대하거나 우아하거나 풍요롭지 못한(not nice or not good)
–비열한, 인색한
Don't be so mean to your friends. 네 친구들에게 비열하게 굴지마.
Toby remembered Diesel's mean tricks, too. Toby는 또한 디젤의 비열함 속임수를 기억했다.
–비천한, 보잘것 없는
The man was born in the mean family in 1963.그 남자는 1963년에 비천한 가정에서 태어났다.

A: What does a word mean mean? 단어 mean은 무엇을 의미한가요?
B: The word means not nice or cruel and average. But means means the way or method. 그 단어는 멋지지 않거나 잔인하거나 평균적이다는 것을 뜻한다. 그러나 means는 길이나 방법을 의미한다.

어원3: 중간(의)⇒ ※ 복수형 means:수단, 재산
–중간(의), 평균(의)
The mean is the average of the numbers. 평균은 수의 중간값이다.

※복수형 means(지렛대처럼 '중간에 개입한다'는 뜻으로) 수단, 재산
His means are enough to pay for the house. 그의 재산은 그 집에 대하여 지불하기에 충분하다.
They are using peaceful means to achieve their aims.
그들은 그들의 목표를 성취하기 위하여 평화로운 수단을 사용하고 있다.
In the days before air travel, ships were the only means of international travel.
비행기 여행 이전 시대에 배는 국제 여행의 유일한 수단이었다.

194 **measure** [méʒər]

씨앗뜻 자로 측정하다
- ~로 측정되다, 측정하다
- 평가하다
- 자
- 어울리다
- 같은 것을 확인하다
- ~에 필적하다

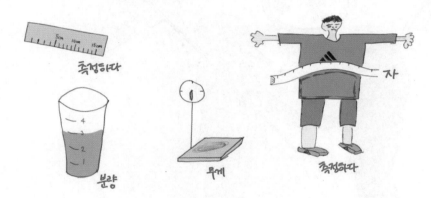

measure

측정하다

분량

루게

자

측정하다

 예문

A.동사
-~로 측정되다, 측정하다
This room measures 10 feet wide. 이 방은 너비가 10피트이다.
We just need to measure your waist first. 너의 허리 치수부터 먼저 재 드릴게요.

-평가하다
Intense love does not measure, it just gives. 강렬한 사랑은 평가하지 않는다. 주기만 할 뿐이다. -마더 테레사

B.명사
-자
He measured the line by the tape measure. 그는 줄자로 선을 측정했다.

-치수
A foot is a measure of length. 피트는 길이의 단위이다.
A metric is a quantifiable measure. 측정항목은 수량화 가능한 측정값이다.

-척도
The ultimate measure of a man is not where he stands in moments of comfort, but where he stands at times of challenge and controversy.
인간의 궁극적인 척도는 그가 안락한 순간에 서 있는 장소가 아니라, 도전과 논쟁의 순간에 어디에 서 있는가에 있습니다.-마틴 루터 킹

-조치
We took the necessary measures at once. 우리는 즉시 필수적인 조치를 취했다.

195 **meet** [miːt]

met-met

씨앗뜻 A와 B가 만나다

― 만나다
― 충족시키다
― 결제하다

meet- 요구.조건 충족, 만나다

 예문

동사

–만나다

Let's meet at Seoul city square at 11 o'clock tomorrow.
내일 11시 정각에서 서울 시청 광장에서 만나자.

–(요구를 만족시켜) 충족시키다

We are trying to meet their expectations. 우리는 그들의 기대를 충족시키려고 노력하고 있다.

Applicants must meet all the requirements for the job. 지원자는 그 일에 대한 모든 요구사항을 충족시켜야 한다.

An enterprise should strive to meet the needs of its customers.
기업은 고객의 요구를 충족시키기 위해 노력해야 한다.

–(빚은 갚아 충족시키기 위해) 지불하다, 결제하다

We will meet all our debts. 우리는 우리 빚을 지불할 것이다.

The company doesn't meet a bill. 그 회사는 청구서에 결제하지 않는다.

meet는 '만나다'가 씨앗 뜻이다. 요구를 만족시켜 만나는 것이 '충족시키다'이고 빚 등 지불해야 할 상황을 만족시키는 것이 '결제하다'이다.

A. 앞에서 배웠던 단어들 씨앗 뜻을 생각하면서 우리말로 각각 최대한 자세히 써 보세요.(정답:단어본문 참고)

181. lapse _____
182. last _____
183. leave _____
184. long _____
185. maintain _____
186. major _____
187. manipulate _____
188. manual _____
189. margin _____
190. match _____
191. material _____
192. matter _____
193. mean _____
194. measure _____
195. meet _____

B. 앞에서 학습한 각 단어들의 예문을 활용한 문장들입니다. 강조된 단어를 유의하면서 각각 해석해 보세요.
(정답 393 page)

181. Everyone experiences lapses in memory.

182. The man is the last man in the world I want to see.

183. The woman left her family at the age of seven.

184. The Han people long for peace.

185. The suspect maintains that his story is true.

186. The patient had to undergo major surgery.

187. The politicians have very successfully manipulated the media.

188. What's the main difference between an electric toothbrush and a manual one?

189. The president election was won by the very narrow margin of only 30,278 votes.

190. The police investigate DNA samples to match the body.

191. Materials synthesis is a bit like baking.

192. The health is what matters.

193. The mean is the average of the numbers.

194. He measured the line by the tape measure.

195. Applicants must meet all the requirements for the job.

 씨앗뜻 마음

¹⁹⁶ **mind** [maind]

- 마음, 정신
- 사람, 인물
- 주의하다
- 꺼려하다

mind-마음, 지성, 꺼려하다

예문

A. 명사

–마음, 정신

The boy has a sharp mind.
그 소년은 머리의 회전이 빠르다.

A sound mind in a sound body.
《속담》 건전한 정신은 건전한 신체에 깃든다.

–사고방식, 의견, 기질

So many men, so many minds. ^{각인 각색}

–(마음 · 지성 등이 있는) 인물

We have witnessed lots of great thinkers and great minds.
우리는 위대한 사상가와 위대한 정신을 많이 목격해 왔다.

B. 동사

–(마음을 써) 주의하다

Mind your own business. 참견하지 말아.(네 일이나 잘해라.)
You had better mind what you say. 말을 조심하도록 해라.

–(부정적으로 마음을 써) 꺼리다, 귀찮게 여기다

Would you mind my opening the window? 내가 창문을 여는 것을 꺼려하시겠습니까?

mind는 '마음', '정신'이 씨앗 뜻이다. 마음이나 정신이 훌륭한 사람이 '인물'이다. 마음을 써서 '주의하다', 부정적인 마음이 쓰이는 것이 '꺼리다'이다.

¹⁹⁷ **mode** [moud]

씨앗뜻 형태

ㅏ 양식, 형식
ㅏ 유행, 모드
ㄴ 최빈수

mode-형식, 유행

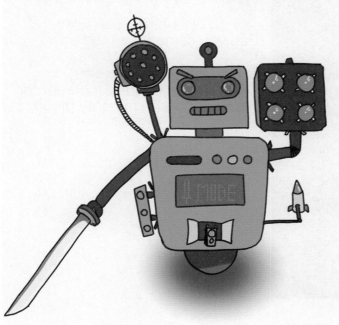

 예문

명사

–형태, 형식, 양식

A mode of life or behavior is a particular way of living or behaving.
생활 혹은 행동양식은 특정한 생활양식이나 행동양식이다.

–모드, 유행

Switch your phone to silent mode. 휴대폰을 무음 모드로 전환해라.
Each department has its own mode of operation. 각 부서에는 자체 운영 모드가 있다.

–최빈수

The mode of a set of values is the value that appears most often.
값 세트의 최빈수는 가장 자주 나타나는 값이다.

mode는 '유행'하는 '형태', '양식'이다. 자주 나타나는 빈도 수 높은 '최빈수'의 뜻으로도 쓰인다.

 씨앗뜻 흐르는 시간의 한 순간

198 **moment** [móumənt]

├ 순간, 찰나
├ 기회
└ 중요성

moment-순간, 찰나, 기회, 중요성

예문

명사

-순간, 찰나 ☞(형용사형) momentary 순간의
Can you come for a moment?
잠시만 와줄 수 있어요?

-중요성 ☞(형용사형) momentous 중대한
This ruling is of great moment for members of the minority group.
이 판결은 소수 집단의 구성원들에게 대단히 중대하다.

-(순간 순간은) 기회
People are always eager to get the moments of leisure. 사람들은 항상 여가의 순간을 얻기를 갈망한다.

※형용사형:
-momentary[móuməntèri] 순간의, 일시적인
Some momentary awareness comes as an unexpected visitor.
어떤 순간적인 인식은 예기치 않은 방문자로 온다.

-momentous[mouméntəs] 중대한, 중요한
Tuesday was one of the most momentous days in the history of our great league.
화요일은 우리 위대한 리그 역사상 가장 중요한 날 중 하나였다.

moment는 '순간'이라는 뜻이다. 순간 순간은 하나의 '기회'이고 또 '중요'하다.

씨앗뜻 모니터를 보고 감시(하다)

199 **monitor** [mánitər]

┌ 모니터
└ 감시·조정·측정하다

monitor- 모니터, 감시.비평, 충고자. 감독자

 예문

A.명사
–모니터

Find the computer monitor that's right for you at Best Buy.
Best Buy에서 귀하에게 적합한 컴퓨터 모니터를 찾으세요.

B.동사
–감시·조정·측정하다

This control room also helps us to monitor their health status.
이 통제실은 또한 우리가 그들의 건강 상태를 모니터링하는 데 도움이 된다.

'모니터'로 '감시하다'.

200 **move** [mu:v]

| 씨앗뜻 움직이다 |
| 움직임, 움직이다, 이사하다 |
| 감동시키다 |
| 제안하다 |

move-옮기다, 이사하다, 감동시키다, 제안하다

예문

A. 명사
–움직임, 이사, 이적, 이동, 조치
We felt like we had to make a
move. 우리는 움직여야 한다고 느꼈다.
Now Arsenal is considering making
a move. 이제 아스날은 이적하는 것을 고려하고 있다.

B. 동사
–움직이다, 옮기다, 이사하다
The earth moves round the sun. 지구는 태양 주위를 돈다.
Our commany moved the main office from Daejeon to Seoul last month.
우리 회사는 지난달 본사를 대전에서 서울로 이전했다.

–(마음을 움직여) 감동시키다
The players were moved to tears after the first prize in a contest.
선수들은 우승 후 감동해 눈물을 흘렸다.

–제안하다
The defense moved for a new trial. 피고측은 재심을 제안했다.

move는 '움직이다'. 마을을 움직이는 것이 '감동시키다'.

²⁰¹ **nature** [néitʃər]

찌앗뜻 본래 그대로의 상태
- 자연
- 본성, 천성

nature 자연, 본성

사람들의 본성은 자연을 좋아한다.

 예문

명사
–자연

Nature is the best physician. 자연은 가장 좋은 의사다.
Find the best nature images in one place. 한 곳에서 최고의 자연 이미지를 찾아보세요.

– 본성, 천성
Neatness is second nature to him. 깔끔함은 그에게 제2의 천성이다.
All human beings share the same nature. 모든 인간은 동일한 본성을 공유한다.
This was a real triumph for nurture over nature. 이것은 본성(유전)에 대한 양육(환경)의 진정한 승리다.
Human nature comprises the fundamental dispositions and characteristics.
인간의 본성은 기본적인 성향과 특성으로 구성된다.

nature는 '자연'이다. 마음의 자연상태가 '본성', '천성'이다.

202 **navigate** [nǽvəgèit]

씨앗뜻 navi(ship 배)+gate(drive 몰다) → 배를 몰다

— 항행하다
— 조종·운전하다, 방향을 찾다
— 탐색하다

예문

동사
-(바다·하늘을) 항행하다, (배·비행기를) 조종하다, 방향을 찾다
Moana navigated by the stars. 모아나는 별들을 보고 항해 하였다.
The captain taught the sailors how to navigate across the oceans.
그 선장은 그들에게 바다를 항해하는 방법을 가르쳤다.

-탐색하다
Here's how to navigate the newly reopened marketplace.
새로 재개장한 시장을 탐색하는 방법은 다음과 같다.

The boy learned how to navigate the stock market at age 12.
그 소년은 12세에 주식 시장을 탐색하는 방법을 배웠다.

※ 명사형: navigation [nævəgéiʃən] 운항, 항해
Set off with these handy navigation and map apps. 이 편리한 내비게이션 및 지도 앱으로 출발하세요.

navigate는 '탐색하며', '항행하다', '조정하다'의 뜻이다.

---

203 **nerve** [nəːrv]

씨앗뜻 신경

├ 신경
├ 용기, 담력, 대담함
└ 용기를 주다

---

nerve- 신경, 용기, 담력, 대담함

 예문

A. 명사

-신경

A nerve transmits electrical impulses. 신경은 전기 자극을 전달한다.

Nerve cells can start to degenerate with age. 신경 세포는 나이가 들면서 퇴화되기 시작할 수 있다.

Sensory nerves have specialized endings in the tissues that pick up a particular sensation. 감각 신경은 조직에 특별한 감각을 지각하는 조작에 전문화된 말단을 가지고 있다.

-용기, 담력, 대담함

If you want to achieve anything in life, it takes courage, time and 'nerve'.
네가 인생에서 어떤 것을 성취하는 것을 원한다면, 용기, 시간 그리고 담대함이 필요하다.

B. 동사

-용기를 주다

His wife's advice nerved him to go his own way.
그의 아내의 충고는 그가 자기가 뜻한 대로 일을 실행하도록 용기를 주었다.

The teacher's advice nerved students to go their own way.
그 선생님의 충고는 학생들이 원하는 것을 하도록 용기를 주었다.

nerve는 '신경'이고 강한 신경에서 나오는 '용기(를 주다)' 뜻으로 활용된다.

 (종이 등에) 써서 알리다

204 **note** [nout]

- 적다, 쓰다
- 주목·주의(하다)
- 메모, 각서, 문서
- 주석, 짧은 편지
- 분위기, 부호
- 음표

note – 메모, 각서, 적어두다, 주의 주목(하다), 음표

예문

A. 동사

–(메모) 적다, 쓰다
Let me note down your address.
너의 주소를 적을게요.

–주목·주의하다
Please note my words. 내 말을 잘 들어라.

–가리키다, 언급하다
This dolmen notes that the primitive men lived in ancient times.
이 고인돌은 고대에 원시인들이 살았다는 것을 나타낸다.

B. 명사

–메모, 각서, 문서, 주석, 짧은 편지
Mom left me a note on the kitchen table.
엄마는 나에게 식탁에 메모를 남겼다.

–주의, 주목
Please take note of the time and place.
시간과 장소를 주의하세요.

One final note: tickets will be available at the enterance. 마지막 주의 사항 : 티켓은 입구에서 구입할 수 있다.

–분위기, 부호, 음표
There's a note of sadness in his voice. 그의 목소리에는 슬픈 음조가 있다.

note는 '써서 알리다'가 씨앗 뜻이다. '적다', '주목하다', '언급하다', '분위기', '음표' 등이 파생된다.

²⁰⁵ **nurture** [nəːrtʃər]

씨앗뜻 양육하다
- 양육(하다)
- 교육(하다)

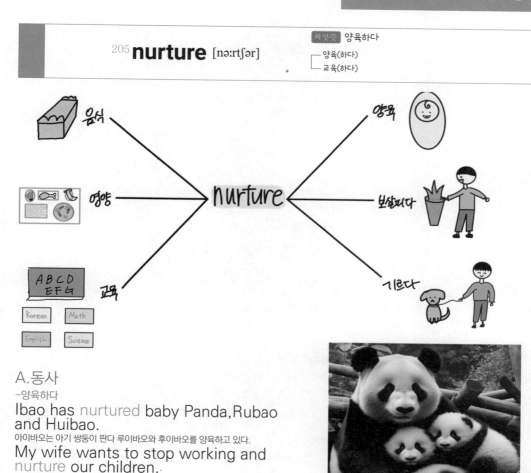

A. 동사

-양육하다

Ibao has nurtured baby Panda, Rubao and Huibao.
아이바오는 아기 쌍둥이 판다 루이바오와 후이바오를 양육하고 있다.

My wife wants to stop working and nurture our children.
아내는 일을 그만두고 아이들을 키우고 싶어한다.

-교육하다, 양성하다

Teachers should nurture their students' creativity. 교사는 학생들의 창의성을 키워야 한다.

B. 명사

-양육

Here are answers of a question on nature versus nurture.
선천적 자질과 양육 환경 대한 질문에 대한 답이 여기 있다.

-교육

With proper focus during early nurture, one can grow into a secure being.
조기교육 동안 적절한 집중을 통해 사람은 안정적인 존재로 성장할 수 있다.

nurture는 자식 등을 키우는 일체의 행위를 말한다. '음식'을 먹이고 '영양'을 공급하고 '교육'을 시키는 등 일련의 과정을 뜻하다. 동사와 명사로 쓰인다.

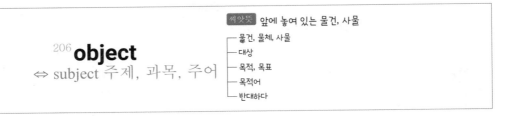

206 **object**
⇔ subject 주제, 과목, 주어

씨앗뜻 앞에 놓여 있는 물건, 사물

─ 물건, 물체, 사물
─ 대상
─ 목적, 목표
─ 목적어
─ 반대하다

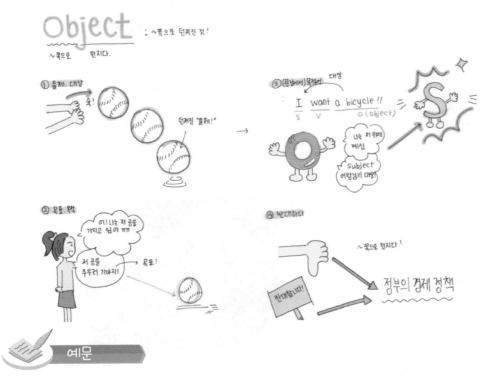

📝 예문

A. 명사 [ábdʒikt]

–물체, 사물

Distant objects look blurry to me. 멀리 있는 물체가 나에게 흐릿하게 보인다.

You can step on a sharp object such as a pin. 당신은 핀과 같은 날카로운 물체를 밟을 수 있다.

Every day, children explore and construct relationshios among objects.
매일 아이들은 사물들간의 관계를 탐험하고 구성한다.

–(동작·감정 등의) 대상

The human body became an object of scientific research. 인간의 몸은 과학적 연구대상이 되었다.

The president became an object of ridicule among the people.
그 대통령은 사람들 사이에 조롱의 대상이 되었다.

–(계획 등의 대상) 목표, 목적

The object of their expedition is to discover the source of the Amazon.
그들 탐험의 목적은 아마존강의 근원을 발견하는 것이다.

–(문장에서 동사의 대상) 목적어

In the sentence "Mom likes classic music", "classic music" is the object of the
verb "like". "Mom likes classic music" 문장에서 "classic music"은 동사 "likes"의 목적어다.

B. 동사 [əbdʒékt] ※명사형: objection [əbdʒékʃən] 반대

–(가는 길을 던져져 길을 막아 선 물건) 반대하다

I'll open the window if you don't object. 반대하지 않는다면 창문을 열겠습니다.

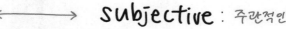

207 **objective** [əbdʒéktiv]

씨앗뜻 object(물건, 대상)+ive(형용사, 명사형 어미) →던져진(것)

⇔ subjective 주관적인

- 목적, 목표
- 객관적인

Objective : 객관적인, 목표 ⟵⟶ subjective : 주관적인

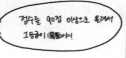

예문

A. 형용사
-(던져진 상태로 평가받는) 객관적인

Review the initial outcomes on the model by an objective analysis.
객관적인 분석으로 모델에 대한 초기 결과 검토하세요.

Things that are objective are stuff like Maths, Science, Programming, but things that are subjective is like whether someone prefers red or green, apples or oranges. 객관적인 것들은 수학, 과학 그리고 프로그래밍과 같은 것들이다. 그러나 주관적인 것들은 어떤 사람이 빨간색이나 녹색, 사과나 오렌지를 더 좋아하는 지 어떤지와 같은 것들이다.

B. 명사
-(미래 희망으로 던져진) 목표

That should be our minimum objective for next season.
그것은 다음 시즌을 위한 우리의 최소한의 목표가 되어야 한다.

어원상 '던져진 것'을 말한다. 던져진 것은 '객관적인' 상태이다. 또 던져진 것은 이루고자 던져 놓은 것으로 '목표'다.

208 **observe** [[əbzə:rv]]

씨앗뜻 관찰하여 규칙을 준수하다
- 관찰하다
- 지키다

📝 예문

동사
-관찰하다 ☞ 명사형) observation-관찰

How do you observe the Sun? 태양을 어떻게 관찰하나요?
Never use regular sunglasses to observe the sun. 태양을 관찰하기 위해 일반 선글라스를 사용하지 마십시오.

-(규칙, 기념일, 관습 등) 지키다, 준수하다 ☞ 명사형) observance-준수

Please observe the rules at all times. 항상 규칙을 준수해주세요.
Korea observes the Lunar New Year. 한국은 음력 설날을 쉰다.
Others observe regularity of behavior and decide on their own what they ought to observe. 다른 사람들은 행동의 규칙성을 관찰하고 스스로 그들이 지켜야만 하는 것을 결정한다.

※명사형:observation [əbzərvéiʃən] 관찰& observance [əbzə:rvəns] 준수
We can make observations directly by seeing, feeling, hearing, and smelling.
우리는 보고, 느끼고, 듣고, 냄새를 맡아 직접 관찰할 수 있다.

Observance is when you obey a rule or law, or follow a long-standing tradition.
준수는 규칙이나 법률을 준수하거나 오랜 전통을 따르는 것입니다.

observe는 자연이나 사회의 규칙이나 법 등을 면밀히 '관찰하여' 그것을 '지키다'는 뜻이다.

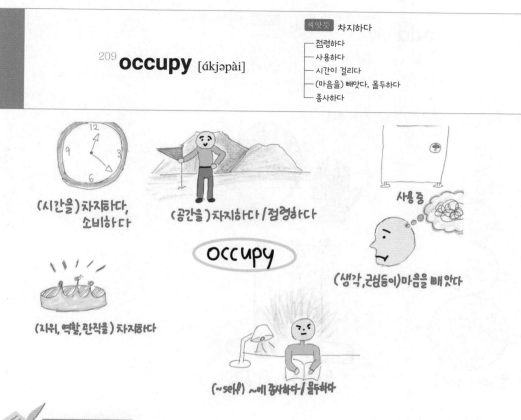

²⁰⁹ **occupy** [ákjəpài]

씨앗뜻 차지하다

- 점령하다
- 사용하다
- 시간이 걸리다
- (마음을) 빼앗다, 몰두하다
- 종사하다

(시간을) 차지하다, 소비하다

(공간을) 차지하다 / 점령하다

occupy

사용중

(생각, 근심 등이) 마음을 빼앗다

(지위, 역할, 관직을) 차지하다

(~self) ~에 종사하다 / 몰두하다

 예문

동사

–(시간·공간 등을) 차지하다

His speech occupied more than half an hour. 그의 연설은 30분 이상이나 걸렸다.

–(근심, 문제 등이 마음을 차지해) 사로잡다, 몰두하게 하다

Cares and anxieties occupied his mind. 그의 마음은 근심 걱정으로 꽉 차 있었다.

–(지위·역할을) 차지하다, (직업을) 가지고 있다, (일 등이 자기 자신을 차지하면) 종사하다

The founder occupied an important position in the company.
그 설립자는 그 회사에서 요직을 차지하고 있다.

–(사람들의 마음이나 뇌를 차지하면) 마음을 끌다, 몰두하다

'주어 occupy ~self with ~' = 주어 be occupied with ~ (수동형) 형식으로 사용된다.

The children occupied themselves with the toys.
→ The children were occupied with the toys. 아이들은 장난감을 갖고 노느라 정신이 없었다.

공간이나 시간 등을 '차지하다'는 뜻이다. 마음이나 지위 또는 일 등을 '차지하다'는 뜻으로도 쓰인다. 어떤 장소 등을 '점령하다', 방이나 건물 등을 '사용하다', 근심 등 어떤 생각 등이 마음을 차지해 버리면 '(마음을) 빼앗다' 등으로도 쓰인다. 또 일 등이 자기 자신(~self)을 차지하면 '~에 종사하다, ~에 몰두하다'라는 말이 나온다.

210 **odd** [ɑd]

⇔even 짝수의

씨앗뜻 짝이 맞지 않은
- 외짝의
- 홀수의
- 이상한

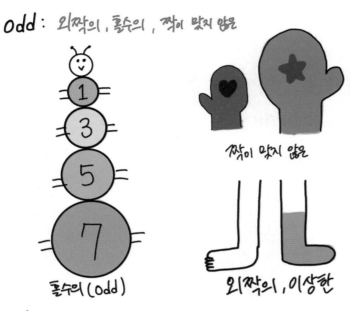

odd : 외짝의, 홀수의, 짝이 맞지 않은

홀수의 (odd)

짝이 맞지 않은

외짝의, 이상한

예문

형용사

-홀수의

3, 5, 7 and 9 are all odd numbers. 3, 5, 7, 9는 모두 홀수다.

-외짝의

There is an odd glove on the table. 테이블 위에 외짝 장갑이 하나 있다.

-나머지의, 우수리의

You may keep the odd change. 나머지 잔돈은 그냥 가지세요.

-이상한

The skirt and jacket looked a little odd together. 치마와 재킷이 함께 조금 이상해 보였다.

cf) odds[ɑdz]:가능성

The odds that the Spartans can get to a record of 13-7 or better are 48 percent.
Spartans가 13승 7패 또는 그 이상의 기록에 도달할 확률은 48%다.

odd는 '홀수'이고 짝이 맞지 않으니 '외짝의' '이상한' 뜻이 파생한다. 'odd'의 반대말은 'even(짝수)'다.

A. 앞에서 배웠던 단어들 씨앗 뜻을 생각하면서 우리말로 각각 최대한 자세히 써 보세요.(정답:단어본문 참고)

196. mind _____
197. mode _____
198. moment _____
199. monitor _____
200. move _____
201. nature _____
202. navigate _____
203. nerve _____
204. note _____
205. nurture _____
206. object _____
207. objective _____
208. observe _____
209. occupy _____
210. odd _____

B. 앞에서 학습한 각 단어들의 예문을 활용한 문장들입니다. 강조된 단어를 유의하면서 각각 해석해 보세요.

(정답 **393 page**)

196. Would you mind my opening the window?

197. Switch your phone to silent mode.

198. This ruling is of great moment for members of the minority group.

199. Find the computer monitor that's right for you at Best Buy.

200. The players were moved to tears after the first prize in a contest.

201. All human beings share the same nature.

202. The boy learned how to navigate the stock market at age 12.

203. Nerve cells can start to degenerate with age.

204. This dolmen notes the primitive men lived in ancient times.

205. Here are answers of a question on nature versus nurture.

206. The president became an object of ridicule among the people.

207. Review the initial outcomes on the model by an objective analysis.

208. Observing a few traffic rules can save your life.

209. The founder occupied an important position in the company.

210. 3, 5, 7 and 9 are all odd numbers.

211 **odds** [ɑdz]

| 씨앗뜻 '차이'가 있어 '다툼'과 '역경'이 있다. |
| 차이, 우열의 차 |
| 다툼, 불화 |
| 역경 |
| 우세 |
| 가능성 |

odds- 다툼, 역경, 확률

 예문

명사

-차이, 우열의 차

Grades of the twins makes no odds. 두 쌍둥이 점수간 별 차이가 없다.

-다툼, 불화

The parties in Korea are usually at odds over political issues.
한국에서 정당들은 정치문제로 항상 반목한다.

-역경

Against all (the) odds, he made a full recovery. 모든 역경에도 불구하고 그는 완전히 회복했다.

-(역경 속에서 승리 가능성) 우세, 승산

The odds were against her. 승산은 그녀에게 불리했다.

-가능성, 확률

The odds have shortened from 5-1 to 4-1. 가능성은 5-1에서 4-1로 커졌다.

The odds of dying in a car crash are around 1 in 5,000, while the odds of dying in a plane crash are closer to 1 in 11 million.
자동차 사고로 죽을 확률은 1/5,000이다, 반면 비행기 추락으로 죽을 확률은 1/11,000,000이다.

cf) odd[ad]

-홀수의, 외짝의, 이상한

Many agents report that more people want odd numbers.
많은 에이전트가 더 많은 사람들이 홀수를 원한다고 보고한다.

They just accumulate like odd socks in a sock drawer. 그들은 단지 양말 서랍에 외짝 양말처럼 쌓인다.

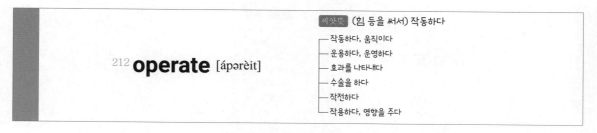

212 **operate** [ápərèit]

씨앗뜻 (힘 등을 써서) 작동하다

- 작동하다, 움직이다
- 운용하다, 운영하다
- 효과를 나타내다
- 수술을 하다
- 작전하다
- 작용하다, 영향을 주다

operate
작동하다, 영향을 주다,
수술하다, 효과가 있다.

예문

동사

-(기계 따위가) 작동하다, 일하다

How do you operate the copy machine?
복사기를 어떻게 작동한가요?

The whole of human society operates in knowing the future weather.
전체 인간사회는 미래 날씨를 아는 것에서 작동한다.

-운용하다, 운영하다

Does your company operate a pension scheme? 너의 회사는 연금계획을 운용합니까?

-(약 따위가) 효과를 나타내다

The COVID-19 vaccine do operate on cases with underlying diseases.
코로나 백신이 기저 질환을 가진 환자들에게 효과가 있다.

-(의사가 몸에 힘을 써) 수술을 하다

The surgeon has been operating all day. 그 의사는 하루 종일 수술하고 있다.

-(군대가 힘을 써) 작전하다

Specially equipped troops are operating in the mountains and hills.
특히 장비를 갖춘 군대가 산과 언덕에서 작전 중에 있다.

-작용하다, 영향을 주다

Good books operate powerfully upon the soul. 좋은 책은 정신에 큰 영향을 미친다.

※ 명사형: operation[ápəréiʃən]

-가동, 작업

The aircraft's engine operation was normal. 기체의 엔진 작동은 정상이었다.

-수술

Cancer surgery is an operation or procedure to take out a tumor.
암 수술은 종양을 제거하는 수술 또는 절차다.

-작전

Army's success on operations is founded in excellence in training.
군 작전 성공은 훈련의 우수성에 기반한다.

-사업, 계획

The firm set up its own property development operation. 회사는 자체 부동산 개발 사업을 시작했다.

213 **order** [ɔ́ːrdər]

씨앗뜻 순서

― 명령(하다)
― 주문(하다)
― 질서
― 순서
― 사회계급
― 생물종류, 목

order ― 명령(하다), 주문(하다), 질서, 순서, 사회계급, 생물종류

 예문

A. 명사

-순서
The students lined up in order of height. 학생들은 키 순으로 줄을 섰다.

-질서
Thomas kept the freight cars in order. 토마스는 화물차들을 질서있게 정리하였다.
War is the biggest threat to the global peace order. 전쟁이 세계평화질서에 가장 큰 위협이다.

-명령
The lifting of the public health order will be shelved. 공중 보건 명령 해제가 보류된다.

-주문
Can I take your order now? 주문하시겠어요?.
All our customer orders are handled by computer. 모든 고객 주문은 컴퓨터로 처리된다.

-계급사회
In the Middle Ages society was made up of the three orders: the clergy, the nobility and the people. 중세에 사회는 성직자, 귀족, 민중의 3가지 계급으로 이루어졌다.

–종류, (동식물 분류상의) 목(目)

The current taxonomic system now has eight levels in its hierarchy, from lowest to highest. They are: species, genus, family, order, class, phylum, kingdom, domain. 현재 동식물 분류시스템은 이제 계층 구조에 가장 낮은 수준에서 가장 높은 수준까지 8개 수준이 있다. 종, 속, 과, 목, 강, 문, 계, 영역이다.

B. 동사

–주문하다

Customers can order food of their choice from multiple restaurants.
고객은 여러 레스토랑에서 원하는 음식을 주문할 수 있다.

–명령하다, 지시하다

President has ordered the establishment of a Presidential Emergency Board.
대통령이 대통령 비상위원회 설치를 지시했다.

order는 '계급사회'와 관련된 단어로 신분의 '질서'를 유지하기 위하여 '순서'를 만들어 '명령'하고 '주문'한다. 특별한 뜻으로 '종류', 동식물 분류상 '목'으로도 쓰인다.

214 **organ** [ɔ́ːrɡən]

씨앗뜻 각 기능을 담당하는 부분들로 구성된 것

┌ 오르간
├ (인체) 장기
└ (정부 등) 기관

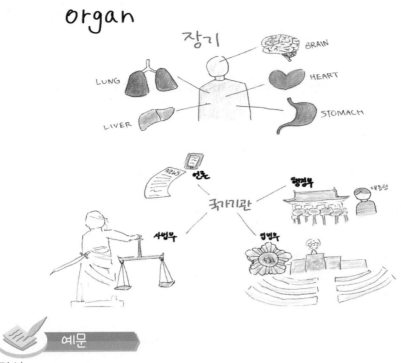

예문

명사

–(각각의 소리의 영역을 담당하는 부분으로 음악을 위한 한 악기) 오르간

The organ is a keyboard instrument of one or more pipe divisions.
오르간은 하나 이상의 파이프 분할의 건반 악기다.

–(신체의 기능을 각각 담당하는 도구) 장기

Her internal organs were broken by accident. 사고로 그녀의 내장들이 손상 되었어.

–(정부 등 하나의 역할을 담당하는 도구) 기관

The newspaper in Russia is a government organ. 러시아에서 그 신문은 정부 기관지다.

※ organism [ɔ́ːrɡənìzəm]: 유기체

An organism refers to a living thing that has an organized structure, can react to stimuli, reproduce, grow, adapt, and maintain homeostasis.
유기체란 조직화된 구조를 가지고 있고, 자극에 반응하고, 번식하고, 성장하고, 적응하고, 항상성을 유지할 수 있는 생물을 말한다.

organ은 신체의 일부인 '장기'라늘 말과 정부 등 기관의 일부인 '기관'으로 사용된다.

215 **outlet** [áutlet]

씨앗뜻 out(밖으로) + let(허락) → 밖으로 나가도록 하는 것
├ 배출구, 출구
├ 매장, 대리점, 직판장
├ 콘센트
└ 언론 매체

 예문

명사

–(오물 등을 밖으로 내 보내는) 배출구, 출구
The plumber tightened the outlet valve. 배관공은 출구 밸브를 조였다.

–(상품을 밖으로 판매하는) 매장, 대리점, 직판장, 특약점
Shop for bargains at our outlet stores. 아울렛 매장에서 저렴하게 쇼핑하세요.

–(전기를 밖으로 끌어 내는) 콘센트
The WiFi-enabled plugs are compatible with standard outlets.
WiFi 지원 플러그는 표준 콘센트와 호환된다.

–(뉴스를 밖으로 알리는) 언론매체
Al Jazeera is Arab world's most prominent media outlet. 알 자지라는 아랍 세계에서 가장 저명한 언론사이다.

어원상 outlet은 밖으로 내 보내는 것으로 '배출구', 상품을 밖으로 내 보내는 '매장', 전기를 밖으로 내보내는 콘센트', 소식을 밖으로 내 보내는 '언론매체'로 쓰인다.

216 overlook [òuvərlúk]

씨앗뜻 위에서 내려다보는 것

└ 경치, 전망
└ 내려다보다, 감독하다
└ 간과하다

overlook
전망, 경치, 내려다보다, 눈감아주다, 간과하다

 예문

A. 명사

-(위에서 보는) 경치, 전망

Look at the Han River overlooks. 멋진 한강 경치를 봐.

There are lots of scenic overlooks along the road in the Southern coast.
남해안 길을 따라 많은 경치 좋은 전망이 있다.

B. 동사

-(위에서) 내려다 보다, 감독하다, 감시하다

Our hotel room overlooks the Nile. 우리 호텔 방에서 나일강이 내려다보인다.

The police overlooked the celebrities in the past governments. 과거 정부에서 경찰은 유명 인사를 감시하였다.

-(위에서) 간과하다, 눈감아 주다

The detective overlooked an important clue. 형사는 중요한 단서를 간과했다.

Such a cruel crime should not be overlooked. 그러한 잔인한 범죄를 눈감아 주어서는 안 된다.

overlook은 위에서 아래를 '내려다보다'의 뜻에서 '경치', '장면', '전망' 등의 뜻이다. 또 위에서 보지 못하고 넘어가는 '간과하다'나 '눈감아 주다'의 뜻으로도 사용된다.

217 **owe** [ou]

씨앗뜻 (돈, 도움, 은혜를) 받다

- 빚지다
- 덕택이다, 은혜를 입다

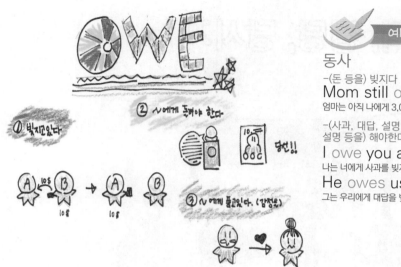

📝 **예문**

동사

-(돈 등을) 빚지다
Mom still owes me $3,000.
엄마는 아직 나에게 3,000 달러 빚이 있다.

-(사과, 대답, 설명 등을 빚진 상태로 사과, 대답, 설명 등을) 해야한다
I owe you an apology.
나는 너에게 사과를 빚지고 있어. (사과하고 싶어)
He owes us an answer.
그는 우리에게 대답을 빚지고 있다.(대답해야 한다)

-(물건을 사기 위해 먼저 물건을 집어 든 상태에서 얼마를) 지불해야 한다
How much do I owe you for this popcorn? 이 팝콘이 얼마인가요?

-덕택이다, 은혜를 입다
You owe me. 넌 내 덕이다.
The students owe their success to
their teachers. 학생들은 성공을 그들의 선생님 덕택으로 여긴다.

owe는 돈 뿐만 아니라 은혜 등을 받은 입장이다. 돈을 빚진 것은 '빚지다' 뜻이고 은혜를 빚진 것은 '덕택이다'이다. 잘못을 했고 사과하지 않았다면 '사과해야 한다'.

218 **party** [páːrti]

씨앗뜻 여러 사람이 함께 하는 모임

- 모임, 일행, (모여서 하는) 파티
- 정당
- 당사자

 예문

명사

-모임, (모여서 하는) 파티

Who was she dancing with at the party last night? 어젯밤 모임에서 그녀는 누구와 춤을 췄습니까?

-당사자

All interested parties are invited to attend the meeting. 모든 이해 관계자는 회의에 초대된다.

-일행, 정당

The two parties reached a compromise on the bill. 양당은 법안에 대해 타협점을 찾았다.

Recently, news are filled with issues of political parties. 최근 뉴스는 정당 이슈로 가득 차 있다.

party는 '여러 사람이 모인 집단'을 뜻한다. 여러 사람이 모여 '파티'를 열고 '정당'을 만든다.

219 **patient** [péiʃənt]

씨앗뜻 환자 → 참을성있는
- 환자
- 참을성있는

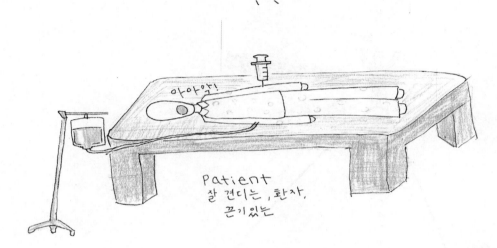

 예문

A. 명사
-환자

The patient had surgery on his lung. 환자는 폐수술을 받았다.
A patient is a person who is receiving medical treatment from a doctor or a hospital. 환자는 의사나 병원에서 치료를 받고 있는 사람이다.

B. 형용사
-참을성있는, 잘 견디는, 끈기있는

The leader must be very patient with the people. 지도자는 국민들에게 매우 인내심이 있어야만 한다.
Programmers put in years of patient labor on the project.
프로그래머들은 프로젝트에 수년간의 참을성 있는 노동을 투입했다.

'환자'는 아픈 것을 참고있는 사람으로 '참을성 있는'과 연결된다.

220 **peak** [piːk]

씨앗뜻 꼭대기
- 꼭대기, 첨탑, 정상
- 절정

예문

명사

-정상

The peak of a roof is the highest point of a roof. 지붕 꼭대기는 지붕의 가장 높은 지점이다.

-절정

Most people will experience peak happiness. 대부분의 사람들은 최고의 행복을 경험할 것이다.

Thanksgiving is the peak day for home cooking fires. 추수감사절은 가정 화재가 가장 많이 발생하는 날이다.

peak는 산 등에서 '정상'을 말한다. 행복 등의 추상적 뜻으로 '절정'을 뜻한다.

| 씨앗뜻 | 횃대에 앉다 |

221 **perch** [pəːrtʃ]

- 횃대
- 횃대에 앉다
- 보금자리, 높은 지위

perch – 횃대, 보금자리, 높은 지위, 횃대에 앉다

 예문

A. 명사

-(새의) 횃대(=roost)

Your sticks or rods will serve as a perch for the bird. 당신의 막대기나 막대는 새를 위한 횃대 역할을 할 것이다.

-보금자리, 높은 지위, 편안한 자리

Tom Brady has operated from the highest perch in the NFL for 23 seasons.

Tom Brady는 23시즌 동안 NFL에서 가장 높은 자리에서 활동했다.

B. 동사

-(새가) 횃대에 앉다, 자리를 차지하다

A bird perches on a twig. 새가 나무가지에 앉는다.

Pigeons perch on the roof. 비둘기들이 지붕 위에 앉는다.

'횃대'를 뜻하는 perch는 새가 '앉기 좋은 자리'다. 그래서 '보금자리'라는 뜻으로 쓰이고 '자리에 앉다'라는 뜻이다.

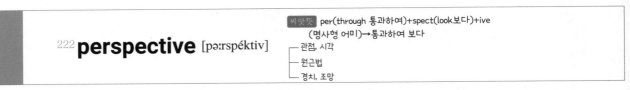

222 **perspective** [pəːrspéktiv]

씨앗뜻 per(through 통과하여)+spect(look 보다)+ive
(명사형 어미)→통과하여 보다
— 관점, 시각
— 원근법
— 경치, 조망

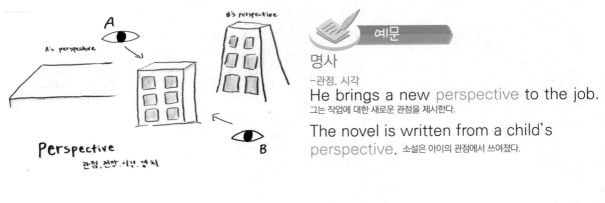

Perspective
관점, 전망, 시각, 경치

예문

명사

-관점, 시각
He brings a new perspective to the job.
그는 작업에 대한 새로운 관점을 제시한다.

The novel is written from a child's
perspective. 소설은 아이의 관점에서 쓰여졌다.

-원근법, 투시 화법
The tree on the left is out of perspective. 왼쪽의 나무는 원근감이 없다.
We learned how to draw buildings in perspective. 건물을 원근법으로 그리는 방법을 배웠다.

-경치, 조망
The event has thrown the universe into a new perspective.
이 사건으로 우주를 전혀 새로운 전망이 펼쳐졌다.
She drew the building from several different perspective. 그녀는 여러 가지 다른 조망으로 건물을 그렸다.

perspective는 어원상 '통과하여 보다'는 뜻이므로 '관점', '전망', '원근법' 등의 뜻이 나온다.

223 **physical** [fízikəl]

씨앗뜻 물질의
- 물질의, 물질적인
- 물리적인

physical-물질의, 신체의, 물리적인, 실제적인, 자연의

 예문

형용사

–물질의, 물질적인 = material ⇔ spiritual, mental 정신적인
You'll see in this case that there is no physical evidence whatsoever.
당신은 이 사건에서 물질적 증거가 전혀 없음을 알 수 있다.

The physical environment includes land, air, water, plants and animals, buildings and other infrastructure, and all of the natural resources.
물리적 환경에는 육지, 공기, 물, 식물 및 동물, 건물 및 기타 기반 시설, 모든 천연 자원이 포함된다.

–물리적인
Climate change is no longer a question of physical science. 기후 변화는 더 이상 물리학의 문제가 아니다.

–(생물의 물질부분) 신체의, 신체적인
There are 7 benefits of regular physical activity. 규칙적인 신체 활동의 7가지 이점이 있다.

–(눈에 보이는) 실제적인
Physical stores offer one path to achieve that goal. 실제 매장은 그 목표를 달성하기 위한 하나의 경로를 제공한다.

material은 '물질적인'이라는 뜻이다. 신체는 물질로 이루어져 있으므로 '신체적인'이라는 말은 '물질적인'이라는 말과 같은 말이다.

 확트인 평야

224 **plain** [plein]

— 명백한, 쉬운
— 무늬없는, 단색의
— 못생긴
— 숨김없는
— 평원, 평야

plain - 단백한, 솔직한, 평범한, 쉬운, 검소한, 평원

예문

A.명사

-평원, 평지, 평야

The river winds through the plain.
그 강은 평원을 따라 굽이쳐 흐른다.

A coastal plain is flat, low-lying
land adjacent to a sea coast.
해안평야는 해안에 인접한 편평하고 낮게 놓여 있는 땅이다.

B.형용사

-분명한, 명백한

The meaning is quite plain.
의미는 꽤 분명하다.

-쉬운

Speak your argument in plain
English. 너의 주장을 쉬운 영어로 말해.

-무늬없는

Do you prefer plain or striped shirts? 당신은 무늬 없는 셔츠 혹은 줄무니 셔츠 중 어떤 것을 선호하가요?

-(이목구비가 편평한) 못생긴

His sister is a plain girl. 그녀의 누이는 못생긴 소녀다.

-숨김없는, 그대로의

The plain fact is that nobody really knows it. 엄연한 사실은 누구도 진정 그것을 알지는 못한다는 것이다.

-섞지 않는

Due to its acidic nature, plain yogurt may taste slightly sour.
산성 특성으로 인해 플레인 요구르트는 약간 신맛이 날 수 있다.

flat(편평한)에서 유래, 복잡하지 않고 확트인 상태로 '평원', '단색의', '솔직한' 등의 뜻이 나온다. 모두 드러난 상태로 매력이 없는 '못 생긴' 등의 뜻이 나온다.

225 **plant** [plænt]

씨앗뜻 나무(을 심다)
- 나무
- 공장
- 심다, 주입하다, 설치하다

식물,심다

PLANT

공장

✏️ 예문

A. 명사

-식물, 나무

This plant is shallow-rooted and stores water in the roots.
이 식물은 뿌리가 얕고 뿌리에 물을 저장한다.

Plants would not be able to grow without insects. 식물은 곤충 없이 자랄 수 없다.

At all developmental stages, plants respond to environmental changes.
모든 발달 단계에서 식물은 환경변화에 반응한다.

-공장

The plant will be seeking a property tax break. 그 공장은 재산세 감면을 추구할 것이다.

The plant will prevent 1.5 million tons of carbon emissions annually.
그 공장은 연간 150만 톤의 탄소 배출을 방지할 것이다.

B. 동사

-심다, 주입하다, 설치하다

The Indians cleared the land for planting. 인디언들은 나무를 심기위해 개간했다.

Microphones are planted in students' desks. 학생들의 책상에 마이크가 설치되어 있다.

The best way to grow the pepper is to plant seeds. 후추를 재배하는 가장 좋은 방법은 씨앗을 심는 것이다.

'공장'이 '나무'처럼 생겼다. 나무를 '심다'에서 '주입하다' 뜻도 파생한다.

A. 앞에서 배웠던 단어들 씨앗 뜻을 생각하면서 우리말로 각각 최대한 자세히 써 보세요.(정답:단어본문 참고)

211. odds _____
212. operate _____
213. order _____
214. organ _____
215. outlet _____
216. overlook _____
217. owe _____
218. party _____
219. patient _____
220. peak _____
221. perch _____
222. perspective _____
223. physical _____
224. plain _____
225. plant _____

B. 앞에서 학습한 각 단어들의 예문을 활용한 문장들입니다. 강조된 단어를 유의하면서 각각 해석해 보세요.
(정답 **394 page**)

211. The odds have shortened from 5-1 to 4-1.

212. The whole of human society operates in knowing the future weather.

213. All our customer orders are handled by computer.

214. Her internal organs were broken by accident.

215. The WiFi-enabled plugs are compatible with standard outlets.

216. The police overlooked the celebrities in the past governments.

217. The students owe their success to their teachers.

218. Recently, news are filled with issues of political parties.

219. The leader must be very patient with the people.

220. Most people will experience peak happiness.

221. Pigeons perch on the roof.

222. The novel is written from a child's perspective.

223. Climate change is no longer a question of physical science.

224. Speak your argument in plain English.

225. The best way to grow the pepper is to plant seeds.

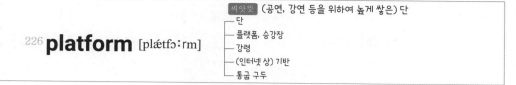
226 **platform** [plǽtfɔːrm]

씨앗뜻 (공연, 강연 등을 위하여 높게 쌓은) 단

- 단
- 플랫폼, 승강장
- 강령
- (인터넷 상) 기반
- 통굽 구두

platform - 단, 교단, 연단
(정거장의) 플랫폼, 승강장
(정당의) 강령, 정강
(행동 결정 따위의) 기반, 근거
(인터넷 상) 기반

 예문

명사

-단, 교단, 연단

Speakers took the platform to denounce the policy.
연설가들이 그 정책을 비판하기 위해 연단에 섰다.

A platform is a flat raised structure or area.
플랫폼(단)은 평평하게 높여진 구조물이나 지역이다.

-(정거장의) 플랫폼, 승강장

Our train is boarding on platform 3. 우리 열차는 승강장 3번에서 탑승한다.

-(정당의) 강령, 정강, (행동·결정 따위의) 기반, 근거

The platform of Democratic party is reformative and progressive.
민주당의 정강정책은 개혁적이고 진보적이다.

-(인터넷 상) 기반, 플랫폼

Billions of photos were scraped from Facebook and other social media platforms.
수십억개의 사진들이페이스북이나 다른 SNS 플랫폼으로부터 모아졌다.

Overall, virtual meeting platforms put more constraints on communication than face-to-face settings. 대체로 가상의 플랫폼은 대면 환경보다 의사소통에 더 많은 제한을 둔다.

-(신발에 덧댄) 통굽 구두

The bride in platform shoes slipped as she stepped onto the platform.
통급 신발을 신은 신부가 연단에 올라설 때 미끄러졌다.

platform은 어린이나 노인이 열차 등을 타기 쉽게 조금 높게 쌓아 놓은 '단'이다. '연단', '승강장' 등으로 쓰이고 정당 등이 자신의 행동강령을 단에 써서 걸어 놓으면서 '강령', '정강' 등의 뜻이 나온다. 인터넷이 활성화 되면서 쉽게 접근하게 한다는 뜻으로 '플랫폼'이 많이 생겨났다. '통굽 구두'는 구두 뒷굽을 높인 구두다.

227 **plot** [plɑt]	씨앗뜻 머리속에 구상(하다)
	┌ 구상·음모(를 꾸미다) ├ 작은 땅 └ 줄거리

plot - 음모를 꾸미다, 작은 땅, 음모, 구상, 줄거리

예문

A.명사

–작은 땅

My mom grow potatoes and sesame on little plot of land. 나의 엄마는 좁은 땅에 감자와 참깨를 재배한다.

–음모, 책략

The Japanese army moved a plot to kill the Korean people. 일본군대는 조선인들을 살해하기로 음모를 꾸몄다.

–줄거리, 구상

The author designed a good plot. 저자는 좋은 줄거리를 설계했다.

According to Aristotles, the plot should have a beginning, a middle, and an end.
아리스토텔레스에 따르면 플롯에는 시작과 중간과 끝이 있어야 한다.

B.동사

–음모를 꾸미다

The gangsters plotted to blow up the railroad. 그 갱스터들은 철도를 폭파하기로 음모를 꾸몄다.

'조그만 땅'에서 '음모(를 꾸미다)'.

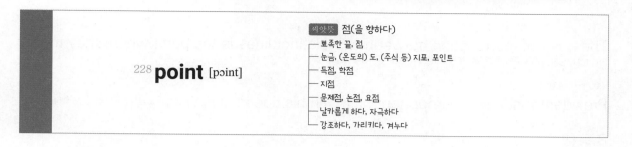

228 **point** [pɔint]

씨앗뜻 점(을 향하다)

— 뾰족한 끝, 점
— 눈금, (온도의) 도, (주식 등) 지표, 포인트
— 득점, 학점
— 지점
— 문제점, 논점, 요점
— 날카롭게 하다, 자극하다
— 강조하다, 가리키다, 겨누다

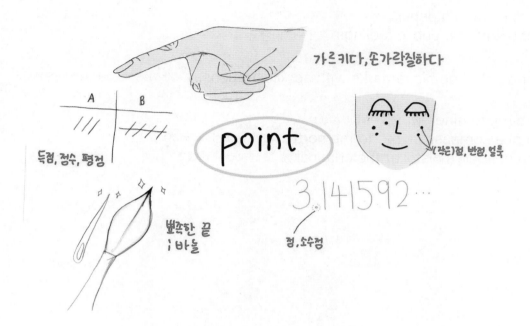

 예문

A. 명사

–뾰족한 끝
Be careful with that needle – it has a very sharp point.
바늘을 조심하세요. 끝이 매우 날카롭습니다.

–(작은) 점
The disease begins as small points on the skin. 이 병은 먼저 피부에 작은 반점이 되어 나타난다.

–눈금, (온도의) 도, (주식 등) 지표, 포인트
The price index of stocks went down 5 points. 주가지수가 5포인트 하락했다.

–득점, 학점
What is the maximum amount of credit points I can enrol in? 등록할 수 있는 최대 학점은 얼마인가요?

−지점
The point of intersection between two distinct lines is the point where they meet or cross. 서로 다른 두 선 사이의 교차점은 두 선이 만나거나 교차하는 지점이다.

−문제점, 논점, 요점
President made some important points in his speech. 대통령은 연설에서 몇 가지 중요한 점을 강조했다.

B.동사

−날카롭게 하다, 자극하다
The students pointed a pencil. 학생들은 연필을 뾰족하게 깍았다.
The dictator points the public feelings. 그 독재자는 대중의 감정을 자극한다.

−강조하다
The lecturer pointed up his remarks with apt illustrations. 그 강사는 적절한 예를 들어 그의 발언을 역설했다.

−가리키다, 겨누다
The clock points to nine. 시계는 9시를 가리키고 있다.
The needle of a compass points to the north. 나침반의 바늘은 북쪽을 가리킨다.
A policeman pointed a pistol at the criminal. 경찰관은 그 범인에게 권총을 겨눴다.

point는 '(지)점'에서 시작한다. 점을 무엇인가를 '가리키고 날카롭다'. 어떤 내용을 하나의 점으로 정리하는 것이 '요약'이다. 요약은 '강조하다'는 의미도 나온다.

229 **pole** [poul]

씨앗뜻 **막대기**

└ 막대기
└ 극(極)

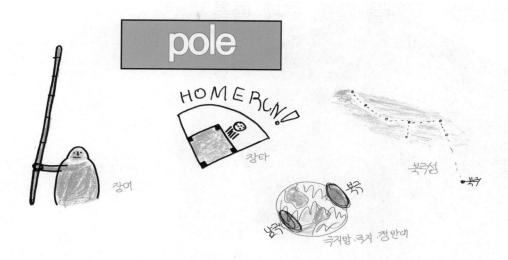

 예문

A. 명사
-막대기, 기둥

The bus crashed into a telegraph pole. 버스가 전신주에 충돌했다.

He stared at the blank space at the bottom of the pole. 그는 기둥 아래쪽의 빈 공간을 바라보았다.

-극

What is pole in physics? 물리학에서 극이란 무엇입니까?

The Earth's North Pole is tipped toward the Sun. 지구의 북극은 태양을 향해 기울어져 있다.

For six months of the year, there is hardly any light at the poles.
일년 중 6개월 동안은 극지방에 빛이 거의 없다.

B. 동사
-장타를 날리다

He poled a triple to deep right-center. 그는 오른쪽 중앙 깊은 곳까지 3루타 장타를 날렸다.

pole은 '막대기'가 씨앗 뜻이다. 막대기는 양끝 즉 '극'이 있다. 동사로 '장타를 치다'.

서류를 넣은 손가방

230 **portfolio** [pɔːrtfóuliòu]

씨앗뜻 서류를 넣은 손가방
☐ 작업물 모음
☐ 투자한 목록

portfolio- 작업물 모음, 투자 목록

Portfolio 1.0
Prices

VAN DOGH

ⓒ 시잉글리쉬

예문

명사

-(디자인 등) 작업물 모음

A portfolio usually represents a portable showcase of your talents.
포트폴리오는 일반적으로 재능을 보여주는 휴대용 쇼케이스를 나타낸다.

-(주식 등) 투자목록

In finance, a portfolio is a collection of investments. 금융에서 포트폴리오는 투자의 모음이다.
Track your investment portfolio, evaluate your strategy, and create watchlists of
potential opportunities. 투자 포트폴리오를 추적하고, 전략을 평가하고, 잠재적인 기회에 대한 관심 목록을 만드시오.

portfolio는 미술 등 디자이너 들의 '작업물 모음'이라는 뜻과 투자자들의 '투자목록'으로 쓰인다.

231 **pose** [pouz]

 어떤 자세(를 취하다)

┌ 자세, 포즈(를 취하다)
├ 꾸민 태도(를 취하다)
└ (입장을) 취하다, 제기하다

pose- 포즈, 자세, 마음가짐

예문

A. 명사
–자세, 포즈
This yoga pose is beneficial to your shoulders, arms and wrists.
이 요가 자세는 어깨, 팔, 손목 등에 유익하다.

–꾸민 태도, 겉치레
Everything he says is only a pose. 그의 말은 모두 겉치레 뿐이다.

B. 동사
-~인 체하다, (어떤) 태도를 취하다
Cops pose as steel traders to catch a robber. 경찰은 강도를 잡기 위해 강철 업자로 가장한다.

–(문제 등 입장을) 취하다, 제기하다
The teacher posed his students a question. 그 선생님은 그의 학생들에게게 질문을 하였다.
Laboratory viruses pose existential threat. 실험실 바이러스는 실재적 위협을 제기한다.

–자세를 취하게 하다, 적절히 배치하다
The travellers were well posed for the photograph. 여행객들은 촬영을 위해 잘 배치되었다.

pose는 어떤 '자세를 취하다'가 씨앗뜻이다. 자세를 취한다는 것은 자연스러운 것이 아니라 '꾸민 태도'이다. 또 문제 등에 대해 '자신의 입장을" 취하다', '제기하다' 등의 뜻이 나온다.

씨앗뜻 세 가지 어원:말뚝을 세워, 위치를 표시하고, 그곳에 우편물을 보내다.

232 **post** [poust]

— 어원 1. 기둥, 푯말, 게시하다
— 어원 2. 위치, 지위, 초소, 배치하다
— 어원 3. 우편(물), 우체통, 우편을 보내다

post - 기둥, 초소, 우편, 푯말

BASE

예문

어원1. 명사 -기둥, 푯말/동사 -게시하다
-게시물
The social media site has long resisted action against his posts.
그 소셜 미디어 사이트는 오랫동안 그의 게시물에 반대하는 행동을 해왔다.

-게시하다
Post no bills. 광고 게시 금함

어원2. 명사 - 지위, 직, 주둔지, 초소/동사 - 배치하다
-지위, 직, 주둔지, 초소
Teaching posts are advertised in Sunday's edition of the paper.
선생님 직책이 신문 일요일 판에 광고되었다.

-배치하다
The policemen and soldiers were posted along the street. 경찰관들과 군인들이 거리를 따라 배치되었다.

어원3. 명사-우편물 배달, 우편물 /동사-우편을 보내다
-우편물 배달, 우편물, 우편
When is the next post due? 다음 우편물 배달은 언제 오나요?
-우송하다(= mail)
Post this Christmas card and a letter, please. 이 크리스마스 카드와 편지 좀 부쳐주세요.

233 **practice** [prǽktis]

씨앗뜻 (일을)연습하고 실행하는 과정

- 실행(하다), 연습(하다)
- 관습
- 영업, 개업(하다)

practice – 실행, 연습, 관례, 개업

YES!

예문

A. 명사
-실행, 연습
Practice makes perfect.
연습이 완벽하게 만든다.

Precision, practice and preparation are valuable tools.
정밀함, 연습 및 준비는 귀중한 도구다.

-(사회의) 관습
They have the practice of closing shops on weekend.
그들은 주말 휴점의 관습을 가지고 있다.

-(의사·변호사 등의) 업무, 영업, 사무소, 진료소
Are you in practice at the bar? 변호사로 개업 중인가요?
The doctor has a large practice. 그 의사는 환자가 많다.

B. 동사
-실행하다, (항상) 행하다, 연습하다, 익히다
Practice what you preach. 설교하는 바를 스스로 행하여라.
She practiced playing the violin every day. 그녀는 매일 바이올린 연주를 연습했다.
-(의사·변호사를) 개업하다
My husband practices medicine. 나의 남편은 의료에 종사한다.

practice는 의사나 변호사 등이 실제로 실무를 행하는 상태로 '실행(하다)', '개업(하다)' 뜻이다. 또는 '연습(하다)'의 뜻으로도 많이 쓰인다. '실행'하면 '관습'이 되기도 한다.

234 **premise** [prémis]

씨앗뜻 pre(before 먼저) +mise(send 보내다 ⇒ 미리 보내다
- 전제 (하다)
- pl) 건물과 토지, 집과 대지, 구내

premises
(건물과 대지)

premise
(전제하다)

✎ 예문

A. 명사 [prémis]

–(사전에 조건으로 제시한) 전제

He disagreed with his wife's premise. 그는 그녀의 전제에 동의하지 않았다.
The conclusions are based on a false premise. 그 결론은 잘못된 전제에 근거하고 있다.

–(건물을 짓기위해서 사전에 필요한 토지 등 조건) (pl.) 토지, 집과 대지, 구내

Keep off the premises. 구내 출입 금지
The premises were searched by the police. 경찰은 구내를 수색했다.

B. 동사 [primáiz]

–전제로 말하다

Their school premises that the cosmos is indestructible. 그들 학파는 우주는 파괴될 수 없다고 전제한다.

어원을 보면 '먼저 보내다'는 뜻의 premise는 '전제하다' 뜻이다. 건물을 짓기 위해서 먼저 있어야 하는 것은 대지(땅)이기 때문에 '집과 대지'라는 뜻이 나온다.

235 **premium** [príːmiəm]

씨앗뜻 덤으로 주는 것
- 할증금
- 경품
- 보험료

premium - 할증금, 경품, 덤, 보험료

 예문

명사

-할증금, 프리미엄

We're willing to pay a premium for the best location. 최고의 위치에 할증금을 지불할 용의가 있다.

These apartments attract a premium because of a fine prospect.
이 아파트는 좋은 전망 때문에 프리미엄이 붙는다.

-(권유를 위한) 경품, 덤

You get a lipstick as a premium with the purchase of this makeup.
이 메이크업을 구매하면 립스틱을 프리미엄으로 증정한다.

-보험료

The premiums for healthcare plans are high. 건강 보험의 보험료가 높다.

Car insurance premiums have increased this year. 올해 자동차 보험료가 인상되었다.

premium은 덤으로 주는 것으로 '할증금', '경품' 그리고 '보험료' 뜻으로 사용된다.

씨앗뜻 지금 존재하는

236 **present**

— 현재(의)
— 참석하고 있는
— 선물(을 주다)
— 종사하다
— (기회) 주다, 야기시키다

PRESENT

출석하다, 나타나다

선물

 예문

A. 형용사 [prézənt]

−현재의

Please state your present occupation and salary. 현재 직업과 급여를 말씀해 주세요.

−참석하고 있는

The whole family was present at the wedding. 전 가족이 결혼식에 참여했다.

B. 명사 [prézənt]

−선물

James bought a present for his mom. 제임스는 엄마를 위하여 선물을 샀다.

−현재

Past, present, and future are all linked together. 과거, 현재, 미래가 모두 연결되어 있다.

C. 동사 [prizént]

−선물을 주다

Students presented their teacher with some flowers. 학생들이 그들의 선생님에게 꽃을 선물했다.

−(기회) 주다, (서류) 제출하다, 야기시키다

The builder presented his bill to me. 건축업자가 나에게 청구서를 제출했다.

This sort of work presents no difficulty to me. 이런 종류의 일은 나에게는 누워서 떡먹기다.

The situation presented a serious problem. 그 사태로 인해 심각한 문제가 야기되었다.

우리가 누리는 '현재'의 순간은 신이 준 '선물'이라고 볼 수 있다. 현재라고 하는 것은 우리가 지금 이 순간 '참석하고 있는' 상태이다.

237 **press** [pres]

씨앗뜻 누르다
─ 압박하다, 간청하다, 강요하다
─ 인쇄(하다)
─ 언론, 언론인
─ 다림질

강조하다, 주장하다

인쇄하다

언론

예문

A.동사

-누르다, 압박하다

He pressed the delete key. 그는 삭제 키를 눌렀다.

-강요하다, 간청하다

They pressed us to go with them to the school board meeting.

그들은 그들과 함께 학교 이사회에 가도록 우리를 간청했다.

B.명사

-(인쇄를 위하여 눌러) 인쇄(소)

Newspapers are produced on a printing press. 신문은 인쇄기로 제작된다.

-(신문을 인쇄하는) 언론(인)

The prime minister's memo was leaked to the press. 수상의 메모가 언론에 누출됐다.
President spent an hour briefing the press on his latest policy.

대통령은 자신의 정책을 한 시간 동안 기자들에게 간단히 설명했다.

-(옷을 눌러 다리는 것) 다리미, 다림질

A steam press takes the effort out of ironing clothes. 스팀다리미는 옷 다림질의 수고를 덜어준다.

press는 '누르다'의 뜻에서 '압박하다', '간청하다', '강요하다', '인쇄하다' 등의 뜻으로 쓰인다. 또 눌러서 신문을 '눌러서 인쇄하다'는 뜻에서 '인쇄','언론(인)'의 뜻이 나온다. 또한 눌러서 다림질하므로 '다림질'의 뜻으로도 쓰인다.

238 **produce** [prədjuːs]

씨앗뜻 농산물을 생산하다

├─ 생산하다
└─ 농산물

produce

농작물을 생산하다.

 예문

A. 동사
-생산하다

France produces a great deal of wine for export. 프랑스는 수출용으로 많은 양의 와인을 생산한다.
The farmers produce their own food throughout the year. 농부들은 일년 내내 자신의 음식을 생산한다.

B. 명사
-농산물

The fresh produce industry is facing serious challenges. 신선 농산물 산업이 심각한 도전에 직면하고 있다.
Seasonal produce in your area will vary by growing conditions and weather.
해당 지역의 제철 농산물은 재배 조건과 날씨에 따라 달라진다.

produce는 '농산물'이고 농산물은 그 자체가 땅에서 생산되는 것으로 '생산하다'의 뜻으로도 쓰인다.

239 **profile** [próufail]

씨앗뜻 pro(앞으로)+ file(선을 그리다) → 선을 긋다, 옆 모습, 윤곽

— 인물 단평, 프로필 사진
— 인물평을 쓰다
— 윤곽을 드러내 보이다

profile- 측면, 인물단평, 윤곽(을 그리다)

Mr. Fox

📍 From Foxville
💼 Works at Sly breweries
🎓 Studied at Renard UNI

 예문

A.명사

-인물 단평, 얼굴 윤곽, 프로필 사진

A newspaper published profiles of the candidates. 신문에 후보자의 프로필이 소개되었다.
His handsome profile was turned away from us. 그의 잘 생긴 얼굴 윤곽은 우리에게서 멀어졌다.

B.동사

-인물평을 쓰다

Newspapers and magazines will profile the candidate in its next issue.
신문잡지들이 다음 호에 그 후보자의 프로필을 소개할 예정이다.

-윤곽을 드러내 보이다

The skyscrapers were profiled against a starry sky. 마천루들이 별이 총총한 하늘을 배경으로 윤곽을 드러냈다.

prorile은 어원상 '앞으로 선을 긋다'에서 '얼굴윤곽', 즉 '프로필 사진', '인물평(을 쓰다)'가 나온다.

240 **property** [prápərti]	씨앗뜻 고유한 특성 → 재산	
	┌ 고유한 성질, 특성	
	├ 재산	
	└ 소유(권)	

 예문

명사

－고유한 성질, 특성

Wool has excellent properties for clothing. 양모는 의류에 대한 우수한 특성을 가지고 있다.

－재산, 자산, 소유물

He has a small property in the country. 그는 시골에 조그마한 재산을 갖고 있다.

The books are the property of the public library. 그 책은 공공 도서관의 자산이다.

－소유(권)

Property has its obligations. 소유권에는 의무가 따른다.

Property is the right that a person or a business has legal title over any item.
소유권은 어떤 것에 대해 개인이나 기업이 법적 소유권을 가지고 있는 권리다.

사람들의 각각 가지고 있는 고유한 '특성'은 하나의 '자산'을 '소유'하는 것과 같다.

A. 앞에서 배웠던 단어들 씨앗 뜻을 생각하면서 우리말로 각각 최대한 자세히 써 보세요.(정답:단어본문 참고)

226. platform _____
227. plot _____
228. point _____
229. pole _____
230. portfolio _____
231. pose _____
232. post _____
233. practice _____
234. premise _____
235. premium _____
236. present _____
237. press _____
238. produce _____
239. profile _____
240. property _____

B. 앞에서 학습한 각 단어들의 예문을 활용한 문장들입니다. 강조된 단어를 유의하면서 각각 해석해 보세요.
(정답 **394 page**)

226. Overall, virtual meeting platforms put more constraints on communication than face-to-face settings.

227. According to Aristotles, the plot should have a beginning, a middle, and an end.

228. The Earth's North Pole is tipped toward the Sun.

229. A policeman pointed a pistol at the criminal.

230. In finance, a portfolio is a collection of investments.

231. Laboratory viruses pose existential threat.

232. The policemen and soldiers were posted along the street.

233. My husband practices medicine.

234. The premises were searched by the police.

235. You get a lipstick as a premium with the purchase of this makeup.

236. Past, present, and future are all linked together.

237. President spent an hour briefing the press on his latest policy.

238. Seasonal produce in your area will vary by growing conditions and weather.

239. Newspapers and magazines will profile the candidate in its next issue.

240. The books are the property of the public library.

241 **pulse** [pʌls]	씨앗뜻 맥박
	┌ 맥박(이 뛰다)
	└ 파동, 진동, 박자

 예문

A. 명사

–맥박

The patient's pulse was weak. 환자의 맥박이 약했다.

Exercise increases your pulse rate. 운동은 맥박수를 증가시킨다.

–파동, 진동, 펄스, 박자

In music, a pulse is a regular beat, which is often produced by a drum.
음악에서 펄스는 드럼에 의해 생성되는 규칙적인 비트다.

B. 동사

–맥이 뛰다, 고동치다

The player's heart pulsed with pleasure. 그 선수의 가슴은 기쁨으로 뛰고 있었다.

pulse는 '파동'과 같은 '진동'을 뜻한다. '박자'도 하나의 진동이다.

242 **race** [reis]

씨앗뜻 인종간 경주하다

— 인종
— 경주(하다)

race – 인종, 경주

 예문

A. 명사

－인종

A race is a grouping of humans based on shared physical or social qualities.
인종은 공유된 물리적 또는 사회적 특성을 기반으로 인간을 그룹화하는 것이다.

－경주, 경쟁

The poll found the race would be tight. 여론 조사 결과 경쟁이 치열할 것으로 나타났다.
China and Russia both warn about the danger of an arms race.
중국과 러시아는 군비 경쟁의 위험에 대해 경고한다.

B. 동사

－경주하다

Uncle Tooth and Otto raced to edge and looked over. Uncle Tooth와 Otto는 가장자리까지 달려가 내려다 보았다.
George raced toward the tree, far ahead of the men. George는 그 남자들보다 멀리 앞서 나무를 향해 달렸다.
RooGeong and SooJeong are going to race World Beauty Contest.
루경과 수정은 세계 미인 컨테스트에서 경주할 예정이다.

race는 '인종'들끼리 '경주하다'

243 **raise** [reiz]

씨앗뜻 (물건·정신 등을)올리다
┌ 올리다, 게양하다, 고양시키다
├ 인상하다, 모금하다, 일으키다, 기르다
└ 올림, 높인 곳, 증가, 인상

raise - 올리다, 게양하다, 고양시키다, 인상하다, 모금하다, 일으키다, 기르다, 올림, 높인 곳, 증가

예문

A.동사
-(물건, 정신 등을 위로) 올리다
Raise your arms. 팔을 들어 올리세요.
A psychology professor raised a glass of water. 심리학 교수는 한 잔의 물을 들었다.

-(깃발을) 게양하다
Citizens raise the national flag on their home. 시민들은 집에 국기를 게양한다.

-(마음을) 고양시키다
You raise me up. 너는 나를 고무시켜.

-(세금, 금리 등을) 인상하다
The government plans to raise taxes. 정부는 세금을 인상할 계획이다.

-(자금 등) 모으다, 모금하다
The advertisement raise money for a charity or an institution.
그 광고는 자선 단체나 기관을 위해 기금을 모금한다.
-(의문 등) 제기하다
This case has raised a multitude of questions. 이 사건은 많은 의문을 제기했다.
-기르다, 양육하다, 사육하다, 재배하다
The farmer raises chickens and pigs. 농부는 닭과 돼지를 기른다.
My mum raised our family on her own. 엄마는 혼자서 우리 가족을 양육했다.
The farmer raises 2,000 acres of wheat and hay. 그 농부는 2,000에이커의 밀과 건초를 재배한다.
Villagers raise farm animals like sheep, goats, pigs, chickns, and ducks, and turkeys. 마을사람들은 양, 염소, 돼지, 닭 그리고 오리와 칠면조를 기른다.

B.명사
-올림, 높인 곳, 증가, 가격 인상, 임금 인상
Within two months Kelly got a raise. 두 달 만에 Kelly는 인상을 받았다.
A raise is an increase in your wages or salary. 인상은 임금이나 급여의 인상이다.

raise는 공간, 일상생활이나 추상적인 뜻 등에서 무엇인가 '올리다' 즉 '모으다', '기르다', '양육하다', '재배하다' 등 두루 쓰인다.

244 **range** [reindʒ]

씨앗뜻 길게 늘어서 있는 것
- 열, 줄, 산맥
- 범위, 영역, 한계, 계급
- 정렬시키다, 늘어놓다
- (산맥 등) 한줄로 뻗다

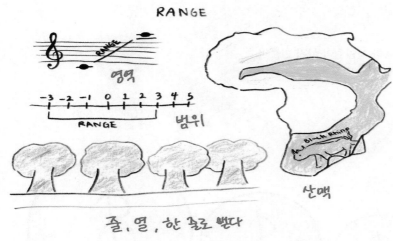

예문

A. 명사
-열, 줄, 산맥
A range of mountains separates the two countries. 산맥이 두 나라를 분리한다.
-범위, 영역, 한계, 계급
He spoke on a wide range of subjects. 그는 넓은 영역의 주제들에 관하여 말했다.

B. 동사
-줄짓게 하다, 정렬시키다, (산맥 등이 한 줄로) 뻗다
Brick houses range along the road. 벽돌집들이 길을 연해서 있다.
-(동식물이) 분포되어 있다, 서식하다
This plant ranges from Canada to Mexico. 이 식물은 캐나다로부터 멕시코에 걸쳐 분포되어 있다.
-(사람·동물이 늘어서) 헤매다, 돌아다니다
The lost boys ranged through the woods. 길잃은 소년들이 숲속을 헤맸다.
-편을 들다, 지지하다
They ranged themselves on the side of law and order. 그들은 법과 질서를 지지하는 입장에 서있다.

range는 한 점이라기 보다 이어져 있는 한 무더기로 명사일 때, '범위', '영역', '열', '줄', '산맥' 등을 뜻한다. 동사로 이어져 있는 상태를 말하므로 '줄짓게 하다', '(산맥 등이) 뻗다', '분포되어 있다', '(줄지어) 돌아 다니다' 등의 뜻으로 쓰인다.

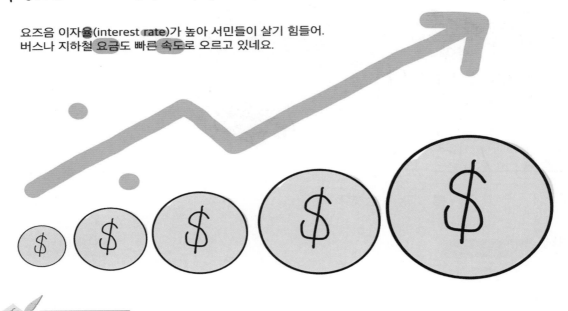

245 **rate** [reit]

cf) rite [rait] n.의례, 의식

씨앗뜻 비율에 따라 값을 정하는 것
- 비율, 가격, 요금
- 속도, 진도
- 평가하다, 생각하다

rate : 비율, 가격, 요금, 뚝도

요즈음 이자율(interest rate)가 높아 서민들이 살기 힘들어.
버스나 지하철 요금도 빠른 속도로 오르고 있네요.

 예문

A.명사

-비율

A normal resting heart rate for adults ranges from 60 to 100 beats per minute.
성인의 정상 안정시 심박수는 분당 60~100회다.

-가격, 요금

Conventional loans typically have lower interest rates. 기존 대출은 일반적으로 낮은 이자율이다.

-속도

KTX train goes at a tremendous rate. KTX 열차는 엄청난 속도로 간다.

B.동사

-평가하다, 생각하다

How do you rate him as a statesman? 그를 정치가로서 어떻게 평가합니까?
The program has been rated a great success. 그 프로그램은 대성공으로 평가되었다.

rate는 '비율'이 씨앗 뜻이다. 상품의 질에 따라 '가격'을, 거리에 따라 '속도'나 '요금'을 정한다.

246 **raw** [rɔː]	씨앗뜻 자연 그대로의
	┌ 원상태 그대로의 └ 경험이 없는, 신병의

raw

경험없는,
신참의

날것 그대로의

 예문

형용사
-(가공하지 않은) 날것의, 생것의, 원상태 그대로의
The demand for raw sugar has gone up. 원당 수요 증가가 증가하였다.
The chef switched to a diet consisting only of raw beef and eggs.
그 주방장은 생고기와 달걀로만 구성된 식단으로 전환했다.

-(훈련을 받지 않아) 경험이 없는, 신참의
Raw recruits learn to sink or swim, right from their earliest start with the professional game. 경험이 없는 신참들이 프로 게임에 처음 도전했을 때부터 가라앉거나 수영하는 법을 배운다.

raw

raw는 자연상태 그대로 '날 것의'이 씨앗 뜻이다. 군인이나 선수 등이 훈련을 받지 않은 상태인 '신참의', '경험이 없는' 등의 뜻으로도 쓰인다.

247 **rear** [riər]	씨앗뜻 뒤(에서 도와 기르다)
	┌─ 뒤(의)
	├─ 기르다
	└─ 일어서다, 솟아 있다

rear

 **예문**

A. 명사
-뒤, 배면, 배후, 최후부, 맨 뒤
Rear is defined as the back of something. 후면은 무언가의 뒷면으로 정의된다.
The horse had injured one of its rear legs. 말은 뒷다리 중 하나를 다쳤다.
Our army attacked the enemy in the rear. 우리 군대는 적의 배후를 습격했다.

B. 형용사
The rear window is not particularly big, thus affecting visibility.
후면 창은 특별히 크지 않아 시야에 영향을 미친다.

C. 동사
-(뒤를 봐주어) 기르다, 사육하다, 양육하다
The woman reared her ten sons and two grand children.
그 여자는 10명의 아들과 두 명의 손자를 키웠다.

-(뒷다리로) 일어서다, 솟아 있다
The horse suddenly reared up on its hind legs. 말이 갑자기 뒷다리로 일어섰다.
The building rears high over the neighboring buildings. 그 건물은 주변 건물보다 높이 솟아 있다.

rear는 '뒤'가 씨앗 뜻이다. 뒤에서 잘 자라도록 봐주는 것이 '기르다', '양육하다'이다. 잘 자라 '일어서다', '솟아있다'.

248 **reason** [ríːzən]

씨앗뜻 일의 근본 원인
- 이유, 까닭, 동기
- 이성
- 추론하다, 판단하다

 예문

A. 명사
-이유(cause), 까닭, 동기
What's the reason for your absence? 결석한 이유가 뭐냐?
He has every reason to complain. 그가 불평할 만한 이유는 충분히 있다.
-일리, 이성
There is reason in what you say. 네가 말하는 것엔 일리가 있다.

B. 동사
-추론하다, 판단하다
The police reasoned that he was guilty. 경찰은 그 사람이 유죄라고 판단하였다.

reason은 사물의 근본 원리 즉 '이유'다. 그 이유를 따지는 것이 '이성'이고 이성에 따라 '추론한다'.

씨앗뜻 re(again 다시)+fer(carry 가져 가다)
→ 다시 어느 쪽으로 가져 가다

249 **refer** [rifə́:r]

─ 언급하다, 지시하다
─ 조회하다
─ 보내다, 주목하게 하다
─ 위탁하다
─ 탓으로 돌리다

refer- 조회하다, 참고로 하다

예문

동사

-언급하다, 지시하다(refer to)
These figures refer only to land for housing. 이 수치는 주택용 토지 만을 나타낸다.

-참고하게 하다, 조회하다
The professor referred me to books on astronomy. 그 교수는 나에게 천문학에 관련 책을 참고하라고 했다.

-보내다, 주목하게 하다
Your doctor may refer you to another doctor. 너의 의사는 또 다른 의사에게 보낼 수도 있다.

-위탁하다, 맡기다, 회부하다
The manager referred a matter to a third party. 매니저는 문제를 사건을 제삼자에게 위임했다.

-탓으로 돌리다
The people referred the evils to the War. 국민들은 악습을 전쟁의 탓으로 돌렸다.

명사형:reference [réfərəns]
–참조, 참고, 언급
My friend made several references to his trip to London.
나의 친구는 런던 여행에 대해 여러 번 언급했다.
The writer need to make a list of all your references. 작가는 모든 참조 목록을 작성해야 한다.
–위임
The terms of reference were discussed by the Equalities, Ethics and Communities Committee at its first meeting. 위임조건은 평등, 윤리 및 커뮤니티 위원회의 첫 번째 회의에서 논의되었다.

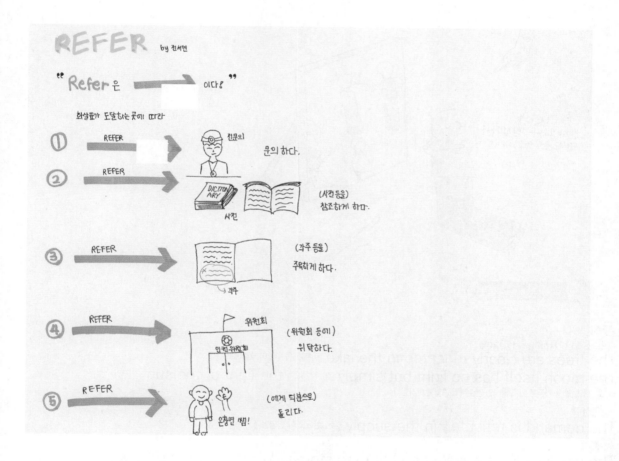

refer는 '다시 어디로 보내다'가 핵심 뜻이다. 즉 '언급하다', '참고하게 하다', '조회하다', '보내 위탁하다' 등의 뜻이 나온다.

씨앗뜻 re(back 돌아오는)+flect(bend 구부리다)
→ 구부려 다시 돌아오다

250 **reflect** [riflékt]

├─ 반사하다
├─ 반영하다
├─ 반성하다
├─ 고려하다
├─ 가져오게 하다
└─ 체면을 손상시키다

reflect
반사되다, 반성하다
/ (선행/불명예(를)) 가져오다

예문

동사

-(빛·소리) 반사하다, (거울) 비추다
The trees are clearly reflected in the lake. 나무들이 뚜렷이 호수에 비쳤다.
The moon itself has no light but simply reflect the light of the sun.
달 그 자체는 빛을 가지고 있지 않지만 단순히 태양빛을 반사한다.

-반영하다
The demand is reflected in the supply. 수요는 공급에 반영된다.

-반성하다
The holidays are always a good time to stop and reflect on the past year.
휴일은 항상 멈추고 지난 한 해를 반성하기에 좋은 시간이다.

-고려하다, 숙고하다
Local shops reflect on holiday sales. 현지 상점은 휴일세일을 고려한다.

-가져오게 하다, 초래하다
Solomon Islands riots reflect deeper unrest. 솔로몬 제도 폭동은 더 깊은 불안을 가져온다.

-나쁜 영향을 미치다, 체면을 손상시키다
His crime reflected on the whole community. 그의 범죄는 마을 전체의 명예를 손상시켰다.

※명사형:reflection [riflékʃən]

－반사

There are several kinds of sunlight-reflection technology. 여러 종류의 햇빛 반사 기술이 있다.

－반영

This street is the perfect reflection of our city and community.
이 거리는 우리 도시와 커뮤니티를 완벽하게 반영한다.

－반성

The national holiday provides a time for reflection and appreciation.
국경일은 반성과 감사의 시간을 제공한다.

※형용사형:reflective [rifléktiv]

－반사하는

The material is highly reflective. 그 소재는 반사율이 높다.

－반영하는

His comment is not reflective of the folk mood. 그의 의견은 민초들의 감정이 반영되어 있지 않다.

－반성하는

The agressor of school violence was not in a very reflective mood at all.
그 학교폭력 가해자는 전혀 반성하는 분위기가 아니었다.

reflect는 어원상 '다시 구부러지다'는 뜻이다. 즉 빛이 거울 등에 '반사하다', 자신의 행동을 여러면을 '고려하고 숙고하여' '반영하고 반성하다'는 뜻으로 쓰인다. 나쁜 영향을 받아 '나쁜 영향을 미치다'로도 쓰인다.

251 **region** [ríːdʒən]	씨앗뜻 지역
	┌ 지역
	└ 영역, 분야

region- 지역, 영역, 분야

 예문

명사

−지역

Rice is the major crop of this region. 쌀은 이 지역의 주요 작물이다.

Grapes from this region are very delicious and well known.
이 지역의 포도는 매우 맛이 있어서 유명하다.

−(뇌, 학문 등) 영역, 분야

The patient is complaining of pain in the higher abdominal region.
그 환자는 상복부 통증을 호소하고 있다.

Nuroimaging studies have confirmed the region's importance for language production. 신경 영상 연구는 언어 생산에 대한 부위의 중요성을 확인했다.

region은 '지역'이 씨앗 뜻이다. 뇌'영역', 학문'분야'로도 쓰인다.

252 **relative** [rélətiv]

씨앗뜻 친척들과 비교하는
├ 비교상의
├ 상호의
└ 친척, 친족

relative

친척

예문

A. 형용사

–비교상의, 상대적인 ⇔ absolute 절대적인, positive 확정적인
They are living in relative comfort. 그들은 비교적 편하게 살고 있다.
We look at the relative merits of property versus shares.
우리는 부동산 대 주식의 상대적 장점을 살펴본다.

–상호의, 상관적인, 비례하는
Supply is relative to demand. 공급은 수요에 비례한다.
Beauty is relative to the beholder's eye. 아름다움은 보는 사람의 눈에 따라 상대적이다.

B. 명사

–친척, 친족, 인척
I asked her about other relatives. 나는 그녀에게 다른 친척에 대해서 물었다.
Hours later, two of his relatives were involved in a car accident.
몇 시간 후, 그의 친척 두 명이 교통사고에 연루되었다.

※참고) 동사형: relate 관련시키다, 친적관계가 있다
Dinosaurs are also closely related to birds. 공룡은 새와 밀접하게 친척관계에 있다.
Critics relate rising unemployment rates directly to government policies.
비평가들은 실업률 상승을 정부 정책과 직접 연관시킨다.

253 **release** [rilíːs]

씨앗뜻 풀어놓다
- 발표, 공개, 개봉(하다)
- 석방(하다)
- 방출(하다)
- 해방(하다)

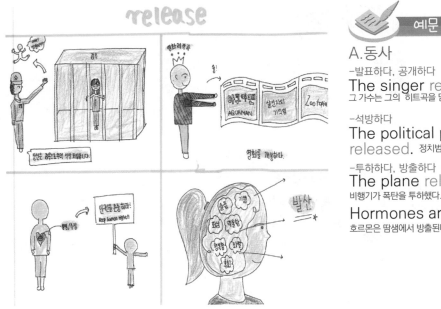

예문

A.동사

–발표하다, 공개하다
The singer released a CD of his hits.
그 가수는 그의 히트곡을 담은 CD를 발매했다.

–석방하다
The political prisoner has been released. 정치범은 석방되었다.

–투하하다, 방출하다
The plane released its bombs.
비행기가 폭탄을 투하했다.

Hormones are released from glands.
호르몬은 땀샘에서 방출된다.

–해방시키다
The surgery released him from years of pain. 그 수술은 그를 수년간의 고통에서 해방시켰다.

B.명사

–발표, 공개, 개봉
The film's release has been delayed. 그 영화 개봉이 연기되었다.

–석방
Her early release from prison led to a demonstration. 감옥에서 그녀의 조기 석방은 시위로 이어졌다.

–방출
Candidates, tell us your stances on Fukushima water release.
후보 여러분, 후쿠시마 방류수에 대한 당신의 입장을 말씀해 주십시오.

–해방
I noticed a release of tension when he left the room. 그가 방을 떠날 때 나는 긴장이 풀리는 것을 느꼈다.

release는 '풀어 놓다'가 씨앗 뜻이다. 영화나 작품 등을 '발표·개봉(하다)', 죄수·노예를 '석방(하다)', 폭탄 등을 '투하·방출(하다)' 등의 뜻으로 쓰인다.

254 **remain** [riméin]	씨앗뜻 남아있다
	┌ 남아있다 ├ 잔해, 잔재 └ 유해, 유골, 유적

유해. 유골

잔해. 잔재

남아있다

 예문

A. 동사
–남아있다

The political situation remains tense. 정치적 상황은 여전히 긴장된 상태로 남아 있다.

The cause about the accident remains hidden. 사고에 대한 원인은 여전히 숨겨져 있다.

B. 명사
–잔해, 잔재

The campers were tidying up the remains of their picnic. 캠핑객들은 소풍의 잔해를 정리하고 있었다.

The remains of nation traitors still remain alive in Korea.
대한민국에 민족 반역자들의 잔재가 여전히 살아 남아 있다.

–유해, 유골

The remains of all other passengers had been recovered. 다른 모든 승객의 유해는 회수되었다.

Fossils are the remains of something that existed long ago. 화석은 오래 전에 존재했던 어떤 것의 유해다.

–유적

There are many ancient remains in this area. 이 지역에 많은 고대 유적이 있다.

remain은 '남아 있다'가 씨앗 뜻이다. '잔해', '잔재', '유물', '유해', '유적' 등이 남아 있는 것들이다.

255 **reserve** [rizə́:rv]

씨앗뜻 re(back)+serve(봉사)
→ 뒤(나중)에 일하도록 남겨두다
— 예약하다
— 유보하다
— 비축하다
— 운명지우다
— 비축, 예비, 준비금, 예비군

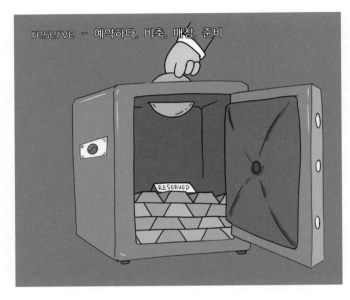

reserve - 예약하다, 비축, 매장, 준비

예문

A.명사

–비축, 예비, (pl.) 매장량, 준비금, 예비군

Which countries have the biggest natural gas reserves?
천연가스 매장량이 가장 많은 국가는?

The action comes as the result of an annual review of insurance reserves.
이 조치는 보험 준비금에 대한 연례 검토의 결과로 나 온 것이다.

–보류, 예비

A game reserve is a large area of land where wild animals live safely.
야생 동물 보호 구역은 야생 동물이 안전하게 사는 넓은 지역이다.

B.동사

–예약하다

The businessman reserved a seat on the next flight out.
그 사업가는 다음 비행기 좌석을 예약했다.

Rosa Parks sat just behind the ten seats reserved for whites.
Rosa Parks는 백인을 위해 지정된 10개의 좌석 바로 뒤에 앉아 있었다.

–유보하다

The reporter reserves his judgement until he knows all the facts.
그 기자는 모든 사실을 알 때까지 그의 판단을 유보한다.

–비축하다, (특정한 목적으로) 준비해 두다

These seats are reserved for the elderly and women with babies.
이 좌석은 노약자 및 임산부를 위한 좌석이다.

–운명지우다, 미래를 위해 예약해 두다

A great future is reserved for you. 너의 앞길은 양양하다.

reserve는 '뒤에 일하도록 남겨 두다'가 씨앗 뜻이다. 즉 '예약(하다)', '비축(하다)', '예비(군)', '매장량', '보류(하다)', '준비해 두다' 등의 뜻으로 쓰인다.

A. 앞에서 배웠던 단어들 씨앗 뜻을 생각하면서 우리말로 각각 최대한 자세히 써 보세요.(정답:단어본문 참고)

241. pulse _____
242. race _____
243. raise _____
244. range _____
245. rate _____
246. raw _____
247. rear _____
248. reason _____
249. refer _____
250. reflect _____
251. region _____
252. relative _____
253. release _____
254. remain _____
255. reserve _____

B. 앞에서 학습한 각 단어들의 예문을 활용한 문장들입니다. 강조된 단어를 유의하면서 각각 해석해 보세요.
(정답 **395 page**)

241. Exercise increases your pulse rate.

242. The poll found the race would be tight.

243. The government plans to raise taxes.

244. Brick houses range along the road.

245. KTX train goes at a tremendous rate.

246. The chef switched to a diet consisting only of raw beef and eggs.

247. The woman reared her ten sons and two grand children.

248. There is reason in what you say.

249. The professor referred me to books on astronomy.

250. The holidays are always a good time to stop and reflect on the past year.

251. The patient is complaining of pain in the higher abdominal region.

252. We look at the relative merits of property versus shares.

253. Her early release from prison led to a demonstration.

254. The campers were tidying up the remains of their picnic.

255. The action comes as the result of an annual review of insurance reserves.

256 **resort** [rizɔ́ːrt]

씨앗뜻 자주 가는 곳

├ 자주 가다, 의지하다
├ 의지, 의지가 되는 것, 최후의 수단
└ 유흥지, 리조트

resort

리조트

의지하다

자주 가는 곳

 예문

A.동사

-자주 가다

The villagers resort to a hot spring. 그 마을 사람들은 온천에 자주 간다.

-의지하다, (수단으로서) 쓰다, 도움을 청하다

You must not resort to violence. 너는 폭력에 의존해서는 안된다.

The company could decide to resort to suit. 회사는 소송에 의지하기로 결정할 수 있다.

B.명사

-의지, 의지가 되는 것, 최후의 수단

We'll take the last train as a last resort. 우리는 최후의 수단으로서 마지막 열차를 탈것이다.

-유흥지, 리조트

Now the area has another new resort. 이제 이 지역에는 또 다른 새로운 리조트가 생겼다.

The company developed popular tourist resorts. 그 회사는 인기 있는 관광 리조트를 개발했다.

resort는 자주 가는 '유흥지'는 '의지하는 곳'이다 , '자주 가다', '의지하다'의 뜻으로도 쓰인다.

씨앗뜻 re(back 다시)+spect(look 보다) → 다시 보다

257 **respect** [rispékt]

— 존경(하다), 존중(하다)
— 점, 관점, 관계, 관련
— 주의, 관심
— (pl.) 인사, 안부를 전함

A. 명사
—존경, 경의 ☞ respectful 경의를 표하는, 존중하는/ ☞ respectable 존경할 만한
The etymology of the word 'respect' is to look back or to look again.
respect는 말의 어원은 뒤를 돌아보거나 다시 바라보는 것이다.

—점, 관점, 관계, 관련 ☞ respective 각각의
These remarks have respect to his proposal. 이런 발언은 그의 제안과 관련이 있다.

—(pl.) 인사, 안부를 전함
Please give my respects to your parents. 부모님께 안부를 전해 주세요.

B. 동사
—존경하다. 존중하다, 주의하다, 고려에 넣다
I respect him as my senior. 나는 그를 선배로서 존경하고 있다.

※참고 respectful 경의를 표하는, 존중하는/ respective 각각의/ respectable 존경할 만한
The young are respectful to the age. 젊은이들은 노인을 존경한다.
The twins have their respective merits. 그 쌍둥이들은 각각 장점이 있다.
The bridegroom comes from a very respectable family. 그 신랑은 매우 존경받는 가족 출신이다.

인간들 각각은 '존경'할 '관점'을 가지고 있다. '존경'의 뜻으로 '안부'를 묻는다.

씨앗뜻 일한 후 나머지

258 **rest** [rest]

― 나머지
― 정지
― 휴식(을 취하다)
― 놓여 있다, 의지하다

예문

A.명사
―(일하고 나머지) 휴식
I need a rest from work.
직장에서 휴식이 필요하다.

―나머지
All the rest is enveloped in obscurity. 나머지는 모두 모호한 상태로 덮혀 있다.

To most of the rest of the world, it's called football.
그것은 나머지 세계 대부분의 사람들에게 football이라고 불린다.

Happily the cubs opened the rest of the presents.
행복하게 새끼들은 선물의 나머지를 열었다.

―(운동 후 나머지) 정지
The car accelerates quickly from a state of rest. 차는 정지 상태에서 빠르게 가속된다.

B.동사
―휴식을 취하다
Let him rest in peace. 그를 고이 잠들게 하소서.

―(기대어 쉬다) 놓여 있다
The columns rest on their pedestals.
원기둥은 각기 받침대 위에 얹혀 있다.

The kittens sometimes stayed in a box in front yard to get some sun while the mother cat rested.
엄마 고양이가 휴식을 취하는 동안 고양이 새끼들은 때때로 얼마간의 햇볕을 쬐기 위해 앞 마당 상자에 머물렀다.

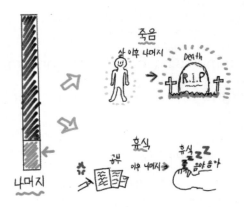

rest는 일 등을 한 후 '나머지'를 뜻한다. 일한 후 나머지는 '휴식'이고 운동 후 나머지는 '정지'다. 휴식을 취할 때 무엇인가에 의지한 채 휴식을 취하므로 '의지하다', '놓여 있다'라는 뜻도 나온다.

259 **row** [rou]

씨앗뜻 어원1. 열, 줄, (한 줄로)노를 젓다
어원2. 소동, 법석

┌ 열, 줄
├ (한 줄로) 노를 젓다
└ 다른 어원) 소동, 법석

노를 젓다, 줄, 열, 소동

 예문

A. 명사
-열, 줄

Our team has won six games in a row. 우리 팀이 6경기 연속 승리를 거두었다.
The shark has rows of big, scary teeth. 상어는 크고 무섭게 생긴 치열을 가지고 있다.
The president candidates sat in the front row. 대통령 후보들이 앞줄에 앉았다.
The three of them watched as the cat drank three bowls of milk in a row.
고양이가 계속하여 세 사발을 마실 때 그들 셋은 지켜봤다.(※ in a row 한줄로 즉 연속하여)

B. 동사
-(한 줄로) 노를 젓다

The old man rowed down the river all day. 그 노인은 하루 종일 강 아래로 노를 저어갔다.
Uncle Tooth rowed his boat down the coast. Uncle Tooth는 해변을 따라 그의 배를 노저었다.
"To Carlos Island!" said Carlos as we rowed over to the brand-new island.
우리가 새로운 브랜드의 섬으로 노저어 갈 때, 칼로스는 칼로스 섬으로라고 외쳤다.

cf) 다른 어원
-소동, 법석

They had a row and she stormed out of the house. 그들은 소동을 피웠고 그녀는 집에서 뛰쳐 나왔다.
A row is a serious disagreement between people or organizations.
소동은 사람이나 조직 간의 심각한 불일치다.

row는 명사로 '열(줄)'을 말하고 명사로 한줄로 '노를 젓다'의 뜻이다. 다른 어원으로 '소동', '법석' 뜻도 있다.

260 **rule** [ru:l]

씨앗뜻 선을 그어 정하다
- 규칙
- 지배
- (선을) 긋다
- 판결하다
- 다스리다, 통치하다

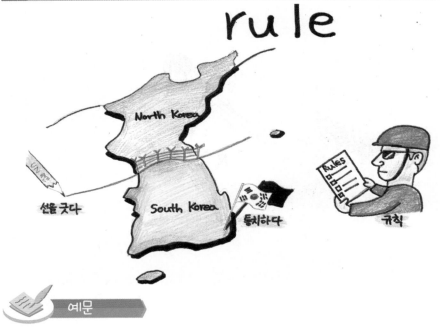

예문

A.명사
-규칙
Players must follow the rules. 선수들은 규칙을 준수해야 한다.
-지배
The people have suffered under the harsh colonial rule of Japanese Empire.
국민들이 일제의 가혹한 통치로 인해 고통을 겪었다.

B.동사
-(선을) 긋다
If you rule a straight line, you draw it using something that has a straight edge.
직선을 그을 경우, 직선 모서리가 있는 것을 사용하여 긋는다.

-(선을 그어) 판결하다
The demonstration was ruled to be legal. 그 시위는 합법으로 판결이 내려졌다.
The U.S. Supreme Court ruled that the segregation law was unconstitutional.
미국 연방 대법원이 인종 차별법이 위헌이라고 판결했다.
-(선을 그어) 다스리다, 통치하다, 지배하다
The dictator ruled the people with an iron hand. 그 독재자는 철권으로 국민을 통치했다.
Dinosaurs ruled the planet for 165 million years. 공룡은 1억 6천 5백만년 동안 지구를 지배했다.
Britain ruled an empire on which the sun never set. 영국은 해가 지지 않는 제국을 통치했다.

'규칙'에 따라 '선을 긋다'가 씨앗 뜻으로 선을 그어 '판결하다', '지배(하다)', '통치(하다)'

261 **run** [rʌn]

ran-run

 (사람, 사물 등이) 빠르게 움직이다
- 달리다, 흐르다
- 작동되다
- 운영하다, 운행하다
- (연구) 행하다
- 출마하다(for)

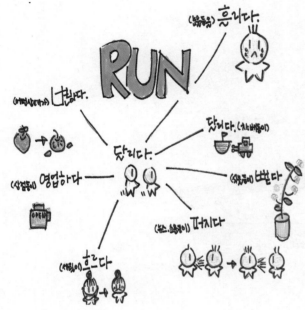

예문

동사
-달리다
You can get hurt if you run in slippers.
슬리퍼를 신고 달린다면 상처입을 수 있다.

-흐르다
Tears were running down her face.
눈물이 그녀의 얼굴로 흐르고 있었다.

-작동되다
That old computer still run well.
그 오래된 컴퓨터가 여전히 잘 작동된다.

-(가게, 행사 등) 운영하다
My aunt runs an jewelry shop. 나의 숙모는 보석가게를 운영한다.
The workshop will run from 1 to 4 p.m. 워크샵은 오후 한시에서 네시까지 운영될 것이다.
Fans tell the manager how to run their business. 팬들은 매니저에게 그들이 사업을 운영하는 방법을 말한다.
-(버스, 열차) 운행하다
That bus runs from PaJu to Seoul Station. 그 버스는 파주에서 서울역까지 운행된다.
-(연구) 행하다
You run the same study again following the same procedures.
같은 절차를 따라 다시 같은 연구를 행한다.
-출마하다(~for)
Steve wanted to run for class student president. Steve는 학급 회장직에 출마하기를 원한다.
-(기사를 신문에) 게재하다
The reporter run his opinion of 21th presidency election on the newspaper.
그 기자는 21대 대선에 관한 그의 기사를 신문에 게재했다.

run은 무엇인가 '빠르게 움직이다'가 핵심 뜻으로 그 중 하나가 '달리다'이다. 물의 흐름, 기계 등이 빠르게 움직이는 상황은 '(물이) 흐르다', '(기계가) 작동하다'이다. 또 가게나 버스 등이 움직이는 상황을 '운영하다', '운행하다'라고 말한다. 후보로 움직이는 것은 '출마하다'이며 연구를 하는 것은 '행하다'뜻이다.

262 **save** [seiv]
⇔ cost 비용들다

씨앗뜻 사라지지 않도록 하다

┌ 저축하다
└ 구조하다

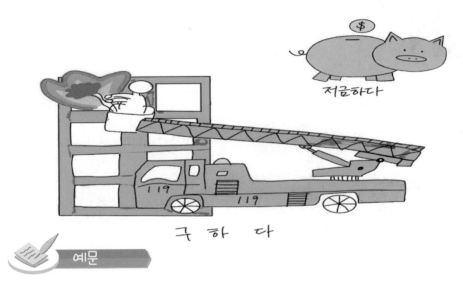

save

저금하다

구 하 다

예문

동사
-(돈을 낭비하지 않고) 저축하다, 절약하다

My mom saved enough money to rent an apartment again.
우리 엄마는 다시 아파트를 빌릴 만큼 돈을 모으셨다.

58.3% of survey respondents preferred to save their money.
설문 응답자의 58.3%는 저축을 선호했다.

-(생명을 사라지게 하지 않고) 구조하다

Firefighters save lives.소방대원들은 생명을 구조한다.

The firefighters worked to save the dying man. 그들은 죽어가는 사람을 구하기 위해 일했다.

The monkey saved the baby bear's life on the tree. 원숭이가 나무 위에 있는 새끼 곰을 구조하였다.

cf) 다른 어원:
전치사
-~를 제외하고(=but, except)

The police found all the lost evidences save one. 경찰은 잃어버린 문서 중 하나를 제외하고 모두 찾았다.

save는 동사로 돈을 사라지지 않게 하다는 뜻으로 '저축하다'입니다. 이 뜻은 생명이 사라지지(죽지) 않게 하다는 뜻으로 '(생명을) 구조하다'로 파생됩니다. 전치사로 '~를 제외하고' 뜻도 있다.

씨앗뜻 비늘처럼 붙어 있는 것

├─ 비늘(을 벗기다)
├─ 딱지
├─ 치석(을 제거하다)
├─ 사다리(를 올라가다)
├─ 등급
├─ 음계
├─ 눈금
├─ 축적
└─ 규모

263 **scale** [skeil]

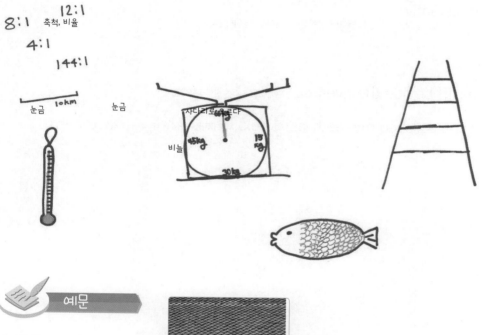

12:1
8:1 축척, 비율
4:1
144:1

눈금 10km   눈금

사다리로 오르다

비늘   45kg   15kg
30kg

예문

A. 명사

–(뱀이나 물고기 등에 붙어 있는) 비늘
Snakes shed all of their scales. 뱀들은 모든 그들의 비늘(허물)을 벗는다.
Scales protect a snake's body and help it move. 비늘은 뱀의 몸을 보호하고 움직이도록 도와준다.
The skin of most fishes is covered with these protective scales.
대부분의 물고기의 피부는 이러한 보호 비늘로 덮여 있다.

–(상처 아무는 곳에 붙어 있는) 딱지
Symptoms include itchy skin and scales. 증상은 가려운 피부와 딱지를 포함한다.

–(사다리처럼 단계를 만들어 놓은) 등급
Films are rated on a scale of poor, fair, good and excellent.
영화는 불량, 공정, 양호, 우수 등급으로 평가된다.

–(저울이나 자 등에 붙어 있는 것) 눈금, 저울눈, 척도, 자
Step on the scales. 저울 위에 올라서 보세요.

–(음악 악보를 보면 사다리처럼 보이는 것이 붙어 있는) 음표
You should practice your scales every day. 음계를 매일 연습해야 한다.

–(지도에서 딱지처럼 붙어 표시하는) 축적

The map, on a scale of 1:10,000, shows
over 5,000 individual paths

지도는 1 : 10,000 축척으로 5,000개 이상의 개별 경로를 보여 준다.

–(붙어 있는 것의 크기가 크고 작은) 규모

Nuclear weapons cause destruction on a massive scale. 핵무기는 대규모 파괴를 야기시킨다.
In cities, everything emerges from the interaction between residents, at all
scales, locally and distantly.

도시 안에서, 모든 것은, 근거리에서든 원거리에서든, 모든 규모에서, 거주자들 간의 상호 작용으로부터 나타난다.

B.동사

–(비늘이 사다리처럼 보여서) 올라 가다

He scaled a steep cliff beside the river. 그는 강 옆에 있는 가파른 절벽을 올라갔다.

–(치아에 붙는) 치석을 제거하다

The dentist scaled and polished my teeth last week. 치과 의사는 지난주에 내 치아의 치석을 제거하고 닦았다.

scale은 물고기나 뱀의 '비늘'을 뜻한다. 비늘이 마치 상처 등의 딱지 같이 생겨서 '딱지'로도 쓰인다. 또 '비늘'이나 '딱지'처럼 붙어 있는 '치석', '사다리', '등급', '음표', '눈금', '축척', '규모' 등으로도 사용된다. 동사로 '비늘을 벗기다', '사다리를 오르다', '(딱지처럼 붙은) 치석을 제거하다'로 사용된다.

264 **school** [skri:n]

씨앗뜻 고기 떼가 무리지어 수업하는 학교
— 학교, 수업, 가르치다
└ cf) 다른 어원 (물고기 등) 떼

school : 학교, 수업, 떼

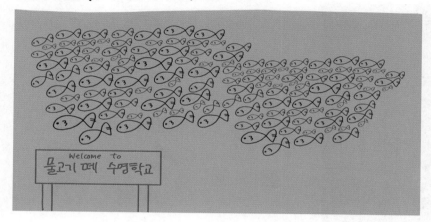

 예문

A.명사
-수업, 학교

There is no school today. 오늘은 수업이 없다.
There was a fire in our school yesterday. 우리 학교에 어제 화재가 발생했다.
Recently, they formed an alternative school. 최근 그들은 대안학교를 만들었다.
We are holding a Chemistry Fair for local middle school students on Saturday.
우리는 토요일 지역 중학교 학생들에게 화학 박람회를 개최할 예정입니다.

B.동사
-가르치다

For the past three years, Ethan has been schooling us all in the game of life.
지난 3년간, Ethan은 삶이라는 경기에서 우리 모두를 가르쳐왔다.

cf) 다른 어원
-(물고기 등) 떼, 무리

Many marine species form schools. 많은 해양생물이 떼를 이룬다.
A school of whales flocked to the beach. 고래떼가 해변가로 몰려왔다.
One of the most curious things to observe in the sea are schools of fish.
바다에서 관찰할 수 있는 가장 흥미로운 것 중 하나는 물고기 떼다.

265 **score** [skɔːr]

씨앗뜻	눈금(을 새기다)
	— 20, 많은 수
	— 새김눈, 칼자국
	— 점수
	— 악보
	— 득점하다, 기록하다

score- 20, 다수, 칼자국, 점수, 득점

 예문

A.명사

-20, 많은 수(=다수)

A score of soldiers lost their lives in the battle. 20명의 군인들이 전투에서 목숨을 잃었다.

Scores of people showed up without an appointment. 수십명의 사람들이 약속없이 나타났다.

-새김 눈, 칼자국, 긁힌 자국

Check the shaft for scratches and scores. 손잡이에 흠집이나 긁힌 자국이 있는지 확인하십시오.

–(새겨서 기록하는) 점수

The final score was 3:0. 최종 점수는 3:0이었다.

-악보

In fact, Yuvan composed the score for the trailer of the film. 사실 Yuvan은 영화 예고편의 악보를 작곡했다.

B.동사

-득점하다, 기록하다

South Korea scored a late goal to beat Portugal 2-1 in the World Cup.
한국은 월드컵에서 늦은 골을 득점하고 포르투갈을 2-1로 이겼다.

문자가 없던 시절에 축구 등 게임을 할 때 그 점수를 칼로 흑 등에 '눈금' 등을 새겼다. 그래서 '칼자국', '점수' 뜻이 나온다.
축구에서 '20'점이면 엄청 큰 점수로 '많은 수'로도 쓰인다. 음악을 위해 새긴 눈금이 '악보'다.

266 **screen** [skri:n]

씨앗뜻 화면

- 화면
- 영화, 영상
- 칸막이, 가림막, 망
- 가리다, 차단하다
- 상영되다
- 심사하다, 선별하다
- 검사하다, 조사하다

 예문

A. 명사
– 화면
Record your screen for free. 무료로 화면을 녹화하세요.
– 영화, 영상
The man's ambition is to write a scenario for the screen. 그 남자의 꿈은 영화 시나리오를 쓰는 것이다.
– 칸막이, 가림막, (창문의) 망
The nurse pulled a screen around the bed for a patient. 간호사가 환자 침대 주위에 스크린을 잡아당겼다.
This insect screen keep the bugs out of your house. 이 방충망은 집에 벌레가 들어오지 못하게 막아준다.

B. 명사
– 가리다, 차단하다, 보호하다
Dark sunglasses screened his eyes from the sun. 짙은 색 선그라스는 햇살로부터 그의 눈을 가려 주었다.
We try to screen our children from the violence on TV.
우리는 TV의 폭력으로부터 우리 아이들을 보호하려고 노력한다.
– 상영되다
The movie is likely to be screened in January in 2025. 그 영화는 2025년 1월에 상영될 것이다.
– 심사하다, 선별하다
A committee will screen candidates for the job. 위원회에서 해당 직무에 적합한 후보자를 선별한다.
– (병 등) 검사하다
People over 40 should be screened for cancer. 40세 이상 사람들은 암 검진을 받아야 한다.

267 **seal** [si:l]

씨앗뜻 봉인하다

└ 봉인(하다), 날인(하다)
└ cf) 다른 어원: 바다표범, 물개

 예문

A. 동사
－날인·봉인하다
The seal sealed the envelope, put it into the bottle and sent it to the sea.
물개는 봉투를 봉인하고, 병 속에 넣어 그것을 바다로 보냈다.

B. 명사
－날인, 인장
A seal is a symbol or mark of office. 날인은 공식적인 상징이나 표시다.
The lawyer stamped the certificate with her seal. 변호사는 증명서에 인장을 찍었다.

cf) 다른 어원
－바다표범, 물개
A seal asks the human to save the sea from contamination.
물개는 인간들이 바다가 오염되는 것으로부터 구조해 줄 것을 요구한다.

268 **season** [síːzən]

씨앗뜻 계절

─ 계절
─ 시즌, 철
─ cf) 다른 어원:양념하다

season – 계절, 시즌, 철, 양념을 하다

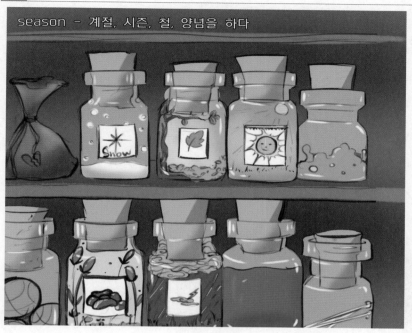

 예문

명사
-계절
Here, we explore these four seasons in more detail. 여기에서 우리는 이 4계절을 더 자세히 살펴본다.
-시즌, 철, 때
A few things are different for the 2022–2023 influenza season.
2022–2023 독감 시즌에는 몇 가지 사항이 다르다.

cf) 다른 어원
-(계절·입맛 등 맞춰) 양념하다
Season the soup to taste with salt, garlic and onion. 맛을 내기 위해 소금, 마늘 그리고 양파로 수프를 양념 하시오.
The chef of the hotel seasons the meat with salt and red pepper.
호텔 주방장은 고기에 소금과 후추로 간을 한다.

269 **sentence** [séntəns]

씨앗뜻 (판사가 한) 문장으로 선고하다

☐ 문장
☐ 판결, 선고(하다)

sentence-문장, 판결, 선고

 예문

A. 명사

-문장

The basic function of an interrogative sentence is to ask a direct question.
의문문의 기본 기능은 직접 질문하는 것이다.

-선고, 판결

The judge will pronounce sentence on the defendant next week.
판사는 다음주 오후에 피고에 대해 선고할 것이다.

B. 동사

-선고하다

The judge sentenced the robber to six years' imprisonment. 재판관은 강도에게 징역 6년을 선고하였다.

판사가 재판에서 '피고인을 징역 1년에 처한다'는 식으로 '문장'으로 '선고(한다)'.

270 **sequence** [síːkwəns]

씨앗뜻 연속해서 일어나는 상황
- 연속, 연속된 장면
- 차례, 순서, 서열

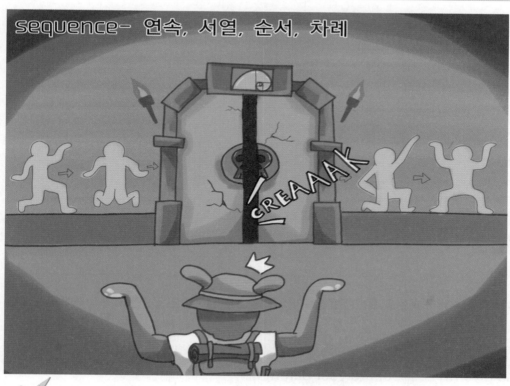

 예문

명사

-연속, 연속된 장면

Manchester City's record sequence of victories now stands at 21.
맨체스터 시티의 기록적인 연속 승리는 21회다.

This sequence is revealed to be a scene from The Harvest Murders.
이 연속된 장면은 The Harvest Murders의 한 화면으로 밝혀졌다.

-순서, 서열, 차례

Arrange the names in alphabetical sequence. 이름을 알파벳순으로 배열하시오.

A sequence is a list of things(usually numbers) that are in order.
시퀀스는 순서대로 있는 사물(일반적으로 숫자)의 목록이다.

sequence는 어원상 '뒤따르는 상황'을 말한다. 따라서 '연속(된 장면)', '순서' 등으로 쓰인다.

A. 앞에서 배웠던 단어들 씨앗 뜻을 생각하면서 우리말로 각각 최대한 자세히 써 보세요.(정답:단어본문 참고)

256. resort _____
257. respect _____
258. rest _____
259. row _____
260. rule _____
261. run _____
262. save _____
263. scale _____
264. school _____
265. score _____
266. screen _____
267. seal _____
268. season _____
269. sentence _____
270. sequence _____

B. 앞에서 학습한 각 단어들의 예문을 활용한 문장들입니다. 강조된 단어를 유의하면서 각각 해석해 보세요.
(정답 **394 page**)

256. You must not resort to violence.

257. Please give my respects to your parents.

258. To most of the rest of the world, it's called football.

259. The old man rowed down the river all day.

260. The demonstration was ruled to be legal.

261. That bus runs from PaJu to Seoul Station.

262. 58.3% of survey respondents preferred to save their money.

263. Symptoms include itchy skin and scales.

264. One of the most curious things to observe in the sea are schools of fish.

265. Scores of people showed up without an appointment.

266. We try to screen our children from the violence on TV.

267. The lawyer stamped the certificate with her seal.

268. Season the soup to taste with salt, garlic and onion.

269. The judge will pronounce sentence on the defendant next week.

270. A sequence is a list of things (usually numbers) that are in order.

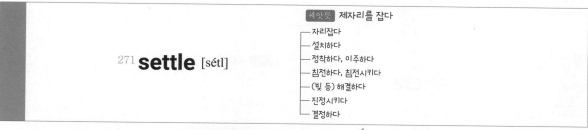

씨앗뜻 제자리를 잡다
- 자리잡다
- 설치하다
- 정착하다, 이주하다
- 침전하다, 침전시키다
- (빚 등) 해결하다
- 진정시키다
- 결정하다

271 **settle** [sétl]

settle- 자리잡다, 침전, 수습, 해결

예문

동사
-자리잡다
A peaceful expression settled on her face. 평화로운 표정이 그녀의 얼굴에 자리를 잡았다.

-설치하다
A camera man settled a camera on a tripod. 카메라맨이 카메라를 삼각대에 설치했다.

-정착하다, 이주하다
Our ancestors settled the land since 1956. 우리 조상들은 1956년 이후 그 땅에 정착하였다.

-가라앉다, 침전하다
The rain will settle that dust. 비가 오면 먼지가 가라앉을것이다.

Rocks, pebbles and sand will settle to the bottom. 바위, 자갈 및 모래가 바닥에 침전한다.

-(빚 등) 해결·정산하다
He sold his buildings to settle some old debts. 그는 오래된 빚을 갚기 위해 건물을 팔았다.

-(마음을) 진정시키다
This tea will settle your nerves. 이 차는 신경을 안정시킬 것이다.

-결정하다
The May crude oil contract settled at $62.44. 5월 원유 계약은 $ 62.44로 결정되었다.

※명사형: settlement [sétlmənt]
-정착, 정주
Settlement refers to the physical spaces and environments in which households are sheltered. 정착이란 가구가 보호받는 물리적 공간과 환경을 의미한다.

-이민, 식민, 개척지, 식민한 땅(colony)
A colony is a group of people from one country who build a settlement in another territory, or land. 식민지는 다른 영토 또는 땅에 정착지를 건설하는 한 국가의 사람들 그룹이다.

-청산
Debt settlement is a settlement negotiated with a debtor's creditor. 부채 청산은 채무자의 채권자와 협상하는 합의다.

-(사건) 해결, (소송) 화해
In law, a settlement is a resolution between disputing parties about a legal case. 법적으로 합의는 법적 사건에 대한 분쟁 당사자 간의 해결이다.

272 **share** [ʃɛəɾ]

씨앗뜻 몫을 함께 나누다

└ 몫, 점유율
└ 주식
└ 공유하다

share

예문

A. 명사

–(이익, 부담) 몫, 점유율

How much was my share of the winnings? 그 상금에서 내 몫은 얼마였어요?
The company is increasing its market share. 그 회사는 시장점유율을 높여나간다.

–주식

The investor bought 10,000 shares of Google lastweek. 그 투자자는 지난주 구글 주식 10,000주를 샀다.

B. 동사

–나누다, 공유하다

Sujin shares a house with three other students. 수진은 다른 세 명의 학생들과 집을 함께 쓴다.
Children shared the pizza between the four of them. 아이들은 그 피자를 그들 네 명이 나눠 먹었다.
You can share the files and folders that you store in Google Drive with anyone.
Google 드라이브에 저장한 파일과 폴더를 누구와도 공유할 수 있다.

share는 여러 사람이 공동 소유한 부분에 대해 각각의 '몫'이다. 주식은 회사에 대한 주식 소유자의 '몫'을 말한다. 동사의 뜻으로 '공유하다'의 뜻이다.

	씨앗뜻 바뀌다
273 **shift** [ʃift]	─ 바뀌다
	─ 교체, 교대조
	─ 변화(하다)

shift- 자리 이동, 바뀌다, 변화, 교대

 예문

A.동사
−(위치·상황·방향 등) 바뀌다

The heavy wind shifted northwesterly. 바람 방향이 북서풍으로 바뀌었다.

The immigrants shifted from one place to another in America.
미국에서 이민자들은 이곳저곳을 전전하였다.

B.명사
−교대(조)

Ford is cutting one of the plant's three shifts this week. 포드는 이번 주에 공장의 3 교대 중 하나를 줄였다.
−변화

The new shift in fashion is to two collections a year: spring/summer and fall/
winter. 패션의 새로운 변화는 봄/여름과 가을/겨울의 두 가지 컬렉션이다.

shift는 '바뀌다'가 씨앗 뜻으로 '변화', '교대조'의 뜻이다.

274 **shoot** [ʃuːt]
-shot-shot

| 씨앗뜻 | 쏘다 |

─(총 등을) 쏘다, 사격 발사
─새싹(트다)
─촬영(하다)

A.동사
-(총 등을) 쏘다
If they are not armed, don't shoot. 그들이 무장하지 않았다면 쏘지 마시오.
-싹트다
Trees shoot out buds in spring. 나무들이 봄에 새싹이 나온다.
-촬영하다
See the forest and shoot the trees. 숲을 보고 나무를 촬영하라.

B.명사
-사격, 발사
These activities include a weekly rifle shoot. 활동에는 주간 소총 사격이 포함된다.
-새싹
Little green shoots appeared in the spring. 봄에 작은 녹색 싹이 나타났다.
-촬영
The actors remember doing a shoot there. 배우들은 거기서 촬영했던 것을 기억한다.

cf) 또 다른 명사형: shot:발사, 주사, 차기, 촬영

shoot은 밖으로 내 보내다가 핵심 뜻으로 '(총을) 쏘다', '(싹이) 트다', '(사진을) 촬영하다' 등의 뜻으로 쓰이고 같은 뜻의 명사로 '발사', '새싹', '촬영'의 뜻이다.

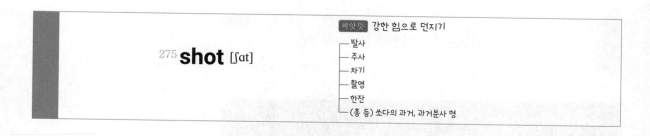

275 **shot** [ʃɑt]

- 발사
- 주사
- 차기
- 촬영
- 한잔
- (총 등) 쏘다의 과거, 과거분사 형

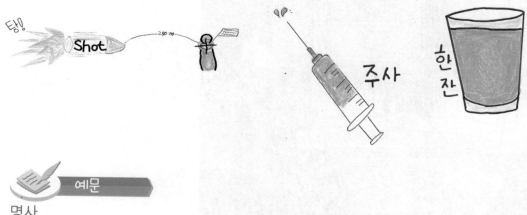

주사

한 잔

예문

명사

–발포, 발사, 총성, 포성

I still hear gun shots every time I visit Taj. 나는 아직도 Taj를 방문할 때마다 총소리를 듣는다.

–주사

Booster shots are now available to every adult vaccinated.
추가 주사는 이제 예방 접종을 받은 모든 성인에게 제공된다.

–차기, 치기

Woods hits a shot during a PGA Championship practice round.
우즈는 PGA 챔피언십 연습 라운드에서 샷을 하고 있다.

–촬영

Manipulating focus is another way of communicating with your camera shots.
초점을 조정하는 것은 카메라 촬영으로 소통하는 또다른 방법이다.

–한 잔

Add one shot of vodka and give it ten good shakes. 보드카 1샷을 넣고 10번 정도 흔들어주세요.

※ 동사 shoot(총쏘다):의 과거, 과거분사형(shot-shot)
The criminal was shot during chasing. 범인은 추격동안 총에 맞았다.

276 **sophisticated** [səfístəkèitid]

씨앗뜻 수준이 높은

- 고상한, 세련된, 교양있는
- 정교한

sophisticated-고상한, 세련된, 교양있는, 정교한

 예문

형용사

-(사람이) 고상한, 세련된, 교양있는

Everyone at the party was sophisticated and well-educated.
파티에 참석 한 모든 사람들은 교양있고 교육을 잘 받았다.

-(기계 등이) 정교한

The programmers have developed a sophisticated software.
그 프로그래머들은 정교한 소프트웨어를 개발하고 있다.

※동사형: sophisticate[səfístəkèit] 세련되게 하다, 정교하게 하다
Elegant details sophisticate the wear wardrobe. 우아한 디테일로 옷장을 세련되게 만들어 준다.

※명사형:교양인, 세련된 사람
A sophisticate is someone who knows about culture, fashion, and other matters that are considered socially important.
교양 있는 사람은 문화, 패션 및 기타 사회적으로 중요하다고 여겨지는 문제에 대해 아는 사람이다.

sophisticated는 '세련되게 하다' 뜻의 동사 sophisticate의 형용사형이다. 사람이 '세련된', '고상한', '고상한', 사물 등이 '정교한' 뜻으로 쓰인다.

²⁷⁷ **sound** [saund]

씨앗뜻	어원1. 소리(가 들리다)
	어원2. 알맞은, 충실한, 튼튼한

┌ 소리(가 들리다)
└ 건전한, 안전한, 건강한

sound- 소리, 튼튼한, 건전한

예문

A.명사
-소리

Light travels faster than sound. 빛은 소리보다 빠르게 이동한다.
Sound can travel over very large distances in water. 소리는 물 속에서 매우 먼 거리를 이동할 수 있다.
A sound that echoes back quickly lets bats know an object is close.
빠르게 메아리쳐 돌아오는 소리는 박쥐가 물체가 가깝다는 것을 알게한다.
A sound that takes longer to return means the object is farther away.
되돌아 오는데 오래 걸리는 소리는 물체가 멀리 떨어져 있다는 것을 의미한다.

B.동사
-들리다

Your job sounds really interesting. 당신의 직업은 정말 흥미진진하게 들린다.

cf) 다른 어원
형용사
-건전한, 안전한, 건강한, 견고한, 상당한

The kids returned safe and sound. 그 아이들은 안전하게 돌아왔다.
The bridge is structurally sound. 그 다리는 구조적으로 견고하다.
A sound knowledge of law is essential. 법에 대한 상당한 지식이 필수적이다.

278 **spare** [spɛər]

씨앗뜻 아껴 놓다
- 아껴두다
- 할애하다
- 용서해 주다
- 여분(의)

spare - 여분으로 아껴두다, 용서해 주다

spare- 절약하다, 시간을 할애하다, 여분

 예문

A.동사
- 아껴두다, 절약하다

Spare the rod and spoil the child. 매를 아끼면 자식을 버린다.

This pharmacist had vaccine doses to spare. 이 약사는 예비 백신 용량을 가지고 있었다.

-(시간 등) 할애하다

Can you spare me a few moments? 잠깐 뵐 수 있을까요?

The landowner has spared land for a garden. 땅 주인은 정원용으로 땅을 남겨두었다.

The only engin the other railway could spare was Diesel.
다른 철길이 여분으로 남겨 놓은 유일한 엔진은 디젤이다.

-용서해 주다, 목숨을 살려 주다

Spare my life! 목숨만은 살려 주시오.

-소중히 다루다, (폐·수고 따위를) 덜다

His help spared me much trouble. 그의 도움은 나에게서 많은 수고를 덜어 주었다.

The local citizens have spared ancient monuments. 지역 주민들은 옛 유적을 잘 보존해 왔다.

B.형용사
-여분의

The drivers keep a spare tire in the back of the car. 운전자들은 차 뒤에 스페어 타이어를 보관한다.

C.명사
-여분

In case my mom loses my key, she keeps a spare in the garage.
나의 엄마는 열쇠를 분실할 경우를 대비해 차고에 예비 열쇠를 보관해 두었다.

279 **species** [spíːʃi(ː)z]

씨앗뜻 자주 가는 곳
- 종류
- 종(개념)

명사

-종류

There are approximately 8,000 species of ants. 약 8,000종류의 개미가 있다.

Quite simply, species are kinds, or types, of organisms. 간단히 말해서 species은 유기체의 종류 또는 유형이다.

-종(개념)《genus의 하위 구분; 공통의 속성을 가진 것》

Pandas are an endangered species. 팬더는 멸종 위기에 처한 종이다.

Within biology, species are the fundamental units of biological classification.
생물학에서 종은 생물학적 분류의 기본 단위다.

species는 동식물 분류개념-'종속과목강문계'-에서 가장 하위개념인 '종'을 말한다. 또한 일반적인 의미의 '종류'로도 쓰인다.

280 **speculate** [spékjəlèit]

씨앗뜻 spec(see보다)+ul(full가득한)+ate(동사형어미)
정확한 실체나 증거없이 막연히 사색하고 추측하다 ⇒ 투기하다.

─ 사색하다
─ 추측하다
─ 투기하다

사색하다   (구체적인 증거없이) 추측하다   투기하다

 예문

동사
-사색하다

You don't sit back and speculate about the meaning of life when you are stressed.
여러분은 스트레스를 받을 때 앉아서 삶의 의미에 대해 사색하지 않는다.

-추측하다

You don't wanna speculate. 너는 추측하는 것을 원치 않는다.
This has led scientists to speculate on the existence of other galaxies.
이것으로 인해 과학자들이 다른 은하계가 존재한다고 추측하게 하였다.

-투기하다

He speculated on gold and silver markets. 그는 금과 은시장에 투기하였다.

※명사형:speculatione [spékjəlèiʃən]
-사색

Adolescent children engage in speculation on humanity's ultimate destiny.
사춘기아이들은 인간의 궁극적인 운명에 대해 사색에 참여한다.

-투기

Speculation is the act of making very risky investments in the hope of large gains.
투기는 큰 이익을 기대하면서 매우 위험한 투자를 하는 행위다.

정밀한 증거없이 다소 막연히 추상적으로 생각하다, 즉 '사색하다'의 뜻이다. 일확천금을 위해 막연한 생각으로 부동산 등에
'투기하다'의 뜻으로도 쓰인다.

281 **spell** [spel]

spelt－spelt

 어원이 3가지다
- 어원1. 철자를 쓰다
- 어원2. 한 동안, 한 바탕
- 어원3. 마법, 주문

spell-마법.주문, 한 동안, 철자를 쓰다

S-P-E-L-

예문

어원1. 철자를 쓰다
-철자를 쓰다
Dolly spelled her name.
둘리는 그녀의 이름 철자를 썼다.

-(철자가)의미하다, (철자를)판독하다
Failure doesn't spell death.
실패가 파멸을 의미하지 않는다.

어원2. 한 동안, 한 바탕
They lived in Cairo for a spell. 그들은 얼마동안 카이로에서 살았다.
There has been a long spell of dry weather. 건조한 날씨가 오래 지속되었다.

어원3. 마법, 주문
Sleeping Beauty lay under the wicked fairy's spell. 잠자는 숲속의 미녀는 사악한 요정의 마법에 걸렸다.
The witch cast a spell on the prince and he turned into a frog.
마녀는 왕자에게 주문을 걸고 그는 개구리로 변했다.

²⁸² **spring** [spriŋ]

⇔fall 떨어지다

씨앗뜻 싹트다, 솟아 오르다

─ 봄, 싹트다
─ 용수철, 튀다
─ 샘, 솟아 오르다

③ 샘. 솟아 오르다

①봄. 싹트다

②용수철. 튀다.

📖 예문

A.명사

-봄

Spring is one of the four temperate seasons, succeeding winter and preceding summer. 봄은 겨울 다음에 오고 여름이 뒤따라 이어 오는 사계절 온대 계절 중 하나다.

-샘

The travelers went to a hot spring. 그 여행객들은 온천에 갔다.

-용수철, 탄력

This board has spring in it. 이 보드에는 스프링이 있다.

Over the years the mattress has lost its spring. 수년에 걸쳐 매트리스는 탄력성을 잃었다.

B.동사

-(봄에) 싹이 트다

In beautiful May, when the buds spring, love springs up in my heart.
아름다운 5월, 새싹이 틀 때, 내 마음에 사랑이 솟아난다.

-(용수철, 샘물) 튀어 나오다

Where did you spring from? 당신은 어디에서 튀어 왔습니까?

-(마을, 눈물이) 생겨나다, 샘솟다

Suddenly tears sprang from our eyes. 우리 눈에서 갑자기 눈물이 샘 솟았다.

 spring은 만물이 '싹이 트다' '솟아 오르다' 뜻이고, 바로 그 계절이 '봄'이다. 솟아 오른 것이 '용수철'이고 샘물이다.

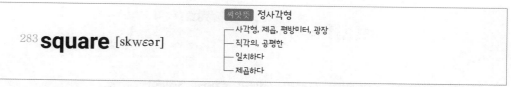

283 **square** [skwεər]

씨앗뜻 정사각형
- 사각형, 제곱, 평방미터, 광장
- 직각의, 공평한
- 일치하다
- 제곱하다

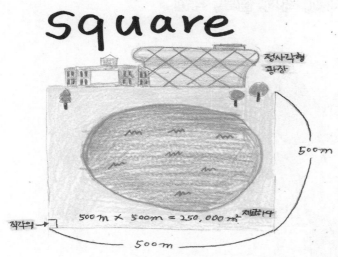

예문

A. 명사

-(정) 사각형

A square has four right angles. 정사각형에는 네 개의 직각이 있다.

-(사각형으로 되어있는) 광장

The square was full of angry people. 광장은 화난 국민들로 가득찼다.

-제곱, 평방미터

The square of 8 is 64. 8의 제곱은 64이다.

B. 형용사

-직각의, 공정한

The book had rounded, not square, corners. 그 책은 모서리가 직각이 아니라 둥글게 되어 있었다.

Square deal means an honest and fair transaction or trade.
공정한 거래는 정직하고 공평한 계약 혹은 거래를 의미한다.

C. 동사

-제곱하다

500^2 means nine squared, and equals 2,500. 500^2 는 500의 제곱을 의미하며 2,500과 같다.

-일치하다

Your story doesn't square with the facts. 네 이야기는 사실과 부합하지 않는다.

'정사각형'은 '가로×세로'로 '제곱' 혹은 '평방미터'이다. '광장'은 사각형 모양이다. 직선으로 명확한 선을 가지고 있어서 '공평한' 뜻으로도 사용된다.

284 **staff** [stæf]	씨앗뜻 (의지할 수 있는) 막대기
	┌ 막대기, 지팡이, 지휘봉
	└ 참모, 부원, 직원, 사원(을 두다)

staff-지팡이, 지휘봉, 지탱, 의지, 참모, 직원

 예문

A. 명사
–막대기, 지팡이(stick) 지휘봉
The shepherd used his staff to guide his sheep. 목동은 지팡이를 사용하여 양을 인도했다.
–직원, 참모
He is on the editorial staff of the internet newspaper. 그는 인터넷 신문 편집인이다.
President has reshuffled cabinet and White House staff.
대통령은 내각과 청와대 참모들을 개편했다.

B. 동사
–참모·직원을 두다, 근무하다
We are going to staff the call center. 우리는 콜센터 직원을 구할 예정이다.
We are looking for up to 50 bilingual people to staff the call center.
우리는 콜센터에서 근무할 최대 50명의 이중 언어를 구사하는 사람들을 찾고 있다.

 '지팡이'는 의지가 되듯이 '직원'이나 '참모' 또한 의지가 된다.

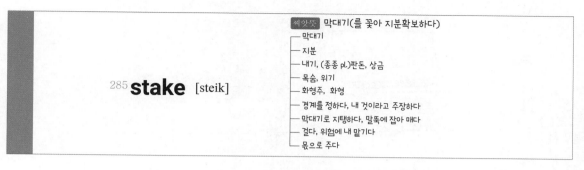

씨앗뜻 막대기(를 꽂아 지분확보하다)

285 **stake** [steik]

- 막대기
- 지분
- 내기, (종종 pl.)판돈, 상금
- 목숨, 위기
- 화형주, 화형
- 경계를 정하다, 내 것이라고 주장하다
- 막대기로 지탱하다, 말뚝에 잡아 매다
- 걸다, 위험에 내 맡기다
- 몫으로 주다

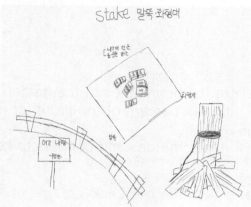

A. 명사

–(경계 표지·식물 받침대) 말뚝, 막대기
The corner of the lot was indicated by a stake. 부지의 모서리는 말뚝으로 표시되었다.

–지분, 몫, 주(株)의 보유분
The owner holds a 37 percent stake of the company. 오너가 회사의 지분 37%를 보유한다.

–내기, (종종 pl.) 내기에 건 돈, 판돈, (pl.) 상금
Stakes are too high. 판돈이 너무 많아.

–(내기에서 지면?) 목숨, 위기 [at stake (돈·목숨·운명이) 걸리어, 위태로워져서]
50 lives are at stake. 50명의 생명이 위태롭다.
There's a lot of money at stake here. 여기에 많은 돈이 걸려있다.

–(막대기에 매다는) 화형주, 화형
Joan of Arc was sentenced to the stake. 잔 다르크는 화형을 선고받았다.

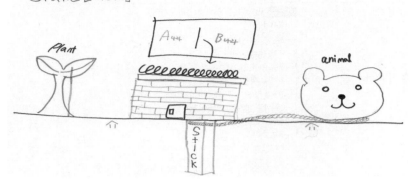

Stake [steik]

B.동사

−(말뚝을 박아) 경계를 정하다, 몫을 요구하다

We staked out the boundaries of the garden. 우리는 정원의 경계를 표시했다.

I'm staking out ten percent of the profit for myself. 나의 몫으로 이익의 10%를 요구할 작정이다.

−(식물을) 막대기로 지탱하다

Mom staked the tomatoes and peppers to keep them from falling over.
엄마는 토마토와 고추가 넘어지지 않도록 말뚝을 박았다.

−(동물을) 말뚝에 잡아 매다.

The farmer staked the bull backyard. 농부는 뒷마당에 황소를 말뚝 박아맸다.

−(생명·돈 따위를) 걸다, 위험에 내 맡기다

James staked his whole fortune on the card game. James는 한 카드 게임에 전 재산을 걸었다.

The scientist staked his reputation on the success of the invention.
과학자는 발명의 성공에 자신의 명성을 걸었다.

−몫으로 주다

The islanders staked me to a good meal and a vessel ticket.
그 섬 사람들은 나에게 맛있는 식사와 배표를 주었다.

stake는 '막대기(를 꽂다)'라는 뜻에서 '지분(을 요구하다)', 혹은 '지분을 배분하다', '(몫을 걸고) 내기하다' 내기를 거는 것은 '위험'이라는 뜻도 나온다. '(막대기로 지지대를 세워 지탱하다' 등의 뜻으로 쓰인다. 또 막대기에 매달아 죽이는 '화형'의 뜻도 나온다.

A. 앞에서 배웠던 단어들 씨앗 뜻을 생각하면서 우리말로 각각 최대한 자세히 써 보세요.(정답:단어본문 참고)

271. settle _____
272. share _____
273. shift _____
274. shoot _____
275. shot _____
276. sophisticated _____
277. sound _____
278. spare _____
279. species _____
280. speculate _____
281. spell _____
282. spring, _____
283. square _____
284. staff _____
285. stake _____

B. 앞에서 학습한 각 단어들의 예문을 활용한 문장들입니다. 강조된 단어를 유의하면서 각각 해석해 보세요.
(정답 394 page)

271. Our ancestors settled the land since 1956.

272. The company is increasing its market share.

273. The immigrants shifted from one place to another in America.

274. These activities include a weekly rifle shoot.

275. Booster shots are now available to every adult vaccinated.

276. Everyone at the party was sophisticated and well-educated.

277. A sound knowledge of law is essential.

278. Can you spare me a few moments?

279. Within biology, species are the fundamental units of biological classification.

280. This has led scientists to speculate on the existence of other galaxies.

281. Sleeping Beauty lay under the wicked fairy's spell.

282. Suddenly tears sprang from our eyes.

283. A square has four right angles.

284. President has reshuffled cabinet and White House staff.

285. The owner holds a 37 percent stake of the company.

286 **stand** [stænd]

stood-stood

씨앗뜻 서 있다

― 서 있다
― 참다
― 맞서다
― 관람석, 진열대
― 입장
― 정류장

Stand 서 있다, 위치하다, 저항하다, 참다, 입장

너무 힘들어...
더이상 못참겠다

예문

A.동사
-서 있다, 위치하다
London stands on the Thames.
런던은 템스 강 가에 있다.

While the wind keeps blowing, my feet stands upon a rock. 바람이 자꾸 부는데 내 발이 반석 위에 섰다.

While the river keeps flowing, my feet stands upon a hill. 강물이 자꾸 흐르는데 내 발이 언덕 위에 섰다.

-(서 있는 사람 아래에서) 참다, (세월 등을) 견디다
How does he stand the pain? 그는 어떻게 고통을 견디나요?
-맞서다, 저항하다
Our army stands enemy's assault. 우리 군대가 적의 공습에 대항한다.
Rosa Parks could either stand up to give up her seat or stand up to injustice.
Rosa Parks는 일어서서 자리를 양보하거나 불의에 맞설 수 있었다.

B.명사
-관람석, 진열대, 판매대
Her parents watched from the stands. 그녀의 부모님은 관람석에서 지켜보고 있었다.
-입장
What's your stand on gender equality? 성 평등에 대한 너의 입장은 무엇인가요?
-정류장
A bus stand is a designated parking location. 버스 정류장은 지정된 주차 위치다.

형이 동생 등위에 올라가 '서있다'고 가정하면, 동생 입장에서는 힘들지만 '참다'는 뜻이다. 등 위에 서있는 형과 아래에서 참고 있는 동생'입장'은 많이 다르다.

287 **staple** [stéipəl]

씨앗뜻 주요한 것

ㅏ 주요 산물
ㅏ 주제
ㄴ 주요한

 예문

A. 명사

–주요 산물, 주요식품

He told the story of this staples of Korean industry to foreigners.
그는 외국인들에게 한국의 주요 산물에 관한 이야기를 말했다.

Gulbi, or salted and dried yellow croaker, is a staple of Yeonggwang.
굴비, 즉 소금에 절어 말린 조기는 영광의 주요 산물이다.

–(담화 따위의) 주제

Scandals of celebrities are a yellow newspaper staple. 연예인들의 스캔들이 황색신문의 주요 주제이다.

B. 형용사

–주요한

Rice is the staple food of more than half the world's population.
쌀은 세계 인구의 절반 이상이 주식이다.

 staple는 '중심이 되는 것'으로 '주요산물', '주요식품', '주제' 등의 뜻으로 쓰인다.

288 **state** [steit]

씨앗뜻 (물질적, 정신적, 사회적) 상태, 형세

─ 상태, 신분
─ 국가, 주
─ 국무, 국정
─ 말하다

예문

A.명사
-(물질적, 정신적) 상태
Ice is water in a solid state.
얼음은 고체 상태에 있는 물이다.

State of emergency was declared.
비상사태 선포되었다.

-(사회적 상태) 신분
President should meet people in every state of life.
대통령은 온갖 신분의 사람들을 만나야 한다.

-(사람들이 만든 큰 조직의 상태) 국가, 주
There are fifty states in the United States. 미국에 50개의 주가 있다.
The drought is worst in the central African states. 가뭄은 중앙아프리카 국가에서 최악이다.

-(국가가 해야 할) 국무, 국정
Secretary of State offices will change their hours of operation on Wednesdays.
국무장관실 수요일마다 운영시간을 변경할 것이다.

B.동사
-(상태 등을) 말하다, 진술하다
Please state the purpose of your visit. 방문 목적을 말씀해주십시오.
This theory states that emotions arise from our bodies. 이 이론은 감정이 우리 신체에서 발생한다고 말한다.
The residents stated that the trunks of at least three trees were illegally axed.
주민들은 적어도 세 그루의 나무 몸통을 불법적으로 도끼로 베었다고 말했다.

단어 state는 (대통령이나 공직자들이) '국가'나 '주'의 '상태'를 파악하여 국가나 주가 해야할 일 즉 '국정'에 대해 국민들에게 소상히 '말하다' 등의 상황을 표현하는 단어다.

289 **station** [stéiʃən]

씨앗뜻 일정한 목적으로 존재하는 장소

─ 역, 정류장
─ 방송국, 소방서, 경찰서, 주유소 등
─ 주둔지, 기지
─ 배치하다

(1) 정거장·역

(2) 소방서·경찰서·방송국

(3) 위치·장소

GPS.

 예문

A. 명사

-역, 정류장

His office is near the station. 그의 사무실은 역근처에 있다.

-방송국, 소방서, 경찰서, 주유소 등

Here you will find the cheapest gas stations. 여기에서 가장 저렴한 주유소를 찾을 수 있다.

Firefighters are not based at a fire station. 소방관들이 소방서에 근무하지 않고 있다.

The broadcasting station is on air for 24 hours. 방송국은 24시간 방송한다.

The suspect was taken to the police station for questioning.
그 혐의자는 심문을 위해 경찰서로 이송되었다.

-주둔지, 기지

The army took up their stations at the edge of the road. 군대는 도로가에 주둔지를 잡았다.

B. 동사

-배치하다

USA soldiers are stationed in South Korea. 미군들이 대한민국에 주둔하고 있다.

특정 임무 수행를 위해 주둔해 있는 곳, 즉 '역', '기지', '경찰서', '소방서', '방송국', '주유소' 등의 뜻이다. 동사로 '배치하다'뜻이다.

290 **steer** [stiər]

씨앗뜻 조언이나 충고를 참고하여 조종하다
- (배 등을) 조종하다
- (사람을) 이끌다
- 조언, 충고

Steer : 조정하다 , 이끌다/조언, 충고

배을 조정할 때,
태풍이나 암초 등
해양사고 위험에
잘 대응하도록
조언이나 충고를 명심해야 해!

 예문

A.동사
-(배 등을) 조종하다
The man carefully steered the car around the building.
그 남자는 그 빌딩 주위로 조심스럽게 차를 몰았다.

-(사람 등을) 이끌다
The lawer steered his clients into the dining room. 그 변호사는 그의 고객들을 식당으로 안내했다.

B.명사
- 조언, 충고
The guide at the information office gave me a bum steer. 안내소의 안내원은 나에게 엉터리 정보를 주었다.

steer는 '조언'이나 '충고'를 참고하여 '조종하다' 뜻이다.

291 **stem** [stem]

씨앗뜻 핵심 줄기(로 부터 뻗어 나오다)
- 줄기, 유래하다
- 직계혈통, 어간
- cf) 다른 어원:1(흐름, 반대, 출혈 등을) 막다/2 선수, 이물

A. 명사

–줄기
There are several leaves on each stem. 각 줄기에는 여러 개의 잎이 있다.

–(가계의 줄기) 직계혈통
In stem family households, two or more adult generations live together.
직계 가족 가구에서는 2세대 이상의 성인 세대가 함께 생활한다.

–(단어의 줄기) 어간
The stem of a word is the main part of it, which does not change.
단어의 어간은 변하지 않는 주요 부분이다.

B. 동사

–(줄기가 뻗어) 유래하다
His health problems stem from an accident. 그의 건강 문제들은 사고로 인한 것이다.
Her success stems mostly from hard work. 그녀의 성공은 주로 힘든 노력에서 비롯된다.
This fear of flying in airplanes stems from a lack of control.
비행기에서 비행의 두려움은 통제부족으로부터 나온다.

cf) 다른 어원

1.(흐름, 반대, 출혈 등을) 막다
The injured man stemed the bleeding with his right hand. 그 부상자는 오른손으로 출혈을 막았다.

2. 선수, 이물
High surges of water rocked their boats from stem to stern.
물의 높은 파도가 배를 이물에서 고물까지 흔들었다.

292 **stick** [stik]

stuck-stuck

씨앗뜻 막대기
- 막대기, 채찍
- 고수하다
- 찌르다

stick- 막대기, 찌르다, 고수하다

WE STICK TO THE PLANS.

'BAM!

예문

A. 명사
-막대기, 채찍

The woman was armed with a stick. 그 여자는 막대기로 무장했다.
Officials said he used a hockey stick to beat police officers.
관리들은 그가 경찰을 때리기 위해 하키 스틱을 사용했다고 말했다.

B. 동사
-(입장을) 고수하다

Stick to non-violence. 비폭력을 고수하십시오.
Investors should stick with 4 kinds of stocks. 투자자들은 4가지 주식을 고수해야 한다.

-(막대기로) 찌르다

The boy stuck a fat wild boar with a stick. 그 소년은 막대기로 똥똥한 맷돼지를 찔렀다.

The criminal tried to stick her with his long knife. 그 범인은 그의 긴 칼로 그녀를 찌르려고 했다.

'막대기'를 꽂고 '(자신의 입장을) 고수하다', 또는 '(막대기로) 찌르다'.

293 **stock** [stɑk]

씨앗뜻 핵심줄기 → 근간이 되는 것
- 나무 줄기, 나무 밑동, 그루터기
- 혈통, 품종
- 저장, 재고, 비축
- 주식, 가축, 원료
- 씨를 뿌리다, 비축하다, 갖추다

 예문

A. 명사

-나무 줄기, 나무 밑동, 그루터기

The children used to climb a stock in the village. 아이들은 마을에 있는 그루터기에 올라가곤 했다.

-(조상의 뿌리) 혈통

The candidate may be a Korean of Japanese stock. 그 후보는 일본계 한국인일지도 모른다.

-(동식물의 뿌리) 품종

The livestock raisers are carefully selecting the breeding stock.
축산업자들은 개량 품종을 신중하게 선택한다.

-(회사 자금출처) 주식

Stocks also are called "equities." 주식은 "equities주식"이라고도 한다.

-(쌓여 있는) 저장, 재고, 비축

The old edition is out of stock in major bookshops. 구판은 주요 서점에서 재고가 없다.

–(가정 경제의 뿌리) 가축
All the stocks were housed and fed in sheds. 모든 가축들은 가축우리에서 살고 사육되고 있었다.

–(상품을 위한 뿌리) 원료
The fat can be used as soap stock. 지방은 비누 원료로 사용할 수 있다.

B.동사

–씨를 뿌리다, 파종하다
Farmers stock land with rice in May. 농부들이 5월에 땅에 볍씨를 뿌린다.

–(가게에 물품을) 놓다, 팔고 있다, 비축하다, 갖추다
Do you stock camping equipment? 캠핑 장비 재고 있나요?

The store stocks all sorts of gifts for travelers. 그 가게는 여행자를 위한 모든 종류의 선물을 갖추고 있다.

stock는 '핵심근간'이라는 뜻으로 '나무 줄기', '혈통', '품종'의 뜻이 나온다. 회사의 '근간'은 주주들이 산 '주식'이다. 과거 농경제하에서 겨울에 식량은 '저장' '비축'해 놓은 것이 삶을 위한 근간이었다. 또 초기 농촌에서는 '가축'이 가정 경제의 근간이었다. 상품들의 '원료'가 상품의 근간이다.

294 **store** [stɔːr]

씨앗뜻 저장(한 것을) 파는 가게

— 저장(하다)
— 가게, 상점

store- 저장, 상점, 가게

 예문

A. 명사
- 가게, 상점
The stores are always crowded on weekends. 가게는 주말마다 항상 붐빈다.
- 저축, 저장, 비축
The shop has a good store of wine. 그 가게는 포도주를 많이 저장하고 있다.
The philosopher had great store of knowledge. 철학자는 엄청난 지식을 가지고 있었다.

B. 동사
- 저장하다
The solar panels store energy. 태양 전지판은 에너지를 저장한다.
Store your wines in a dark spot. 어두운 곳에서 와인을 보관하시오.

'저장'해 놓고 파는 곳이 '상점'이다.

295 **stream** [stri:m]

씨앗뜻 개울(처럼 흐르는 것)
- 시내, 개울
- 흐름
- 흐르다

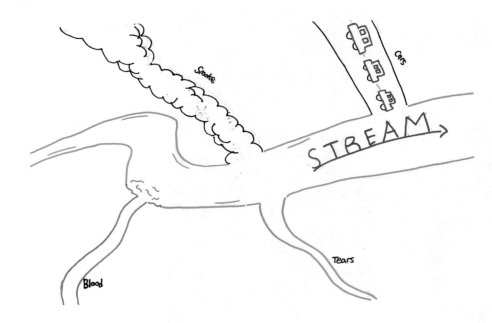

 예문

A.명사

−시내, 개울

With one leap the dog crossed the stream. 개는 단 한 번의 도약으로 개울을 건넜다.
The stream shines in the moonlight. 달빛에 시냇물이 반짝인다.

−흐름

Streams of tears flow from my eyes. 내 눈에서는 눈물이 흘러내린다.
A stream of moonlight fell from the clouds. 한 줄기 달빛이 구름 사이에서 비쳤다.

B.동사

−흐르다

A brook streams by our house. 시내가 우리 집 옆을 흐르고 있다.
Tears were streaming down her cheeks. 눈물이 그녀의 뺨아래로 흐르고 있었다.

296 **stress** [stres]

씨앗뜻 압박

- 스트레스, 압력
- 모진 시련,
- 강조(하다)
- 압박하다

A.명사

-스트레스, 압박

There's good stress and bad stress.
좋은 스트레스와 나쁜 스트레스가 있다.

-모진 시련, 곤경

Farmers can experience stress in the fields all season.
농부들은 사계절 내내 들판에서 모진 시련을 겪을 수 있다.

-(중요성의) 강조, 역설

He laid particular stress on the freedom of the press. 그는 언론의 자유를 특히 강조했다.

-강세, 악센트

The main stress in the word 'admit' is on the second syllable.
admit'라는 단어의 주요 강세는 두 번째 음절에 있다.

B.동사

-강조하다, 역설하다

The union stressed the need for stricter safety standards.
노조는 보다 엄격한 안전기준이 필요하다고 강조했다.

-압박하다

This movement stresses the shoulder and waist. 이 동작은 어깨와 허리에 압박한다.

cf) eustress 유쾌한 스트레스 ⇔ distress 불쾌한 스트레스

Eustress feels challenging but manageable and leads to growth, while distress is difficult and has a negative impact.
유스트레스는 힘들지만 관리하기 쉽고 성장으로 이어지는 반면, 디스트레스는 어렵고 부정적인 영향을 미친다.

'강조(하다)'를 위해 '압박(하다)'하면 '스트레스', '모진 시련'를 겪는다.

씨앗뜻 한번 치기
─ 한번 치기
─ 뇌졸중
─ (수영의) 손발 동작
─ (보트 등) 젓기 (골프 등) 타격
─ 일필, 한 획
─ 때리다, 쓰다듬다

297 **stroke** [strouk]

Stroke

(골프 등) 타격 (보트 등) 젓기 (수영의) 손발동작 때리다, 쓰다듬다 뇌졸중

 예문

A. 명사

-한 번 치기, 타격
Little strokes fell great oaks. 《속담》 열 번 찍어 안 넘어가는 나무 없다. 티끌 모아 태산.

-뇌졸중
A stroke occurs when blood flow to a part of the brain stops.
뇌졸중은 뇌의 일부로 가는 혈류가 멈출 때 발생한다.

-(수영) 한 번 손발 동작, 수영법
What's your best stroke when you're swimming? 수영할 때 최고의 영법은 무엇입니까?

-(보트) 한 번 젓기
Every boat rolls a little during the stroke. 모든 보트는 젓는 동안 약간 굴러간다.

-(공) 한 번 치기, 타격법
The golfer is ahead by two strokes. 그 골퍼가 2타 차로 앞서 있다.

-일필(一筆), 필법, 한 획
With a few bold strokes, the painter wrote drawing on the white paper.
몇 번의 대담한 손 움직임으로, 그 화가는 하얀종이에 그림을 그렸다.

B. 동사

-치다, 쓰다듬다
The hitter stroked the ball to the boundary.
타자는 공을 경계선까지 쳤다.

He put his hand on her hair and stroked it.
그는 그녀의 머리에 손을 얹고 쓰다듬었다.

I lay down beside Lulu and stroked her back.
나는 Lulu옆에 누워서 그녀의 등을 쓰다듬었다.

STROKE

한번젓기 한 번 치기 뇌졸중

298 **stuff** [stʌf]

 무엇인가를 구성하는 물질이나 요소(를 넣다)

─ 물건, 소지품, 자료
─ 소질, 재능
─ 근무, 할 일
─ (물질을)채우다, 메우다
─ 주입하다

 예문

A. 명사

-물건, 소지품, 내용

This is dangerous stuff. 이것은 위험한 물건이다.
Leave your stuff here. 소지품은 이곳에 두어라.
The world now consumes far more stuff than it has ever.
세상은 지금까지 여느때보다 훨씬 더 많은 것을 지금 소비하고 있다.

A lot of stuff is blown out of a volcano when it erupts. 화산이 폭발할 때 많은 것들이 화산 밖으로 쏟아져 나왔다.

-(추상적인) 할 일, 본질

This is our stuff. 이것은 우리가 할 일이다.
What is the stuff of life? 인생의 본질이 무엇인가?

-소질, 재능

Tom has good stuff in him. 탐에겐 뛰어난 소질이 있다.

B. 동사

-채워 넣다

The young boys stuffed their pockets with candy. 그 어린 소년들은 그들의 주머니를 사탕으로 가득 채웠다.
Stuff the pillow and then sew up the final seam. 베개를 채우고 마지막 솔기를 꿰매시오.
The businessman stuffed bank notes into his wallet in a hurry.
그 사업가는 서둘러서 은행 수표들을 그의 지갑 속에 쑤셔 넣었다.

stuff는 '잡동사니'와 같은 '물건'이나 물질이 아닌 정신적인 '자료', '소질'이나 '재능'을 뜻한다. 동사로는 '채워 넣다'.

씨앗뜻 sub(under아래에)+ject(throw던지다)
: 아래로 던져진 것 → 중심이 되는 핵심대상

299 **subject**

⇔ object 물체, 대상, 목적어

┌ 과목
├ 주제, 화제
├ 피실험자, 실험 대상
├ 피사체
├ 국민
├ 주어
├ 지배하다, 정복하다
└ ~에 복종하는, ~하기 쉬운, ~를 필요로하는

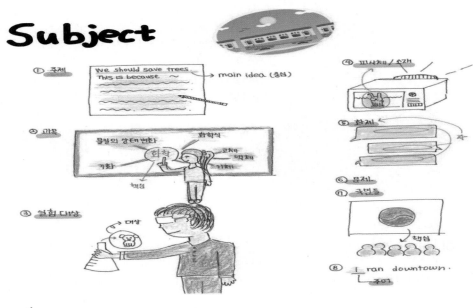

A.명사 [sʌ́bdʒikt]

–(학교에서 공부하도록 학생들 아래로 던져진 것) 과목
History is my favorate subject. 역사는 내가 가장 좋아하는 과목이다.

–(글·토론 등을 위해 던져진 것) 주제, 화제
The subject of this novel is the Battle of Waterloo. 이 소설의 주제는 워털루 전투다.

–(실험실에서 던져진 것) 실험대상, 피실험자
Half of the subjects were given caffeine. 피험자의 절반은 카페인을 받았다.

–(촬영 대상으로 던져진 것) 피사체
Focus the camera on the subject. 카메라의 초점을 대상[피사체]에 맞추어라.

–(국가통치의 대상으로 던져진 사람들) 국민
He is a British subject. 그는 영국인이다.

–(문장에서 풀어 쓰는 대상)주어
You can find the subject of a sentence if you can find the verb.
동사를 찾을 수 있으면 문장의 주어를 찾을 수 있다.

B. 형용사 [sʌ́bdʒikt]

–(아래에 있으니) 따라야 하는

We are subject to our country's laws. 우리는 국법에 따라야 한다.

–(아래에 있으니) ~하기 쉬운

Tax laws are subject to change. 세법은 변경될 수 있다.

–(아래에 있으니) ~을 필요로 하는

This treaty is subject to ratification. 이 조약은 비준을 받아야 한다.

C. 동사 [səbdʒékt]

–(아래로 만드는 것) 종속시키다, 지배 하다, 정복하다

Attila the Hun subjected most of Europe to his barbaric pillage.
아틸라 훈은 유럽의 대부분을 정복하여 야만적인 약탈을 하였다.

※ 형용사형: subjective [səbdʒéktive] 주관적인 ⇔ objective 객관적인

–주관적인

Taste in art is a subjective matter. 예술에 대한 취향은 주관적인 문제다.

subject는 '아래로 던져 진 것', 즉 '주요 대상'이라는 뜻이다. 글의 주요 내용은 '주제'라고 한다. 또 학교 등에서 배워야 할 주요 대상이 '과목'이다. 실험 등에서 실험의 주제가 되는 것은 '실험대상', 즉 '피실험자', 사진이나 그림에서 핵심은 '피사체', 혹은 '소재'다. 대화의 대상을 '화제'라고 말하고, 회의나 일 등에서 다루는 대상을 '문제'라고 한다. 국가를 이루는 핵심은 '국민들'이다. 문장에서 핵심은 '주어'이다.

형용사로 쓰일 때는 '정해진 주제 등 핵심 내용'의 영향아래 있다는 뜻으로 '~에 의존하는(달려 있는)', 또 국민은 국가의 법 아래에 있어서 '~에 따라야 하는' 등의 뜻이 나온다. 동사는 '~를 지배하여 (국민으로) 만들다. 즉 종속시키다'라는 뜻이 파생한다.

씨앗뜻 sub(under 아래로)+mit(send 보내다)
– 아래로 보내다

300 **submit** [səbmít]

┌ 제출하다
├ 굴복하다, 항복하다
└ 정중히 말하다

submit
제출하다,
복종하다

예문

동사
–(보고서 등을 아래로) 제출하다
Submit your application no later than May 7th.
늦어도 5월 7일까지 신청서를 제출하세요.

The first step is to submit your application to
the new bank. 첫 번째 단계는 새 은행에 신청서를 제출하는 것이다.

–(자세를 낮춰 아래로) 굴복하다, 항복하다
The people refused to submit to threats of the dictator. 국민은 독재자의 위협에 굴복하기를 거부했다.
Party members should submit to his leadership of the party. 당원들은 당 지도부에 복종해야 한다.
The man submitted himself to a search by the police. 그 남자는 경찰이 수색하도록 자기 자신을 복종하였다.
–정중히 말하다, 진술하다, 제안하다
I respectfully submit that custody will not address those issues.
저는 양육권이 이러한 문제를 해결하지 못할 것이라는 점을 정중하게 제안한다.

submit은 어원 'sub(아래로)+mit(보내다)'에서 보는 것 처럼 단어의 씨앗 뜻이 '아래로 보내다'이다. 즉 서류 등을 아래로
'제출하다'와 적 등에게 아래로 '항복하다'뜻이다. 또 자세를 아래로 낮춰서 공손하게 '말하다'라는 뜻으로 사용된다.

A. 앞에서 배웠던 단어들 씨앗 뜻을 생각하면서 우리말로 각각 최대한 자세히 써 보세요.(정답:단어본문 참고)

286. stand _____
287. staple _____
288. state _____
289. station _____
290. steer _____
291. stem _____
292. stick _____
293. stock _____
294. store _____
295. stream _____
296. stress _____
297. stroke _____
298. stuff _____
299. subject _____
300. submit _____

B. 앞에서 학습한 각 단어들의 예문을 활용한 문장들입니다. 강조된 단어를 유의하면서 각각 해석해 보세요.
(정답 394 page)

286. Our army stands enemy's assault.

287. He told the story of this staples of Korean industry to foreigners.

288. State of emergency was declared.

289. The broadcasting station is on air for 24 hours.

290. The lawer steered his clients into the dining room.

291. Her success stems mostly from hard work.

292. Investors should stick with 4 kinds of stocks.

293. The candidate may be a Korean of Japanese stock.

294. The shop has a good store of wine.

295. Tears were streaming down her cheeks.

296. He laid particular stress on the freedom of the press.

297. A stroke occurs when blood flow to a part of the brain stops.

298. The businessman stuffed bank notes into his wallet in a hurry.

299. The subject of this novel is the Battle of Waterloo.

300. The people refused to submit to threats of the dictator.

씨앗뜻 핵심을 이루는 것

301 **substance** [sʌ́bstəns]

┌ 물질
├ 실질, 실체, 본질, 중요한 부분
└ 요지, 내용

substance- 물질, 실질, 요지, 내용, 실체, 본질

 예문

명사

-물질

Rubber is a flexible substance. 고무는 유연한 물질이다.

-실질, 실체, 본질, 중요한 부분

The substance of my argument is this. 내 주장의 본질은 이것이다.

-내용, 요지

There is no substance to the allegation. 그 주장에 대한 내용이 없다.

This information gives substance to the stories we have heard.
이 정보는 우리가 들은 이야기에 요지를 제공한다.

형태가 '실질'적으로 존재하는 것은 '물질'이다. 실질적인 '내용'이나 '요지'라는 뜻으로도 쓰인다.

302 **succeed** [səksíːd]

씨앗뜻 성공하고 계승하다
- 성공하다
- 계승하다

succeed

한글을 창제한 세종대왕은 **성공하다**.

세종대왕의 아들 문종이 왕권을 **계승하다**.

예문

동사

–성공하다: 명사-success성공/형용사-successful 성공적인

Sejong the Great succeeded in his rule. 세종대왕은 그의 통치에서 성공했다.

The company has succeeded in increasing its profits by 20%.
그 회사는 이익을 20% 증가시키는 데 성공했다.

–계승하다: 명사-succession 계승, 연속/형용사-successive 연속적인

Munjong of Joseon succeeded to the throne after Sejong the Great.
문종은 세종을 이어받아 왕위를 계승했다.

Sadness and gladness succeed each other. 《속담》 슬픔과 기쁨은 서로 잇따라 온다.

The prince will succeed his father as king. 왕자는 아버지를 계승하여 왕이 될 것이다.

'성공하다' 그것을 '계승하다'.

303 **suit** [suːt]

씨앗뜻 적절하게 맞추다

┌ 정장
├ 소송
└ 어울리게 하다

suit- 정장, 소송, 어울리다

 예문

A.명사
-(위아래가 어울리도록) 정장
Mike needed the suit for his job interviews. Mike는 면접을 위해 정장이 필요했다.

-(부당한 상황을 적절하게 하는 법적 조치) 소송
The suit was filed in Milan civil court in 2019. 이 소송은 2019년 밀라노 민사법원에 제기되었다.

B.동사
-어울리게 하다, 적합하게 하다
Who does the route suit? 이 경로는 누구에게 적합할까?
Green suits our party very well.
녹색이 우리 정당과 잘 어울린다.

suit는 '적절하게 잘 어울리도록 하는 것'을 말한다.
'소송'은 상황을 올바르고 적절하게 맞추도록 하는 법적인 행위다.

304 **surf** [səːrf]

씨앗뜻 파도(타다)

─ 파도(타다)
└ 검색하다

surf- 파도타기, 인터넷 검색

 예문

A. 명사
-파도
We could hear the roar of the surf. 우리는 파도의 포효를 들을 수 있었다.
Surf is the mass of white bubbles that is formed by waves.
파도는 물결에 의행 형성되는 하얀 거품덩어리다.

B. 동사
-파도타다
My neighbors go surfing every weekend. 내 이웃들은 주말마다 서핑을 하러 간다.
They surfed the biggest waves ever on that beach. 그들은 해변에서 가장 큰 파도를 서핑했다.
-(파도타듯 인터넷) 검색하다
Students spends a lot of time surfing the internet. 학생들은 인터넷을 서핑하는 데 많은 시간을 보낸다.

surf는 '파도(타다)'가 씨앗 뜻이다. 인터넷을 '검색(하다)'하는 것을 파도타기에 비유한 것이다.

305 **swallow** [swálou]	씨앗뜻 제비가 한입에 먹이를 꿀꺽 삼키다?^^ ─ 제비 ─ 다른 어원) 꿀꺽 삼키다

명사
-제비

One swallow does not make a summer.
속담》 제비 한 마리 왔다고 해서 여름이 온 것은 아니다; 사물의 일면만 보고 전체를 단정하지 마라.

Jim marks the first sighting of a swallow each spring on his workshop.
Jim은 봄마다 제비를 처음 본 일을 작업장 벽에 표시한다.

cf) 다른 어원
동사
-꿀꺽 삼키다

The ostrich tried to swallow the bulge. 타조는 부풀어 오른 것을 삼키려고 했다.

Admitting a mistake often requires that we swallow our pride.
실수를 인정하려면 종종 자존심을 삼켜야 한다.

The shark swallows the meat whole without even chewing. 상어는 고기를 씹지도 않고 통째로 삼켜 버린다.

The grandma swallows Fly Guy, then a spider, a bird, a cat, a dog, a goat, and a cow. 그 할머니는 플라이가이를 삼킨 다음 거미, 새, 고양이, 개, 염소, 소를 삼켜버린다.

A two-year-old boy partially swallowed alive by a hippopotamus is recovering after a man stoned the animal. 하마에게 부분적으로 산 채로 삼켜진 2세 소년이 한 남자가 동물에게 돌을 던진 후 토해내고 있다.

306 **table** [téibəl]

씨앗뜻 테이블, 탁자

─ 테이블, 탁자, 식탁
─ (식탁 위의) 요리, 음식
─ 표, 리스트, 목록

table- 테이블, 표, 목록, 식탁

 예문

명사

-테이블, 탁자, 식탁

The food is ready – please could you lay the table for me?
음식이 준비되었습니다. 저를 위해 식탁을 차려주시겠습니까?

-(식탁 위의) 요리, 음식

The pleasures of the table belong to all ages, to all conditions.
음식의 즐거움은 모든 연령대, 모든 상황에 해당된다.

-표, 목록

Create a table of contents. 목차를 만드세요.

The table shows the salary of each employee. 표는 각 직원의 급여를 보여준다.

A table shows information in columns and rows. 표는 열과 행의 정보를 보여준다.

table은 '널빤지'가 씨앗 뜻이다. '널빤지'에 '음식'을 놓고 먹는다. 또 널빤지에 '표'나 '목록' 등을 작성한다.

307 **tear** [tiər]	씨앗뜻 눈물, 찢어지다
	┌ 어원 1. 눈물, 눈물을 흘리다
	└ 어원 2. 찢어짐, 찢어지다

눈물, 눈물을 흘리다   찢어짐, 찢어지다

 예문

어원1

A.동사

-눈물을 흘리다

Why do our eyes tear when we're cutting onions? 양파를 썰 때 왜 눈이 눈물이 흘리나요?

B.명사

-(보통 pl.) 눈물

Tears stood in her eyes. 그녀의 눈에는 눈물이 어리었다.

Tears can also help communicate your emotions. 눈물은 또한 당신의 감정을 전달하는 데 도움이 될 수 있다.

어원2

A.동사:tear-tore-torn

-찢다, 째다

His wife tore the envelope open. 그의 아내는 봉투를 찢어 열었다.

The actress caught her blouse on a nail and tore the sleeve.

그 여배우는 블라우스가 못에 걸려 소매가 찢어졌다.

B.명사

-째진 틈, 찢어진 곳

Skin tears are usually not serious. 피부 열상은 일반적으로 심각하지 않다.

There's a tear in the lining of my coat. 코트 안감에 찢어진 부분이 있다.

'찢어진' 옷을 보고 '눈물(을 흘리다)'로 기억하자.

308 **term** [təːrm]

씨앗뜻 기간, 요금, 용어 등을 정하는 것

— 학기, 임기, 회기
— pl) 조건, 약정, 협정, 요금
— 말, 용어, pl) 말투
— pl) 친한 사이, 관계

 예문

명사

–(기간을 정한) 학기, 임기, 회기

Registration is now open for spring term classes. 봄 학기 수업 등록이 지금 시작되었다.

During my first term we passed a referendum. 첫 임기 동안 우리는 국민 투표를 통과했다.

–(계약, 지급, 요금 등을 정하는) pl) 조건, 약정, 협정, 요금

Terms of the extension were not immediately available.
연장 조건은 즉시 제공되지 않았다.

–(개념이나 의미가 정해진) 말, 용어, pl) 말투

That includes the effort to replace racially discriminated terms like master and
slave. 여기에는 주인 및 노예와 같은 인종적으로 차별하는 용어를 대체하려는 노력이 포함된다.

–(관계가 정해진) pl) 친한 사이, 관계

The family were on friendly terms with Goldie. 가족들은 Goldie와 친한 관계를 유지했다.

Harry has now revealed he and his grandmother are still on good terms.
Harry는 이제 그와 그의 할머니가 여전히 좋은 관계를 유지하고 있음을 밝혔다.

기간, 요금, 용어의 개념 등을 정하는 것으로 '학기', '회기', '임기', '요금', '조건', '용어' 등의 뜻으로 쓰인다. 복수형으로 '관계'의 뜻
으로 사용된다.

309 **texture** [tékstʃər]

씨앗뜻 직물, 직물의 짜임새

- 직물, 피륙, 천, 짜임새, 바탕
- 결, 감촉, 특질, 구조
- 기조, 텍스처

Texture
천의 짜임새, (피부,목재,암석등의)결
조직구조 , 음악의 기조

🖊️ **예문**

명사

-직물, 피륙, 천, (피륙의) 짜임새, 바탕

Jacquard is a woven fabric with a beautiful texture. 자카드는 아름다운 질감의 직물이다.

Snake's scales allow them to feel the texture of things they slither over sand, dirt, grass, or water. 뱀의 비늘은 그들이 미끄러져 지나가는 것들의 짜임새를 느끼도록 해준다.

-(피부·목재·암석 등의) 결, 감촉

Older cheeses tend to have drier, crumbly textures.
오래된 치즈는 더 건조하고 부서지기 쉬운 질감을 갖는 경향이 있다.

Textures can be described as rough, smooth, hard, soft, liquid, solid, lumpy, gritty etc. 질감은 거친, 매끄러운, 단단한, 부드러운, 액체, 단단한, 덩어리진, 거친 등으로 설명할 수 있다.

-(음악·미술) 기조, 텍스처

We try to create music that has a lot of texture. 우리는 텍스처가 풍부한 음악을 만들기 위해 노력한다.

The painter uses unique colors and textures in her paintings.
그 화가는 그녀 그림에서 독특한 색상과 텍스처를 사용한다.

천 등의 '짜임새'라는 씨앗 뜻에서 피부, 목재, 암석 등의 '결', '감촉' 등의 뜻으로 쓰인다. 미술이나 음악에서도 '기조'라는 뜻으로 사용된다.

	세앗뜻 얇은 천
310 **tissue** [tíʃuː]	─ 직물, 얇은 천
	─ (세포) 조직
	─ 얇은 화장지

tissue - 직물, 얇은 천, (세포) 조직, 얇은 화장지

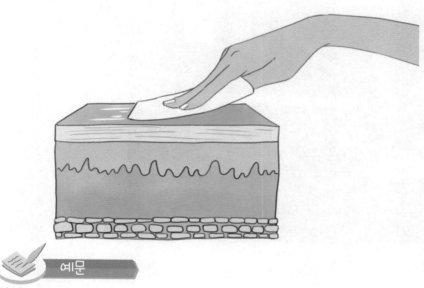

 예문

명사

-(한 장의) 얇은 천, 명주, 직물

Cloth and tissue are synonymous. Cloth와 Tissue는 동의어다.

Wet tissues are made of non-woven fabrics. 물티슈는 부직포로 만들어졌다.

-(세포) 조직

In biology, tissue is a biological organizational level between cells and a complete organ. 생물학에서 조직은 세포와 완전한 기관 사이의 생물학적 조직 수준이다.

-얇은 화장지

The speaker wiped his nose and mouth with a tissue. 그 연설자는 티슈로 코와 입을 닦았다.

Optic cleaning tissue is extremely soft, thin and non-abrasive.
광학 청소용 티슈는 매우 부드럽고 얇으며 거칠지 않다.

얇은 막으로 이루어진 세포와 같은 '조직', '얇은 천', '얇은 화장지'라는 뜻으로 사용된다.

	311 **toll** [toul]	씨앗뜻 통과를 위해 내는 비용
		┌ 통행료(를 내다)
		├ 장거리 전화료, 희생자
		└ cf) 다른 어원: (종이) 울리다

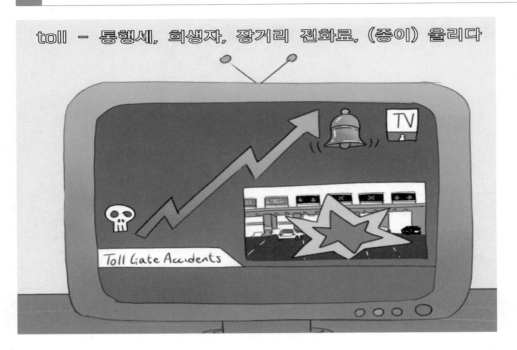

toll – 통행세, 희생자, 장거리 전화료, (종이) 울리다

Toll Gate Accidents

 예문

A. 명사

–통행세

Tolls are now collected electronically on most highways.
통행료는 이제 대부분의 고속도로에서 전자적으로 징수된다.

–희생자

The toll of dead and missing was very high. 사망자와 실종자 수가 매우 많았다.

–장거리 전화료

A toll free number is a telephone number that does not cost the person making the call. 수신자 부담 전화번호는 전화를 거는 사람에게 비용이 부과되지 않는 전화번호다.

B. 동사

–통행료를 부과하다

The transport minister tolls existing road. 교통부 장관은 기존 도로에 통행료를 부과한다.

cf) 다른 어원:

–(만종, 조종 등을) 울리다

For whom the bell tolls. 누구를 위하여 종을 울리나.

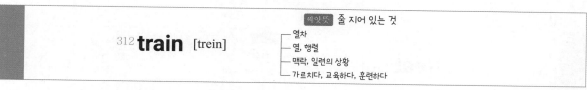

312 **train** [trein]

씨앗뜻 줄 지어 있는 것
- 열차
- 열, 행렬
- 맥락, 일련의 상황
- 가르치다, 교육하다, 훈련하다

train of thought

train

예문

A. 명사

-열, 행렬

How many wagons are in a wagon train? 마차 행렬에는 몇 개의 마차가 있습니까?

-열차

Darling reportedly stepped in front of the train. 보도에 따르면 Darling이 기차 앞에 섰다.

-맥락, 일련의 상황

The discovery will bring several consequences in its train.
그 발견이 수반된 상황에서 여러 중대한 영향을 가져 올 것이다.

A train of thought or a train of events is a connected sequence.
일련의 사고 또는 일련의 사건은 연결된 순서다.

B. 동사

-훈련하다, 가르치다

The soldiers train five times a week. 군인들은 일주일에 다섯 번 훈련한다.

You can train a parakeet to sit on your finger. 너는 잉꼬가 너의 손가락에 앉도록 가르칠 수 있다.

Some fire stations have specially trained fire-rescue dogs.
얼마간의 소방서는 특히 화재 구조견을 훈련시킨다.

The government trained the youth to be computer specialists.
정부는 젊은이들을 컴퓨터 전문가로 훈련시켰다.

'열'을 세워 '훈련하다'. '열차'는 열로 이루어져 있다. 열은 앞뒤가 있어 즉 '맥락'이라는 뜻이 나온다.

313 **treat** [tri:t]

씨앗뜻 다루다
― 다루다
― 치료하다
― 한턱, 대접하다

예문

treat- 다루다, 치료하다, 대접하다

A.명사
-(좋은 음식 등으로 다루다) 한 턱
It's my treat. 내가 낼게.
Whose treat is it this time?
이번엔 누가 낼 차례지?

B.동사
-(사람·동물 등을) 다루다, 처리하다
We will treat copper with sulfuric acid. 구리를 황산으로 처리하겠다.
Treat people as you would like to be treated. 받고 싶은 대로 남을 대하라.

-(환자를 다루어) 치료하다
Yoga may help treat depression. 요가는 우울증을 치료하는 데 도움이 될지도 모른다.
-(좋은 음식 등으로 다루다) 대접하다
He will treat me dinner. 그가 나에게 저녁식사를 접대할 것이다.

※ 명사형: treatment [trí:tmənt]
-취급, 대우
The actor don't want any special treatment. 그 배우는 특별한 대우를 원하지 않았다.
-처리(법)
Energy consumption is one of the largest expenses in operating a waste water treatment plant. 에너지 소비는 폐수 처리장을 운영하는 데 가장 큰 비용 중 하나다.
-치료(법)
There are many types of cancer treatment. 암 치료에는 많은 종류가 있다.

treat는 기본적으로 음식 등으로 손님을 '대접(하다)'는 뜻이다. 사람이나 동물을 '다루다', '처리하다' 의사가 환자를 다루는 것이 '치료하다'이다.

314 **trial** [tráiəl]

씨앗뜻 최상의 조건을 위해 힘든 상황을 극복해 가는 과정

- 시련, 시도, 시험
- 임상
- 공판, 재판

trial- 시련, 시험, 임상, 재판

예문

명사
-시련, 시도, 시험
Start free trial. 무료 시도를 시작하시오.

-임상
Vaccine trials are often done in wealthier countries. 백신 임상은 종종 부유한 국가에서 수행된다.

-(법에 시련을 호소하는 것) 공판, 재판
No trial date has been set. 어떤 재판 날짜도 정해지지 않았다.

※ 동사형: try [trai]
-노력하다, 시도하다
They secretly tried to block his advancement in party representative.
그들은 비밀리에 그의 당대표 진출을 막으려고 노력했다.

-재판하다, 심리하다
Such social cases must be tried by a jury. 이러한 사회적 사건은 배심원단에 의해 재판을 받아야 한다.
The suspect was arrested and tried for the murder. 그 혐의자는 체포되어 살인 혐의로 재판을 받았다.

어려운 과정을 이겨가는 과정이 '시련'이고 '시험'이다. 약의 효능을 확인해 가는 과정이 '임상시험'이고 정의로운 판단을 위한 과정이 '재판'이다.

315 **trigger** [trígər]

씨앗뜻 방아쇠(를 당기다)

┌ 동기
├ 방아쇠(를 당기다)
└ 일으키다

trigger-방아쇠, 발사하다, 일으키다

 예문

A. 명사
-방아쇠
The soldier pulled the trigger of the pistol. 그 군인은 권총의 방아쇠를 당겼다.
-동기
The trigger for the strike was the closure of a mine. 파업의 동기는 탄광의 폐쇄였다.

B. 동사
-방아쇠를 당기다
The police officer accidentally triggered his rifle. 그 경찰관은 사고로 소총의 방아쇠를 당겼다.
-(사건·반응 등을) 일으키다
Smoke triggered the fire alarm. 연기가 화재 경보를 울렸다.
Fraud election triggered a mass demonstration. 부정선거는 대중 시위의 계기가 되었다.

trigger는 '방아쇠'라는 뜻에서 동사 '방아쇠를 당기다'는 뜻이 나온다. 방아쇠는 어떤 사건의 시작을 말하는 말로 '동기'라는 뜻으로 사용되고 '사건을 일으키다'라는 뜻이 나온다.

A. 앞에서 배웠던 단어들 씨앗 뜻을 생각하면서 우리말로 각각 최대한 자세히 써 보세요.(정답:단어본문 참고)

301. substance _____
302. succeed _____
303. suit _____
304. surf _____
305. swallow _____
306. table _____
307. tear _____
308. term _____
309. texture _____
310. tissue _____
311. toll _____
312. train _____
313. treat _____
314. trial _____
315. trigger _____

B. 앞에서 학습한 각 단어들의 예문을 활용한 문장들입니다. 강조된 단어를 유의하면서 각각 해석해 보세요.
(정답 **394 page**)

301. There is no substance to the allegation.

302. Munjong of Joseon succeeded to the throne after Sejong the Great.

303. The suit was filed in Milan civil court in 2019.

304. They surfed the biggest waves ever on that beach.

305. One swallow does not make a summer.

306. A table shows information in columns and rows.

307. The actress caught her blouse on a nail and tore the sleeve.

308. Harry has now revealed he and his grandmother are still on good terms.

309. The painter uses unique colors and textures in her paintings.

310. In biology, tissue is a biological organizational level between cells and a complete organ.

311. The toll of dead and missing was very high.

312. A train of thought or a train of events is a connected sequence.

313. Treat people as you would like to be treated.

314. Vaccine trials are often done in wealthier countries.

315. Fraud election triggered a mass demonstration.

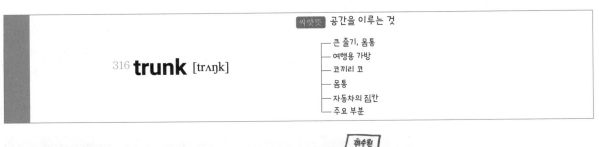

씨앗뜻 공간을 이루는 것

316 **trunk** [trʌŋk]

- 큰 줄기, 몸통
- 여행용 가방
- 코끼리 코
- 몸통
- 자동차의 짐칸
- 주요 부분

 예문

명사

-(나무의) 핵심 줄기, 몸통

The trunk of a tree is the large main stem from which the branches grow.
나무의 몸통은 가지가 자라는 큰 주요 줄기다.

-여행용 가방

A trunk is a large, strong case or box used for storing things or for taking on a journey. 트렁크는 물건을 보관하거나 여행을 떠날 때 사용하는 크고 튼튼한 케이스 또는 상자다.

-코끼리 코

An elephant's trunk is a marvel of biology. 코끼리의 코는 생물학의 경이로움이다.

-사각팬츠(trunks)

Trunks are shorts that a man wears when he goes swimming.
트렁크는 남자가 수영할 때 입는 반바지다.

-몸통

The trunk is the body without the limbs. 몸통은 팔다리가 없는 몸통이다.

-(자동차의) 화물칸

The trunk of a car is a covered space at the back or front in which you put luggage or other things. 자동차의 트렁크는 가방이나 기타 물건을 싣는 앞뒤로 덮인 공간이다.

-본체, 중앙 부분, 주요 부분

The trunk of the plan remained the same. 계획의 주요 부분은 변경되지 않았다.

trunk는 중심을 이루는 것으로 '주요부분'이 씨앗 뜻이다. 나무의 '핵심 줄기', 가운데 비어 있는 '여행용 가방', '코끼리 코', '사각팬츠', 사람의 '몸통', 자동차 등의 '화물칸' 또는 '본체' 등으로 쓰인다.

씨앗뜻 배

317 **vessel** [vésəl]

─ 배, 항공기
─ 그릇, 용기
─ 관, 혈관

VESSEL
용기, 그릇

배, 비행기

예문

명사

-배, 항공기

A scattering of vessels anchored in the harbor. 항구에 배들이 흩어져 정박해 있다.

The term vessel means every description of watercraft and aircraft capable of being used as a means of transportation on, under, or over water.
vessel이라는 용어는 물 위, 물 아래 또는 물 위에서 운송 수단으로 사용될 수 있는 선박 및 항공기에 대한 모든 설명을 의미한다.

-그릇, 용기

The potter makes vessels in copper, stainless steel and silver.
도예공은 구리, 스테인리스 스틸, 은으로 그릇을 만든다.

-관, 혈관

Blood vessel is a part of the circulatory system and function to transport blood throughout the body. 혈관은 순환계의 일부로 혈액을 온몸으로 운반하는 기능을 한다.

vessel은 물 등을 담기위한 '그릇'이 씨앗 뜻이다. 사람 등을 태울 수 있는 그릇에 해당하는 것이 '배'나 '비행기'고 피를 담아 흐르게 할 수 있는 것이 '혈관'이다.

318 **virtual** [vəːrtʃuəl]

씨앗뜻 가상의 세상이 사실상의 현실이 된 세상

— 사실상의
— 가상의

예문

형용사

-사실상의

9,999,999.9999 is a virtual 10,000,000. 9,999,999.9999는 사실상 10,000,000이다.

The country was sliding into a state of virtual civil war. 그 나라는 사실상 내전 상태로 빠져 들고 있었다.

The actress was a virtual unknown before this drama. 그 여배우는 이 드라마 이전에는 사실상 무명이었다.

These two companies result in a virtual monopoly in the car industry.
이 두 회사가 업계에서 자동차 산업에서 사실상 독점으로 결과한다.

-(컴퓨터 상 실제와 가까운) 가상의

Visit our website for a virtual tour of the museum. 박물관의 가상 투어를 보려면 저희 웹사이트를 방문하세요.

In the game players simulate real life in a virtual world.
게임에서 플레이어는 가상 세계에서 실제 생활을 시뮬레이션합니다.

The virtual reality gear let the gamers feel as if they were in the game.
가상 현실 장비는 게임하는 사람들이 마치 게임을 하고 있는 것처럼 느끼게 한다.

'가상의'뜻은 아직 사실이라고 말하긴 어렵지만 사실에 근접하는 즉 '사실상의'라는 뜻이다.

319 **vulnerable** [vʌ́lnərəbəl]

씨앗뜻 (약점 등이 있어) 약한

- 영향 받기 쉬운
- 상하기 쉬운

vulnerable-비난.상처 받기 쉬운

 예문

형용사

-(공격, 비난, 유혹) 받기 쉬운

His moral position is vulnerable to criticism. 그의 도덕적인 부분이 비판받기 쉽다.

The youth are more vulnerable to delinquency. 젊은이들이 비행에 더 유혹받기 쉽다.

-(몸과 마음이) 상하기 쉬운, 병들기 쉬운

Teens become more vulnerable to exclusion, bullying and rejection.
대가 배제, 따돌림 및 거부에 더 상처받기 쉬워진다.

The patients with underlying disease are especially vulnerable to cold temperatures. 기저 질환자들은 특히 차가운 온도에 병나기 쉽다.

유혹, 병, 비난, 공격 등에 '영향받기 쉬운'이라는 뜻으로 몸과 마음이 '상하기 쉬운' 즉 '병들기 쉬운'의 뜻이다.

	씨앗뜻 낭비하여 쓰레기를 만들어 내다
320 **waste** [weist]	─ 낭비되다 ─ (기회 등)놓치다 ─ 쇠약하게 하다 ─ 쓰레기 ─ 낭비, 허비

예문

A. 동사

–낭비하다, 헛되이 되다
Don't let your talent waste. 재능을 헛되게 하지 마라.

–(기회 등) 놓치다
Don't waste a good opportunity. 좋은 기회를 놓치지 말아라.

–쇠약하게 하다
His body was wasted by long illness. 그의 몸은 오랜 병으로 쇠약해졌다.

B. 명사

–쓰레기
Many of our rivers are polluted by waste. 많은 강이 쓰레기로 오염되었다.

–낭비, 허비
Haste makes waste. 《속담》 서두르면 무리가 생긴다. 급할수록 침착하라.
It's waste of time to argue further. 이 이상 토론하는 것은 시간의 낭비다.

'낭비하는' 것은 '쓰레기'가 된다,

씨앗뜻 몸과 마음에 지니다

321 **wear** [wɛər]-wore-worn

┌ 입다, 신다, 쓰다
├ (수염) 기르다, (향수) 바르다, (시계) 차다
├ 닳게 하다
└ 지치게 하다

wear – 입다, 간직하다, 닳게 하다

 예문

A.동사

-(몸에 부착하여) 입다, 신다, 쓰다, (시계를) 차다

Wear masks inside in public.
공공장소서 실내에서 마스크를 착용하세요.

The waiters will wear masks.
웨이터는 마스크를 착용한다.

You can wear one watch at a time.
여러분은 한 번에 하나의 시계를 찰 수 있다.

-지치다, (몸에 지니고 다녀) 닳게 하다

The workers were worn out after working all day long.
노동자들은 하루 종일 일한 후 녹초가 되었다.

His clothes and shoes were worn out. 그의 옷과 신발이 낡아서 해졌다.

-(수염, 머리 등을) 기르다, (향수를) 바르다, (얼굴 표정을) 짓다

She wore her hair in a long braid. 그녀는 긴 땋은 머리를 하고 있었다.

The women wear fragrances for a signature scent. 그 여성들은 특징 향기를 위해 향수를 뿌린다.

-지치게 하다, 약하게 하다

Running wore me out. 달려서 나는 완전히 지쳤다.

Years of illness worn the patient down. 수년간의 병이 환자를 지치게 하였다.

B.명사

-옷

This style is great for everyday wear and can be dressed up seamlessly.
이 스타일은 일상에 적합하며 이음새 없이 입을 수 있다.

'옷'을 뜻하는 wear는 몸에 부착하는 모든 행위를 말한다. 즉 '입다'는 말할 것도 없고 신발을 '신다', 모자를 '쓰다', 시계를 '차다', 수염이나 머리를 '기르다', 향수를 '바르다', 표정을 '짓다' 등의 뜻이 나온다. '지치게 하다', 몸에 지니고 다녀 '닳게 하다'로도 쓰인다.

322 **withdraw** [wiðdrɔ:]

withdrew-withdrawn

씨앗뜻 with(함께)+draw(잡아 당기다)→잡아 당겨 가져오다

─ 철회하다
─ 철수하다
─ 인출하다
─ (손을) 움츠리다

WITHDRAW

철수하다

인출하다

예문

동사
-(파병된 군대를) 철수하다, 철회하다
Russia withdrew most of its forces. 러시아는 대부분의 군대를 철수했다.
Tesla withdrew state funding application for German battery plant..
테슬라는 독일 배터리 공장에 대한 국가 자금 신청을 철회하였다.
-인출하다
A Chinese man withdrew his savings from a Shanghai bank.
중국인 남성은 상하이 은행에서 예금을 인출했다.
-(손 따위를) 움츠리다
The chef withdrew his hand from the hot pot. 주방장은 뜨거운 냄비에서 손을 움츠렸다.

※명사형: withdrawal [wiðdrɔ:əl] 인출, 철수, 철회, 금단 증상
-철수, 철회
The general authorized the withdrawal of troops from the fields.
장군은 현장에서 군대를 철수하도록 승인했다.

The charity says it wants a withdrawal of the comments. 자선단체는 댓글 철회를 원한다고 밝혔다.
-인출
Mom made a withdrawal from her savings account. 엄마는 저축 계좌에서 인출했다.
-금단현상
Smokers experienced symptoms of nicotine withdrawal after they quit smoking.
흡연자들은 담배를 끊은 후 니코틴 금단 증상을 경험했다.

withthrow는 어원상 '잡아 당겨 가져오다'는 뜻으로 군대를 '철수하다', 은행에 맡긴 돈을 '인출하다' 손을 움추리다'는 뜻이다.

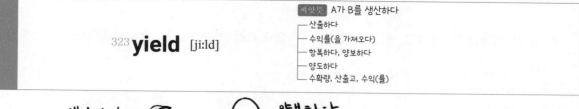

 예문

A. 동사

-생산하다(produce)

A tree yields fruit. 나무에는 열매가 연다.

The land yields crops such as grapes and tobacco. 땅은 포도와 담배같은 농작물을 생산한다.

-(이익 따위를) 가져오다

The bond yields seven percent annually. 채권 수익률은 연간 7%다.

-항복하다, 양보하다

Yield to oncoming traffic. 앞에서 다가오는 자동차에게 양보하시오.

-양도하다

My grandfather yielded me his property. 할아버지는 나에게 재산을 양도해 주었다.

B. 명사

-수확량, 산출고

The oil yield ranges from 80 to 100 kg per hectare. 오일 생산량은 헥타르당 80~100kg이다.

-수익률

Government bond yields dropped on Friday. 금요일 국채 수익률 하락하였다.

yield는 'A가 B를 낳다'가 씨앗 뜻으로 '생산하다', '(이익을) 가져오다'이다. 나무가 '열매가 맺다' '꽃이 피다' 뜻이 나온다. 돈을 은행에 맡기면 그 기간 동안 사용 (이자가) '발생한다'. 명사로 '수확량'이나 '수익률'로도 쓰인다. 무엇인가를 생산하지 못하고 다른 사람에게 힘이 밀려 길을 내어주다는 뜻 즉 '양보하다'는 뜻으로도 사용된다.

A. 앞에서 배웠던 단어들 씨앗 뜻을 생각하면서 우리말로 각각 최대한 자세히 써 보세요.(정답:단어본문 참고)

316. trunk _____
317. vessel _____
318. virtual _____
319. vulnerable _____
320. waste _____
321. wear _____
322. withdraw _____
323. yield _____

B. 앞에서 학습한 각 단어들의 예문을 활용한 문장들입니다. 강조된 단어를 유의하면서 각각 해석해 보세요.
(정답 **394 page**)

316. An elephant's trunk is a marvel of biology.
317. Blood vessel is a part of the circulatory system and function to transport   blood throughout the body.
318. These two companies result in a virtual monopoly in the car industry.
319. Teens become more vulnerable to exclusion, bullying and rejection.
320. Haste makes waste.
321. Years of illness worn the patient down.

△ TEST에서는 A형과 B형 두 가지 문제입니다.
 단어 뜻을 쓰는 A형 문제와, 본문 예문 학습을 유도하기 위한
 문장 해석문제 B형을 출제하였습니다.

– 단어의 뜻을 쓰는 A형 문항 정답은 각 TEST 앞에 있는 단어학습 본문 설명에서 확인하기
  바랍니다.

– 여기 정답에서는 문장 해석문제인 B형 정답 만을 제공하였습니다.

001. 산에서 식물 뿌리가 상당한 물을 흡수한다. 002. 그 교수는 학술 논문을 발췌했다. 003. 이 그래프는 여론동향을 설명해준다. 004. 비에 바람이 더해졌다. 005. 좋은 역사를 통해 기후 변화에 적응했다. 006. 팬데믹은 우리에게 적응하고 서비스를 채택할 기회를 주었다. 007. 연사는 일어서서 군중에게 연설했다. 008. 날씨는 우리 기분에 영향을 미친다. 009. 이 책자는 지역 서비스에 대한 유용한 정보를 제공한다. 010. 사람들은 그들의 일을 두면 많이 노화한다. 011. 그녀의 딸이 각 방마다 청소하고 환기시킨다. 012. 대부분의 항공편의 수하물 허용량은 20kg다. 013. 선박은 이제 Hunterston에서 정박하고 있다. 014. 국민들은 민주주의관련 좋은 뉴스를 듣기를 열망한다. 015. 이 논문은 실험 장치의 준비를 제시한다.

016 당신은 당신의 연구에 자신을 전념해야 한다. 017 네가 어려운 결정을 해주셔서 감사하다. 018 역사가들은 사건들을 이해하는 것이 필요하다. 019 해외 무기 수출은 전체 매출의 33%를 차지했다. 020 장군은 군인들을 한 줄로 정렬시켰다. 021 대한민국 헌법 제1조 022 조립라인은 부품이 추가되는 제조 프로세스다. 023 자산은 회사 등이 소유하거나 통제하는 경제적 자원을 나타낸다. 024 매니저는 세 대의 컴퓨터를 우리 부서에서 사용하도록 할당하였다. 025 우리는 그 계획에 그를 참가시켰다. 026 그가 말하는 건 진실이라고 가정하자. 027 그 교수의 과학적 학식은 잘 알려져 있다. 028 이벤트에 참석하기 위해 여기에 등록할 수 있다. 029 두 후보 모두 국민들이 지도자에게 원하는 자질을 가지고 있다. 030 내 계좌의 잔고를 확인하고 싶습니다.

031. 현지인들이 모여 그 회사와 싸웠다. 032. 정원 구석에 눈이 쌓여 있었다. 033. 미성년자는 클럽에 가입하는 것이 금지되었다. 034. 내가 말한 것을 명심하시오. 035. 전 경찰관이 여자를 악의적으로 구타했다. 036. 손씨는 항상 민주주의가 승리할 것이라고 주장한다. 037. 세 회사가 새 시청을 짓기위한 계약에 입찰했다. 038. 국민들의 대다수는 그 법안에 찬성하였다. 039. Rosa Parks는 앨라배마 주 몽고메리의 버스를 타고 긴 노동의 하루를 보낸 후 집으로 돌아오고 있었다. 040. 우리 여행사에서 파리행 비행기를 예약했다. 041. 한 번 뛰어서 개는 울타리를 넘었다. 042. 음악이 끝나고 소녀는 인사를 했다. 043. 면역학은 생물학의 한 분야다. 044. 이 매실 효소는 위에서 음식을 분해한다. 045. 많은 동물들이 봄에 번식한다.

046. 내각에는 부통령과 15개 행정부처의 장을 포함한다. 047. 자본은 개인이나 기업이 소유한 물질적 부이다. 048. 자유에는 책임이 따른다. 049. 그 마을에는 30명의 말라리아 환자가 있다. 050. 달이 방안에 하얀 빛을 비추었다. 051. 국민들은 평화와 자유를 위한 대의명분에 자신을 헌신했다. 052. 독방은 은둔자, 승려, 수녀 또는 은수자가 사용하는 작은 방이다. 053. 완료해야 하는 몇 가지 사진 과제가 있다. 054. 작은 결정들이 여러분의 인생과 세계에 큰 변화를 가져올 수 있다. 055. 니콜라스는 햄릿의 등장인물(역할)로 무대에 설 것이다. 056. Nehru는 특유의 관대함으로 응답했다. 057. 그 노인은 강도혐의로 수배되었다. 058. 비행기는 착륙 허가를 받기 전 30분 동안 선회했다. 059. 그들은 결혼하고 싶었지만 상황이 허락하지 않았다. 060. 11학년에 10개의 학급이 있다.

061. 농부들은 경작을 위해 버려진 땅을 개간했다. 062. 금고를 열기 위한 암호는 무엇인가요? 063. 숫자의 열을 합산해야 하는 경우 Excel에서 계산을 수행하도록 한다. 064. 그 군인은 영어를 잘 구사한다. 065. 경찰은 사건을 위원회에 회부하였다. 066. 위원회는 합의에 이르는데 실패 했다. 067. 위원회는 오후 1시 공약을 발표할 예정이다. 068. 함께 고민하면 슬픔은 덜하다. 069. 그들은 상황을 복잡하게 만든다. 070. 만약 당신이 부정행위를 한다면, 당신은 당신의 성실함에 손상을 주는 것이다. 071. 전시는 박물관에 의해 고안되었다. 072. 음주운전의 기준은 알코올 농도다. 073. Winton은 특히 그곳의 아이들이 걱정되었다. 074. 경찰은 구체적인 증거를 가지고 있지 않다. 075. 정부는 전세계 모든 테러 행위를 규탄한다.

076. 넌 너의 건강상태를 고려해야 해야 해. 077. 지휘는 통제하거나 지휘하는 행위 또는 방법이다. 078. 돈은 그에게 별로 중요하지 않았다. 079. 일정한 온도(항온)는 변하지 않는 온도다. 080. 체질이 강한 동물 만이 섬의 혹독한 겨울을 살아남을 수 있다. 081. 분석 결과 구리 함량이 높은 것으로 나타났다. 082. 영어 단어는 문맥에 따라 여러 가지 의미를 가질 수 있다. 083. 근육이 팽창한 다음 수축한다. 084. 대한민국에서 젊은이들이 민주주의를 위한 미래에 공헌할 것이다. 085. 인간은 사회적 관습의 창조물이다. 086. 그는 그녀와의 서신 왕래를 열렬히 바라고 있다. 087. 그의 불륜사건은 그의 결혼을 파탄시켰다. 088. 그의 그림은 걸작으로 간주된다. 089. 그 월간지는 여성 문제를 다룬다. 090. 회장은 회사의 수익을 높이기 위한 전략을 세웠다.

091. 국민들은 언론이 말한 것을 믿을 수 없다. 092. 비판적 읽기는 글쓰기 과정에서 매우 중요한 부분이다. 093. 이 교차점에서 두 도로가 교차한다. 094. 바닷가 마을 사람들은 주로 물고기를 양식한다. 095. 박테리아 배양 검사할 때 혈액에서 샘플을 채취한다. 096. 유럽에서는 직류 전기를 쓴다. 097. 《속담》 습관은 제2의 천성이다. 098. 소방관들은 날이 밝기를 기다렸다. 099. 그 가게는 생선과 고기를 취급한다. 100. 주가가 최근 하락했다. 101. 직각은 90도다. 102. 대통령은 청중들에게 연설했다. 103. 그 재판은 판례에서 벗어났다. 104. 그 홍수로 강에 진흙의 층이 퇴적했다. 105. 높은 금리는 계속해서 경제를 침체시키고 있다.

106. 그는 의자가 자동으로 조정되도록 설계했다. 107. 행동이 결과를 낳은 것이다. 108. 많은 식이요법은 체중 감량에 도움이 되고 독특한 건강상의 이점을 제공할 수 있다. 109. 그 공장은 배기가스를 배출했다.110. 죄수는 교도소의 규율을 빨리 배웠다. 111. 이 요리의 주재료는 생선이다. 112. 그 판사는 그 피고의 주장을 기각했다. 113. 그들은 큰 어려움 없이 지낸다. 114. 그녀의 병은 사람들이 그녀를 돕도록 했다. 115. 파키스탄 대통령이 국회를 해산했다. 116. 감자는 안데스 언덕에서 처음 재배되었다. 117. 성장의 대부분은 강력한 국내수요에서 비롯되었다. 118. 그 가수는 징집을 피하기 위해 국가를 떠났다. 119. 군대는 사막과 산에서 훈련을 해야 했다. 120. 다음 역서 내려 주세요.다음 역에서 내려 주세요.

121. 배는 오후 5시에 부산에 도착할 예정이다. 122. 그녀의 추억은 내 마음 속에 깃들여 있다. 123. 이 약은 통증을 덜어준다. 124. 절벽 끝에서 멀리 떨어지세요.- 떨어질 수 있어요. 125. 그는 그 문제를 해결하기 위해 새 방법을 쓴다. 126.《속담》목적은 수단을 정당화한다. 127. 나는 모든 서류를 처리하기 위해 비서를 고용했다. 128. 그 솔루션은 기업들이 그들의 생산성을 증가시키도록 할 수 있다. 129. 와인, 증류주 및 맥주 사업에 대한 특종이다. 130. 8은 짝수이고 9는 홀수다. 131. 선생님은 어제 그 학급에 숙제를 면제해 주었다. 132. 그는 주식시장 투기로 막대한 재산을 소진했다. 133. 우리는 가능한 한 우리의 자원을 최대한 활용한다.134. 언론에 표현된 견해는 개인적이다. 135. 내선 번호 3581로 전화해 주세요.

136. 치과의사는 재발하는 문제를 예방하기 위해 이빨을 뺀다. 137. 우리는 현대 건축에서 직물의 혁신적인 사용을 탐구한다. 138. 국민들은 새로운 문제에 직면했다. 139. 대한민국에 지방 도시들도 좋은 교통 시설을 가지고 있다.140. 여기는 의학부이다. 141. 한국에서 5일장이 열린다. 142. 요새가 적에게 무너졌다. 143. 그 환자들은 고혈압 치료를 목적으로 단식한다. 144. 그 화재에 대한 상세한 내용은 선데이 신문에 특집기사로 실렸다.145. 그 지역 토양은 깊고 비옥하다.146 .펜타곤(미국방부 건물)은 5면과 5층을 가진 형체이다. 147. 그 회사는 경쟁 회사에 대하여 소송을 제기했다. 148. 벌금은 범죄에 대한 처벌로 부과되는 돈이다. 149. 사장은 관리자를 고용하고 해고할 수 있는 권한을 가지고 있다.150. 그는 금연에 대한 확고한 약속을 했다.

151. 당신의 삶에 자격을 주는 최고의 학위를 찾으십시오. 152. 우리는 그 문제를 해결해야 한다. 153. 전통 민요는 예술가들을 특이한 장소로 튀게 할 수 있다. 154. 지진 후에는 흔히 화재가 발생한다. 155. 경찰은 그의 손에서 총을 빼앗았다. 156. 농업은 갈림길에 섰다. 157. 국가의 국민들은 자신들의 자유를 위해 싸웠다. 158. 학생들은 잠이 부족하면 제대로 기능할 수 없습니다. 159. 늑대는 사냥감이 풍부한 지역에서 산다. 160. 다음 총선은 언제인가요? 161. 그 오락 시설은 소득 산출의 핵심 영역이다. 162. Germ의 오래된 의미는 밀 배아와 아이디어의 시작에 나타났다. 163. 수리는 많은 디자인과 재료 대한 이해를 요구했다. 164. 먼저 우리는 우리의 심각한 우려를 강조하고 싶다. 165. 그 뉴스에 대한 충분한 근거가 없다.

166 그 트라우마는 아직도 나를 괴롭힌다. 167 Nicholas Winton은 프라하로 가기로 결정했다. 168 나는 그녀의 행동에 웃지 않을 수 없었다. 169 카타르가 월드컵 개최에 정말 적합합니까? 170 그 댄서는 그녀의 딸을 그녀의 손으로 확인했다. 171 그 화가는 그의 일에 자신을 몰두했다. 172 판사는 자녀들에게 아주 예의 바른 태도를 심어주었다. 173 클레어는 솔선수범해서 자기소개를 했다. 174 나의 초기 놀라움은 곧 기쁨으로 대체되었다. 175 금리는 경제 정책의 중요한 수단이다. 176 은행 정기예금은 낮은 이자율을 받고 있다. 177 전염성이 있는 동안 격리하고 예방 조치를 취하십시오. 178 법원은 그녀의 체포 영장을 발부했다. 179 너는 너의 아버지를 꼭 닮았다. 180 그 10대들은 열렬한 야구팬들이다.

181. 누구나 기억에서 실수를 경험한다. 182. 그 남자는 세상에서 내가 가장 만나기 싫어하는 사람이다. 183. 그 여자는 7세에 그녀의 가족을 (남겨두고) 떠났다. 184. 한 민족은 평화를 갈망한다. 185. 그 혐의자는 그의 이야기가 사실이라고 주장한다. 186. 그 환자는 심각한 수술을 받아야 한다. 187. 정치인들은 미디어를 매우 성공적으로 조작한다. 188. 전동칫솔과 수동칫솔의 가장 큰 차이점은 무엇인가요? 189. 대통령선거는 불과 30,278표의 매우 좁은 차이로 승리했다.190. 경찰은 시신확인을 위하여 DNA 샘플을 조사한다. 191. 재료 합성은 베이킹과 비슷하다. 192. 건강이 중요한 것이다. 193. 평균은 수의 중간값이다. 194. 그는 줄자로 선을 측정했다. 195. 지원자는 그 일에 대한 모든 요구사항을 충족시켜야 한다.

196. 내가 창문을 여는 것을 꺼려하시겠습니까? 197. 휴대폰을 무음 모드로 전환해라. 198. 이 판결은 소수 집단의 구성원들에게 대단히 중대하다. 199. Best Buy에서 귀하에게 적합한 컴퓨터 모니터를 찾으세요. 200. 선수들은 우승 후 감동된 눈물을 흘렸다. 201. 모든 인간은 동일한 본성을 공유한다. 202. 그 소년은 12세에 주식 시장을 탐색하는 방법을 배웠다. 203. 신경 세포는 나이가 들면서 퇴화되기 시작할 수 있다. 204. 이 고인들은 고대에 원시인들이 살았다는 것을 나타낸다. 205. 선천적 자질과 양육 환경 대한 질문에 대한 답이 여기에 있다. 206. 그 대통령은 사람들 사이에 조롱의 대상이 되었다. 207. 객관적인 분석으로 모델에 대한 초기 결과 검토하세요. 208. 몇 가지 교통 규칙을 준수하면 생명을 구할 수 있다. 209. 그 설립자는 그 회사에서 요직을 차지하고 있다. 210. 3, 5, 7, 9는 모두 홀수다.

211. 가능성은 5-1에서 4-1로 커졌다. 212. 전체 인간사회는 미래 날씨를 아는 것에서 작동한다. 213. 모든 고객 주문은 컴퓨터로 처리된다. 214. 사고로 그녀의 내장들이 손상 되었다. 215. WiFi 지원 플러그는 표준 콘센트와 호환된다. 216. 과거 정부에서 경찰은 유명 인사를 감시하였다. 217. 학생들은 성공을 그들의 선생님 덕택으로 여긴다. 218. 최근 뉴스는 정당 이슈로 가득 차 있다. 219. 지도자는 국민들에게 매우 인내심이 있어야만 한다. 220. 대부분의 사람들은 최고의 행복을 경험할 것이다. 221. 비둘기들이 지붕 위에 앉는다. 222. 소설은 아이의 관점에서 쓰여졌다. 223. 기후 변화는 더 이상 물리학의 문제가 아니다. 224. 너의 주장을 쉬운 영어로 말해. 225. 후추를 재배하는 가장 좋은 방법은 씨앗을 심는 것이다.

226. 대체로 가상의 플랫품은 대면 환경보다 의사소통에 더 많은 제한을 둔다. 227. 아리스토텔레스에 따르면 플롯에는 시작과 중간과 끝이 있어야 한다. 228. 지구의 북극은 태양을 향해 기울어져 있다. 229. 경찰관은 그 범인에게 권총을 겨눴다. 230. 금융에서 포트폴리오는 투자의 모음이다. 231. 실험실 바이러스는 실재적 위협을 제기한다. 232. 경찰관들과 군인들이 거리를 따라 배치되었다. 233. 나의 남편은 의료에 종사한다. 234. 경찰은 구내를 수색했다. 235. 이 메이크업을 구매하면 립스틱을 프리미엄으로 증정한다. 236. 과거, 현재, 미래가 모두 연결되어 있다. 237. 대통령은 자신의 정책을 한 시간 동안 기자들에게 간단히 설명했다..238. 해당 지역의 제철 농산물은 재배 조건과 날씨에 따라 달라진다. 239. 신문잡지들이 다음 호에 그 후보자의 프로필을 소개할 예정이다. 240. 그 책은 공공 도서관의 자산이다.

241. 운동은 맥박수를 증가시킨다. 242. 여론 조사 결과 경쟁이 치열할 것으로 나타났다. 243. 정부는 세금을 인상할 계획이다. 244. 벽돌집들이 길을 연해서 있다. 245. KTX 열차는 엄청난 속도로 가고 있었다. 246. 그 주방장은 생고기와 달걀로만 구성된 식단으로 전환했다. 247. 그 여자는 10명의 아들과 두 명의 손자를 키웠다. 248. 네가 말하는 것엔 일리가 있다. 249. 그 교수는 나에게 천문학에 관련 책을 참고하라고 했다. 250. 휴일은 항상 멈추고 지난 한 해를 반성하기에 좋은 시간이다. 251. 그 환자는 상복부 통증을 호소하고 있다. 252. 우리는 부동산 대 주식의 상대적 장점을 살펴본다. 253. 감옥에서 그녀의 조기 석방은 시위로 이어졌다. 254. 캠핑객들은 소풍의 잔해를 정리하고 있었다. 255. 이 조치는 보험 준비금에 대한 연례 검토의 결과로 나 온 것이다.

256. 너는 폭력에 의존해서는 안된다. 257. 부모님께 안부를 전해 주세요. 258. 그것은 나머지 세계 대부분의 사람들에게 football이라고 불린다. 259. 그 노인은 하루 종일 강 아래로 노를 저어갔다. 260. 그 시위는 합법으로 판결이 내려졌다. 261. 그 버스는 파주에서 서울역까지 운행된다. 262. 설문 응답자의 58.3%는 저축을 선호했다. 263. 증상은 가려운 피부와 딱지가 있다. 264. 바다에서 관찰할 수 있는 가장 흥미로운 것 중 하나는 물고기 떼다. 265. 수십명의 사람들이 약속없이 나타났다. 266. 우리는 TV의 폭력으로부터 우리 아이들을 보호하려고 노력한다. 267. 변호사는 증명서에 인장을 찍었다. 268. 소금, 마늘 그리고 양파로 맛을 내기 위해 수프를 양념 하시오. 269. 판사는 다음주 오후에 피고에 대해 선고할 것이다. 270. 시퀀스는 순서대로 있는 사물 (일반적으로 숫자)의 목록이다.

271. 우리 조상들은 1956년 이후 그 땅에 정착하였다. 272. 그 회사는 시장점유율을 높여나간다. 273. 미국에서 이민자들은 이곳저곳을 전전하였다. 274. 활동에는 주간 소총 사격이 포함된다.275. 추가 주사는 이제 예방 접종을 받은 모든 성인에게 제공된다. 276. 파티에 참석 한 모든 사람들은 교양있고 교육을 잘 받았다. 277. 법에 대한 상당한 지식이 필수적이다. 278. 잠깐 뵐 수 있을까요? 279. 생물학에서 종은 생물학적 분류의 기본 단위다. 280. 이것으로 인해 과학자들이 다른 은하계가 존재한다고 추측하게 하였다. 281. 잠자는 숲속의 미녀는 사악한 요정의 마법에 걸렸다. 282. 우리 눈에서 갑자기 눈물이 샘 솟았다. 283. 정사각형에는 네 개의 직각이 있다. 284. 대통령은 내각과 청와대 참모들을 개편했다. 285. 오너가 회사의 지분 37%를 보유한다.

286. 우리 군대가 적의 공습에 대항한다. 287. 그는 외국인들에게 한국의 주요 산물에 관한 이야기를 말했다. 288. 비상사태 선포되었다. 289. 방송국은 24시간 방송한다. 290. 그 변호사는 그의 고객들을 식당으로 안내했다. 291. 그녀의 성공은 주로 힘든 노력에서 비롯된다. 292. 투자자들은 4가지 주식을 고수해야 한다. 293. 그 후보는 일본계 한국인일지도 모른다. 294. 그 가게는 포도주를 많이 저장하고 있다. 295. 눈물이 그녀의 뺨아래로 흐르고 있었다. 296. 그는 언론의 자유를 특히 강조했다. 297. 뇌졸중은 뇌의 일부로 가는 혈류가 멈출 때 발생한다. 298. 그 사업가는 서둘러서 은행 수표들을 그의 지갑 속에 쑤셔 넣었다. 299. 이 소설의 주제는 워털루 전투다. 300. 국민은 독재자의 위협에 굴복하기를 거부했다.

301. 그 주장에 대한 내용이 없다. 302. 문종은 세종을 이어받아 왕위를 계승했다. 303. 이 소송은 2019년 밀라노 민사법원에 제기되었다. 304. 그들은 해변에서 가장 큰 파도를 서핑했다. 305.《속담》제비 한 마리 왔다고 해서 여름이 온 것은 아니다; 사물의 일면만 보고 전체를 단정하지 마라. 306. 표는 열과 행의 정보를 보여준다. 307. 그 여배우는 블라우스가 못에 걸려 소매가 찢어졌다. 308. Harry는 이제 그와 그의 할머니가 여전히 좋은 관계를 유지하고 있음을 밝혔다. 309. 그 화가는 그녀 그림에서 독특한 색상과 텍스처를 사용한다. 310. 생물학에서 조직은 세포와 완전한 기관 사이의 생물학적 조직 수준이다. 311. 사망자와 실종자 수가 매우 많았다. 312. 일련의 사고 또는 일련의 사건은 연결된 순서다. 313. 받고 싶은 대로 남을 대하라. 314. 백신 임상은 종종 부유한 국가에서 수행된다. 315. 부정선거는 대중 시위의 계기가 되었다.

316. 코끼리의 코는 생물학의 경이로움이다. 317. 혈관은 순환계의 일부로 혈액을 온몸으로 운반하는 기능을 한다. 318. 이 두 회사가 업계에서 자도차 산업에서 사실상 독점으로 결과한다. 319. 대가 배제, 따돌림 및 거부에 더 상처받기 쉬워진다. 320.《속담》서두르면 무리가 생긴다, 급할수록 침착하라. 321. 수년간의 병이 환자를 지치게 하였다. 322. 중국인 남성은 상하이 은행에서 예금을 인출했다. 323. 금요일 국채 수익률 하락하였다.

저자 손창연 선생님 강의 수강 후기들!!

– 홈페이지에 실명으로 올린 내용들이지만 이름을 이니셜 처리 합니다. –

[미국 스탠포드와 서울대 의대 합격생 등 수강후기들]

논리와 암기가 잘 조화된 학습방법 by 스탠포드 졸업생

스탠포드 대학 3학년 재학 중인 학생입니다.

제가 손창연 선생님께 문법을 배운것이 중학교 때였는데, 그때까지만 해도 Writing이 많이 부족하고 영어 내신 시험에서도 까다로운 문법 문제를 꼭 한두개씩 틀려오곤 했습니다. 그러다 어느 날 영문학을 전공하신 아버지께서 서점에서 책을 사 가지고 오시며, 당신이 본 문법책 중에 제일 논리적으로 정리가 잘 되어있으니 꼭 한 번 보라고 말씀하셨습니다. 그 책이 바로 〈뼈에 사무치는 영어문법〉이었습니다.

그렇게 하여 손창연쌤 논리영어에 등록을 하게 되었는데, 다녀 본 문법 학원들 중에서 가장 만족했습니다. 무조건 외우는 문법이 아니라 논리와 암기가 잘 조화된 학습 방법 덕에 문법 체계가 확실히 잡히게 되었습니다. 중요한 내용을 반복적으로 강조하시고 큰 그림을 잘 그려주셔서 그 때 배운 문법과 예문들이 아직도 머리속에 떠오릅니다.

그렇게 하고 나니 대원외고에 진학해서도 영어 학원을 따로 다니지 않아도 내신이 항상 잘 나왔고, 스탠포드에 와서도 에세이를 쓸 때 문법적 오류는 거의 내지 않습니다. 선생님이 하라는 대로 잘 따라하고 책에 있는 예문들을 열심히 외워서 영어 문법을 한 번 제대로 다져 놓으면 그 이후로는 정말 편한 것 같습니다. 손창연 쌤은 마음도 정말 따뜻하셔서 학생 개개인을 잘 챙겨주시고 신경 써 주십니다.

학생들에게 정말 추천하는 학원이에요!

[서울대 의대 & 스탠포드 합격생 등 수강후기들]

영문법, 원리를 알면 재미있고 매력적!! by J,S,Y

몇 번을 유명한 학원에서 강의를 들어도 한 달만 지나면 까맣게 잊어버리는 부분.영어에는 자신이 있는 사람들도 무척이나 힘들어하는 부분. 바로, 영문법이다.

영문법은 영어 글쓰기, 독해, 내신 뿐만아니라 영어의 모든 방면에 스며 들어 있다. 그러나 나는 문법의 중요성을 느끼지 못한 채 욕심에 토플을 했었다.
그러나, 영어 실력은 예전과 달라진게 그리 크지 않았고, 문법에 대한 지식은 점점 잊혀져갔다.

이때, 엄마께서 하루 서점에 가서서 "뼈에 사무치는 영어 문법"을 집어 드시며, 이 책을 한 번 집에서 읽어 보라고 하셨다. 이로써 손창연 논리 영어 학원에 다니게 되었다.

손창연 선생님의 장점은 크게 두 가지가 있다.

첫째, 문법이 단순 암기 과목이라는 틀을 한국 최초로 깨신 분이다. 보통 다른 학원선생님들은 시제나 형식 등 소단원을 하나하나씩 가르쳐주시는 편이다. 그러나, 이렇게 배우는 것은 각각의 부분에서는 효과가 있을 수 있겠지만, 전체틀 속의 각각의 역할을 가르쳐주시는 손창연 선생님의 수업을 따라갈 수 없다. 선생님의 수업을 듣고
나면, 수업 내용이 체계적으로 머릿속에 정리되고 잊혀지지 않는다.

둘째, 암기가 필요한 부분에서는, 선생님께서 직접 고민하셔서 얻어낸 암기법을 손수 물려주신다. 많은 학생들은 암기를 회피하려 하고, 단순 암기는 장기기억이 아닌 단기기억으로 무의미해 질 뿐이다. 그러나, 선생님께서는 인상깊은 암기법을 가르쳐 주셔서 암기를 재미있고, 오래가게 만들어 주신다. 예를 들어, 2형식이 될 수 있는 동사중 '~되다'라는 분야의 동사를 '고개코로 포탄이 비오듯이 떨어져 왔구려 호호!' 하고 알려주시기도 하셨다.

문법이 단순 암기이며 절대 완주할 수 없다고 생각하는 여러분들께. 문법은 깊이 팔수록, 그 원리를 알수록, 재미있고 매력있는 과목입니다. 그 점을 느낄 수 있게 해주는 길잡이 역할을 손창연 선생님께 부탁하세요~>>

[서울대 의대 & 생명과학부 합격생 등 수강후기들]

[고등영어 내신시험에도 잘 활용되는 수업 -S,M,C]

중 1말 때 4~5개월 다니고 미국 갔다 와서 작년 말부터 다시 다니기 시작하여 1년쯤 가까이 손창연 논리 영어 재원 중인 학생입니다. 저는 문법적인 기초가 아예 없었고 또 그런 상태로 대치동에 와서 많이 불안해했습니다. 성적이 이를 보여주듯 잘 나오지 않았고요. 저는 이판사판이라는 마음으로 여러 영어 학원을 수소문하다 손창연 논리 영어에 오게 되었습니다. 그렇게 1년 가까이 문법과 어휘 등을 집중적으로 배웠습니다.

지금은 중동고에서 내신 2등급까지 나오게 되었습니다. 사실 중간고사에서는 어려운 문제는 거의 다 맞았는데 너무 많이 연습했던 문법문제를 어이없이 실수하였고 기말에는 오히려 쉬운 내용파악에서 실수하여서 아깝게 몇 명 차이로 2등급이 되어 아쉽기는 합니다. 내신기간에는 선생님께서 교과서 2개과, 기출모의고사 8~10개 지문, TED 2개과 등 내신범위를 꼼꼼하게 준비해주었습니다.

손창연 논리 영어에서는 손창연 선생님께서 직접 강의하시는데, 보통 학원에서 배우기 힘든 디테일적인 문법 요소까지 세세하게 가르쳐 주시는 부분이 많은 도움이 되었습니다. 특히 이해하기 힘든 어렵게 풀이된 문법 용어들을 이해하기 쉽게 설명해주시는 점이 굉장한 메리트로 작용했습니다. 또한 영어에서 가장 기본이 되는 voca도 어원에 따라 그림으로 익히고 여러 가지 단어 뜻을 가진 다의어의 경우, 단어 뜻이 나오는 원리를 스토리텔링식으로 가르쳐 주시는데, 이렇게 단어를 무조건 외우지 않고 이치를 이해하면서 배우니 독해에서 잊어버려 잘 모르는 단어를 만나도 연계해서 어떻게든 다시 기억해낼 수 있게 되었습니다.

[스탠포드와 서울대 의대 합격생 등 수강후기들]

[민사고 영어면접과 TOEFL준비에도 많은 도움-민사고생 J,J,H]

손창연 선생님의 한입VOCA 단어책은 우리가 흔히 아는 단어 책에 비해 훨씬 쉽고 효율적인 단어 책입니다. 저는 단어를 외울 때 가장 중요하고 효율적인 방법 두 가지가 어원을 아는 것과 "visualization"이라고 생각합니다.

먼저 어원의 경우, 단어가 어떻게 만들어졌는지를 알면 훨씬 쉽게 암기가 가능합니다. 손창연 선생님의 〈한입VOCA〉 단어책의 경우 다른 단어 책들처럼 알파벳 순으로 나열한 것이 아닌 공통된 접미사, 접두사 등으로 함께하고 있어 비슷한 단어를 묶어서 함께 외울 수 있습니다.

두 번째는 "visualization"입니다. 손창연 선생님의 〈한입 VOCA〉 단어책은 중간중간 단어를 그림으로 표현한 게 있는데 이러한 이미지 덕분에 단어를 외울 때 단어와 함께 이미지를 형상화하면서 외울 수 있어 훨씬 오랫동안 기억에 남습니다.

과거에 손창연 선생님의 수업을 들으면서 그동안의 문법 수업과는 다른 재미있는 방법으로 공부할 수 있었습니다. 그리고 이 한입보카 어원편 시리즈는 선생님의 수업 노하우들이 영양가 있게 담긴 단어 책이라는 생각이 듭니다.

덕분에 민사고 영어 면접을 준비할 때 자주 활용하였고 토플 시험을 준비하기 전에도 자주 참고하고 있습니다.

이처럼 활용도도 높고 효율도 높은 어휘책이라고 생각하며 강추합니다.

[스탠포드와 서울대 의대 합격생 등 수강후기들]

[항상 원리에 입각하여 이해하도록 하는 수업 -K,J,W]

손창연 선생님 수강생입니다. 처음 손창연 선생님에 대한 이야기를 들었을 때, 문법에 약한 저로서는 좋은 기회가 되겠다는 생각이 들었습니다. 저는 어법에 대한 감이 좋은 편이라서 문법적 오류를 곧잘 찾아내곤 했지만, 항상 그 이유를 설명하지 못해서 답답했습니다.

그러나 손창연 선생님의 수업을 듣고, 그 이유들을 알아갈 수 있었습니다. 대부분의 문법이론들을 단순 암기하도록 하는 다른 수업들과는 다르게, 손창연 선생님은 항상 원리에 입각하여 이해하도록 하는 수업을 진행해주셨습니다. 덕분에 항상 감으로 맞췄던 문제들을 설명할 수 있게 되었고. 제 답에 확신을 가질 수 있게 되었습니다. 만약 자신이 감으로 풀지만 정확히 설명할 수 없거나, 단순암기식의 문법공부가 싫다면 손창연 선생님의 수업을 들어보는 것을 추천합니다.

memo.